Jonathan Hancock hat soeben sein Studium der Englischen Literaturwissenschaft in Oxford abgeschlossen. Er hat bereits viele Vorträge zu den Themen Gedächtnis und Motivation gehalten.

W0044737

Deutsche Erstausgabe Dezember 1996
© 1996 für die deutschsprachige Ausgabe
Droemersche Verlagsanstalt Th. Knaur Nachf., München
Das Werk einschließlich aller seiner Teile ist urheberrechtlich geschützt.
Jede Verwertung außerhalb der engen Grenzen des Urheberrechts-
gesetzes ist ohne Zustimmung des Verlages unzulässig und strafbar.
Das gilt insbesondere für Vervielfältigungen, Übersetzungen,
Mikroverfilmungen und die Einspeicherung und Verarbeitung
in elektronischen Systemen.
Titel der Originalausgabe: »Jonathan Hancock's Mindpower System«
Copyright © 1995 by Jonathan Hancock
Originalverlag: Hodder and Stoughton, a division of
Hodder Headline PLC, London
Umschlaggestaltung: Alexander Urban, Wiesbaden
Satz: Ventura Publisher im Verlag
Druck und Bindung: Elsnerdruck, Berlin
Printed in Germany
ISBN 3-426-82097-8

5 4 3 2

Jonathan Hancock

Das Gedächtnis der Sieger

Unschlagbare Memotechniken
für Alltag und Beruf

Übersetzung aus dem Englischen und
Adaptation der deutschen Ausgabe von
Johannes Schwab

Meiner Familie,
für all die guten Erinnerungen.

Inhalt

Einleitung

Mischen Sie einen Satz Spielkarten für mich. Wenn Sie mir eine Minute Zeit geben, um sie durchzusehen, nenne ich Ihnen die Reihenfolge der Karten aus dem Gedächtnis, vorwärts und rückwärts. Nennen Sie eine Karte, und ich sage Ihnen, an welcher Stelle sie liegt. Mischen Sie zwanzig Kartensätze für mich, machen Sie einen großen Stapel daraus, wenn Sie wollen, und ich tue dasselbe. Ich kann mir alles merken. Geben Sie mir fünfzig Telefonnummern – ich sage sie schneller auf, als Sie die Nummern in einem Telefonbuch finden können. Schreiben Sie eine beliebige Folge von Einsern und Nullen – meinetwegen tausend, wenn sie auf eine Seite passen –, und ich kann sie aus dem Gedächtnis für Sie wiederholen. Ich kann mir Namen, Wörter, Bilder und Gedichte merken, aber wenn Sie mich fragen, ob ich ein photographisches Gedächtnis habe, ist meine Antwort ein nachdrückliches Nein! Wenn »photographisch« für Sie bedeutet, daß man sich an etwas erinnert, ohne überhaupt darüber nachdenken zu müssen, ist mein Gedächtnis das »un-photographischste«, das man sich vorstellen kann.

Ich besitze vielmehr ein Gedächtnis, das ich zu gebrauchen gelernt habe; es funktioniert, weil ich es dazu bringe. Das ist weder Zauberei noch Schwindel, doch gleichzeitig auch keine geheimnisvolle Gabe, die mir in die Wiege gelegt wurde. Ich habe mich einfach dazu entschlossen, bestimmte Dinge künftig im Gedächtnis zu behalten, mein Gehirn zu gebrauchen und sein volles Potential und Vermögen zu nutzen.

Diese Entscheidung war durch einen ganz bestimmten Ehrgeiz motiviert. Von Kindheit an war ich fasziniert vom *Guin-*

ness-Buch der Rekorde und von der Vorstellung, »der Beste der Welt« zu sein. In der Familie spielten wir häufig Karten, und es machte mir Spaß, Kartentricks zu lernen und vorzuführen, also interessierte mich am meisten der Rekord im Erinnern von Spielkarten. Mir war klar, daß ich eine Vielzahl von Karten nicht einfach so behalten konnte, aber vielleicht gab es ja einen Weg, der die Sache erleichterte – eine Methode, die ich selbst entwickeln konnte, um mir die Reihenfolge von Hunderten von Karten einzuprägen. Ich begann zu experimentieren.

Sechs Monate später hielt ich stolz einen Weltrekord. Noch wichtiger war aber, daß ich eine entscheidende Entdeckung gemacht hatte. Wenn es darum geht, Informationen zu behalten, funktioniert das Gedächtnis nur, sofern man es dazu bringt. Kommen Sie mit der Arbeitsweise Ihres Gehirns aber zurecht und beschließen, es auch einzusetzen, sind die Ergebnisse phänomenal. Wir alle besitzen einen lebenden Computer, der leistungsfähiger ist als alles, was je in einem Elektroniklabor hergestellt wurde, einen geheimnisvollen Apparat, der mehr Verbindungen herstellen kann, als es im Universum Atome gibt.

Dieses Buch hat sich zum Ziel gesetzt, Sie anzuleiten, Ihr Gehirn aus der Verpackung und in Gebrauch zu nehmen.

Wie man dieses Buch benutzt

Das Buch gliedert sich in vier Teile. Jeder Teil enthält Tips und Anleitungen für bestimmte Bereiche des Gedächtnisses – Telefonnummern, Gesichter, Fremdwörter etc. – und entwirft gleichzeitig ein umfassenderes Bild.

Mein System verwendet nicht nur eine Methode; es bedeutet die Fähigkeit, viele verschiedene Techniken einzusetzen und sie nach den eigenen Bedürfnissen zu kombinieren und zu verfeinern.

Teil 1 skizziert vier grundlegende Regeln, die elementaren Prinzipien der Erinnerung.

Teil 2 konzentriert sich auf Wörter und erklärt Techniken, wie Sie sich Fremdsprachen, schwierige Wörter im Deutschen, Aufsätze, Zitate, Gedichte und Theaterstücke einprägen können.

Teil 3 behandelt ausschließlich Zahlen; wie man sich Telefon- und Geheimnummern oder die Zahlen in Datums- und Zeitangaben merkt und wie man Zahlen dazu einsetzen kann, sich andere Informationen zu merken.

Teil 4 demonstriert, daß sich diese Memotechniken für alle möglichen Situationen kombinieren und zurechtschneidern lassen. Wenn Sie die grundlegenden Fähigkeiten beherrschen, werden Sie nie wieder einen Namen, ein Gesicht, ein Rezept, einen Vortrag, eine Verabredung oder eine Besorgung vergessen.

Bei der Lektüre der einzelnen Abschnitte sollten Sie sich auf die Bereiche konzentrieren, die für Sie am interessantesten sind. So können Sie auf Ihre ganz unmittelbaren Bedürfnisse eingehen, aber auch allgemeinere Techniken sollten Sie übernehmen und in die Praxis umsetzen. Sie müssen sich vielleicht nicht viele Zahlen merken, aber schon ein einfaches Zahlensystem kann Ihnen helfen, Zahlen, Wörter oder Aufsätze zu behalten. Vielleicht meinen Sie, die Tage, in denen Sie Vokabeln lernen mußten, seien vorüber, aber genau dieselben Techniken lassen sich dazu einsetzen, Zitate, Texte, Adressen oder schwierige deutsche Wörter zu behalten.

Je mehr Techniken Sie lernen, desto eher sind Sie in der Lage, sich *alles* zu merken. Lesen Sie die Vorschläge durch, üben Sie das Einprägen der Beispiele, und Sie werden von der Leistung Ihres eigenen Gehirns überrascht sein. Setzen Sie Ihre neuen

Fähigkeiten so bald wie möglich in die Praxis um; der besondere Nutzen dieser Memotechniken zeigt sich schon, während Sie Ihre Kenntnisse noch erweitern.

Sicher, all das ist vielleicht völlig überflüssig. Machen Sie die Probe aufs Exempel: hier ist eine Liste mit vierzig Wörtern. Geben Sie sich zwei Minuten Zeit, um sie in der Reihenfolge zu lernen, in der sie hier abgedruckt sind.

Kerzenständer, Käse, Schere, Paris, Korb, heiß, Mantel, Fahrrad, Pferd, Tablett, Baum, Metzger, Büchse, acht, Tee, Kalk, reich, Bad, Hockeyschläger, März, Gras, Panzer, Geruch, Bischof, Asche, Donald, Sahne, Birne, Rhinozeros, Zug, Schachtel, Aufzug, Klebeband, Wald, Meile, Telefon, Pfeffer, Amsterdam, Handschuh, Straße

Wenn zwei Minuten vorüber sind, decken Sie die Liste zu und sagen sie aus dem Gedächtnis auf. Jedes Wort muß genau so wiedergegeben werden, wie es oben steht, und zwar in der richtigen Reihenfolge.

Es gibt zwei Grade des Erfolgs: Entweder haben Sie die Aufgabe komplett gelöst – oder nicht. Wenn Sie zur ersten Kategorie gehören, beglückwünsche ich Sie hiermit und erlaube Ihnen, an diesem Punkt abzubrechen. Waren Sie aber nicht hundertprozentig erfolgreich, werden Ihnen die Memotechniken von Nutzen sein.

Ich garantiere Ihnen, daß Sie bereits nach dem ersten Teil dieses Buches in der Lage sein werden, diese oder jede andere Liste vorwärts oder rückwärts im Kopf zu behalten – und das ist erst der Anfang. Sie brauchen lediglich den Willen, von jetzt an Ihr Gehirn auch einzusetzen.

Teil 1
Meine Memotechnik

Es mag vielleicht seltsam klingen, aber normalerweise versuchen wir, uns Dinge zu merken, ohne das Gehirn zu gebrauchen. Wie oft kommt es vor, daß Sie sich eine Telefonnummer, eine Adresse oder eine Liste mit Besorgungen notieren müssen und Stift und Papier gerade nicht zur Hand haben? In einem solchen Fall versuchen Sie dann wahrscheinlich, mit den Informationen zu jonglieren, und Sie bemühen sich verzweifelt, diese immer wieder aufzusagen, bis Sie ganz hinten in der Schublade den Stift finden und die Information hinkritzeln. Und wie oft versucht jemand, Sie anzusprechen, während Sie gerade mitten am Jonglieren sind – und im nächsten Moment sind die Details verschwunden …

Für viele Menschen bedeutet Gedächtnis tatsächlich Wiederholung, eine papageienartige Methode, Informationen zu rekapitulieren, bis die Fakten irgendwie »sitzen«, wenn sie sie nur oft genug aufgesagt haben. Aber sie sitzen sehr unsicher – nur wenigen Menschen ist die panische Erfahrung erspart geblieben, einen totalen Blackout zu haben, bei dem jede einzelne Information vollständig verschwunden ist. In jenen Augenblicken erscheint der Grund für den Gedächtnisausfall so geheimnisvoll wie die Art und Weise, wie die Information ursprünglich aufgenommen wurde!

Versuchen Sie sich an den folgenden vier Fragen. Die Antworten enthalten Informationen, die die meisten Menschen schon einmal gesehen, gehört oder sogar gebraucht haben. An ihnen zeigt sich die Tendenz, Fakten so kurz wie möglich im Gehirn zu belassen – und daß wir uns nur solche Dinge merken, die wir uns unbedingt merken müssen.

Frage 1: Welches Wort bezeichnet die linke und welches die rechte Seite, wenn Segler oder Piloten von »backbord« und »steuerbord« sprechen?

Wenn Sie selbst Segler oder Pilot sind, wissen Sie die Antwort darauf so intuitiv, wie wir alle rechts von links unterscheiden können. Aber wenn nicht? Wüßten Sie die Antwort auch noch in einem Jahr, wenn man sie Ihnen heute geben würde? Wüßten Sie sie morgen noch? Wer nicht gewöhnt ist, ständig sein Gehirn zu strapazieren, und wer ein solches Wissen nicht unbedingt für seine Arbeit oder sein Hobby benötigt, der erliegt leicht der Versuchung, sich gar nicht die Mühe zu machen, die Fakten wirklich anzupacken – und sie verschwinden so schnell aus dem Gedächtnis wie die »jonglierte« Botschaft über Telefon.

Frage 2: Welche Farben haben die folgenden Linien auf einer Karte der Londoner U-Bahn: Circle, Central, Piccadilly, Victoria, Bakerloo?

Wiederum: Wenn Sie einen Grund haben, sich diese Dinge zu merken, werden Sie die Frage so gut wie sicher richtig beantworten. Die meisten Leute lernen solche Informationen aber nicht, sondern merken sie sich nur vage über einen kurzen Zeitraum.

Frage 3: Wie heißen die neun Planeten des Sonnensystems, von der Sonne aus gesehen?

Wie bei vielen anderen Listen handelt es sich um ein Wissen, das man vielleicht für einen Test in der Schule gelernt und bis zur nächsten Stunde wieder vergessen hat. Diese Prüfungserfahrung ist bei vielen Menschen für die Vorstellung verantwortlich, Gedächtnis sei Wiederholung und Informationen könne man sich ohnehin nur sehr kurz merken.

Frage 4: Wann müssen die Uhren jedes Jahr vorgestellt werden – im Herbst oder im Frühjahr?

Wie oft stellen wir fest, daß wir uns so etwas immer wieder neu sagen lassen müssen? Wir merken es uns jedesmal kurz und machen uns doch nie bewußt die Mühe, es ein für allemal im Gedächtnis zu verankern.
Bereits mit der Lektüre dieses Buches haben Sie die Entscheidung getroffen, Ihr Gehirn zu gebrauchen; lassen Sie mich nun anhand dieser vier Fragen demonstrieren, wie ein bewußter Akt der Erinnerung für immer genügen kann.

Antwort 1: »Backbord« bezieht sich auf die linke Seite eines Schiffs oder Flugzeugs, »steuerbord« auf die rechte.

Vielleicht die einfachste Möglichkeit, sich dies zu merken, ist die Beobachtung, daß die Wörter »steuer« und »rechts« jeweils sechs Buchstaben haben und deshalb zusammenpassen. Diese Beobachtung allein gleicht jedoch noch zu sehr dem zuvor kritisierten Jonglieren mit Informationen. Wer sich die Informationen auf diese Weise merkt, wird sie wahrscheinlich nicht lange behalten.
Würden Sie aber wirklich in See stechen, könnte diese einfache Methode Ihnen helfen, den Punkt für immer im Gedächtnis zu verankern. Phantasie ist der Schlüssel zu meiner Memotechnik – worauf warten Sie also noch? Stechen Sie in See!

Stellen Sie sich vor, Sie stehen hinter dem Steuer einer wunderschönen Jacht. Schließen Sie einen Moment die Augen und versuchen Sie, sich die Szene so lebendig wie möglich vorzustellen. Dieses Boot ist der extrem teure Besitz eines millionenschweren Freundes; Sie sind am Steuer also ein wenig nervös – vor allem, als direkt vor Ihnen ein paar spitze Felsen aus dem Wasser ragen. Ein Mitglied der Crew ruft Ihnen Anweisungen zu, um eine Kollision zu vermeiden: »Backbord … mehr nach backbord … zurück nach steuerbord …« Verzweifelt versuchen Sie, sich daran zu erinnern, welches Wort rechts und welches links bedeutet; da merken Sie, daß es auf dem Boot selbst Hinweise gibt.

Auf der linken Seite des Decks ist in ganz kleinen, roten Lettern das Wort **Links** aufgemalt, und darunter, in genau denselben Buchstaben, das Wort **Backbord**. Sie versuchen sich den Schriftzug einzuprägen, da versperrt Ihnen die hübsche rothaarige Tochter des Bootsbesitzers die Sicht. Sie murmeln »Wenn mir so ein **Backfisch** ins Netz ginge« und geraten schon wieder ins Träumen.

Sie wenden sich ab und sehen gegenüber das Wort **Rechts** in dicken, breiten Buchstaben aufgemalt. Wie bei einer Ampel oder in der Farbenlehre ist die Komplementärfarbe Grün – diese Farbe, die man für **Rechts** und **Steuerbord** verwendet hat, dominiert die ganze rechte Seite. Die Umgebung des Worts ist mit Hunderten von leuchtendgrünen Sternen gesprenkelt, und ein Blick auf die Bordbibliothek darunter räumt letzte Zweifel aus: Sechs dicke, grüne Buchrücken mit dem Aufdruck **Steuerrecht I** bis **Steuerrecht VI**. Stellen Sie sich vor, wie Ihre Nervosität und Angst langsam neuem Zutrauen weichen, da Sie jetzt die entscheidenden Informationen haben.

Ja, Sie wissen inzwischen sogar – durchaus korrekt –, daß die linke Positionsleuchte eines Schiffs rot und die rechte grün ist.

Schließlich sind auch in der Politik die »Linken« die »Roten« ... Ihre Phantasie ist in der Lage, sehr schwierig zu merkende Punkte viel realer und einprägsamer zu gestalten, zusätzliche Merkhilfen einzubauen – und sogar Ihr Erinnerungsvermögen zu schulen.

Antwort 2: Bei der Londoner U-Bahn ist die Circle-Linie *gelb*, die Central-Linie *rot*, die Piccadilly-Linie *dunkelblau*, die Victoria-Linie *hellblau* und die Bakerloo-Linie *braun*.

Auch hier ist der Schlüssel die Phantasie. Stellen Sie sich vor, Sie stehen in einem U-Bahnhof; vor Ihnen hängt ein Plan, hinter Ihnen sind die Gleise. Ungefähr an diesem Punkt hört die Realität auch schon auf ... denn in einem Kreis (Circle) um Sie herum erstreckt sich die größte Banane der Welt! Stellen Sie sich die kräftig gelbe Farbe vor, und wie es sich anfühlt, wenn Sie darauf laufen wollen, aber ausrutschen und ein Stück mit dem Fuß zerquetschen. Die Leute starren Sie schon an, und als Mittelpunkt (Central) der Aufmerksamkeit erröten Sie. Ja, ein Blick in den Spiegel zeigt Ihnen, daß Ihr Gesicht in kräftiges, pulsierendes Rot getaucht ist – aber nur im Zentrum. Die Ränder haben seltsamerweise ihre normale Farbe behalten.
Plötzlich merken Sie, wie sich hinter Ihnen etwas tut. Sie drehen sich um und sehen, daß die Schienen völlig unter Wasser liegen; kein Wunder, denn auf der linken Seite ergießt sich ein Wasserfall in die U-Bahn-Röhre. Das Wasser bricht auf dem Weg nach unten das Licht und wirkt hellblau, ganz im Gegensatz zur dunklen Flüssigkeit im Tunnel selbst. Als ob er den Wasserfall erklären wollte, steht etwas abseits ein Bahnarbeiter auf der Leiter und nagelt ein Schild an: Viktoriafälle (Victoria).
Unterdessen erkennen Sie in dem tiefdunklen Wasser einen

richtigen Jahrmarkt. Lärmende Menschen strömen in Scharen auf den Bahnsteig, um sich all die Buden anzusehen. Verwirrt gehen Sie als erstes an die Sektbar und trinken auf einen Zug einen Pikkolo (Piccadilly). Vielleicht war die Idee nicht so besonders gut, denn sofort sind Sie blau, so dunkelblau wie das Wasser im Tunnel. Jetzt etwas zu essen! Aber wo? Ah, da ist der Stand von dem berühmten »Bäcker Lou« (Bakerloo), der gerade eine frische Lage Brezen aus dem Ofen holt. Ihnen schwirrt noch immer der Kopf, aber der Anblick der knusprig braunen Brezen läßt das Wasser im Munde zusammenlaufen. Anscheinend war das Gebäck aber etwas zu lange im Ofen, denn das Braun der Brezen ist nichts im Vergleich zu den braunen Rauchschwaden, die den Bäckerstand einhüllen ...

Vielleicht hätte ich Sie warnen sollen: Es wird leicht ein wenig surreal, wenn die Phantasie richtig in Gang kommt. Diese Szene vergessen Sie nicht so schnell, zumal Ihr Vorstellungsvermögen Sie mitten hinein versetzt hat. Und wenn Sie sich an diese Szene erinnern können, dann auch an die Farben des U-Bahn-Plans: der Kreis (**Circle**) der *gelben* Banane, der *rote* Fleck mitten (**Central**) auf Ihrem Gesicht, als Sie überdies im Zentrum der Aufmerksamkeit standen, der Piccolo (**Piccadilly**), der Sie im *dunkelblauen* Wasser blau machte, die *hellblaue* Farbe der Viktoriafälle (**Victoria**) und schließlich die *braunen* Brezen am Stand von Bäcker Lou (**Bakerloo**)!

Antwort 3: Von der Sonne aus gesehen, sind die Planeten des Sonnensystems Merkur, Venus, Erde, Mars, Jupiter, Saturn, Uranus, Neptun und Pluto.

Es ist Zeit für eine weitere phantastische Reise. Als leicht zu merkenden Ausgangspunkt stellen Sie sich vor, Sie sitzen auf der Oberfläche der Sonne und fangen, gelinde gesagt, allmählich zu schwitzen an! Doch anstatt sich sofort aufzumachen, bleiben Sie erst einmal an Ort und Stelle, um sich einen Merkspruch (**Merkur**) auszudenken. Sie grübeln und grübeln – bis Sie in sich zusammensinken.

In diesem Augenblick der Not erscheint die ideale Gestalt: **Venus**, die Göttin der Liebe, die in hellrote Liebesherzen gehüllt aus dem Himmel herabsteigt. Sie werden ins Leben zurückgeholt und vorsichtig auf die Erde gebracht – und wie um dies zu betonen, setzt Venus Sie in die schlammige **Erde** eines Blumenbeets.

Jedenfalls *dachten* Sie, es wäre Schlamm. Zu Ihrem Erstaunen stellt er sich als Schokolade heraus, denn Sie sind auf der Spitze eines riesigen Marsriegels (**Mars**) gelandet! Sie gönnen sich eine kurze Pause, um ihn zu genießen – imaginäre Schokolade hat keine Kalorien …

Es ist so gemütlich, im Schokoladebett zu liegen, daß Sie beschließen, hier die Nacht zu verbringen. Doch als Sie am nächsten Morgen aufwachen, ist scheinbar so viel wohlriechender Tau gefallen, daß der ganze Garten unter Wasser steht. Unter Wasser? »Unter Kölnisch Wasser«, erklärt Ihnen der waschechte Rheinländer Jupp (**Jupiter**), der Leiter des Katastrophenschutzes von »4711«. Von Jupp erfahren Sie auch, daß es in der Nacht eines Explosion gab, die die ganze Umgebung unter Kölnisch Wasser gesetzt hat. Sie brauchen jemanden, der Sie hier wieder herauszieht. Zum Glück ist Satan (**Saturn**) zur Stelle und bietet seine Hilfe an. Sie klammern sich an seinen Dreizack und werden in Sicherheit gezogen. Während Sie sich noch abtrocknen, erklärt er, daß er für alle Katastrophen auf der Erde verantwortlich sei. Da sehen Sie einen Beutel mit dem Aufdruck »**Uran U.S.**« über seiner Schulter hängen. »Auch für dieses Teufelszeug?« rufen Sie schockiert …

All die Anstrengungen haben Sie erschöpft. Sie bemühen sich, wieder einzuschlafen, aber die vielen verwirrenden Neuigkeiten halten Sie wach. Um sich selbst zu beruhigen, murmeln Sie völlig übermüdet vor sich hin: »Alles Schwindel, alles Nepp, das ist doch alles nur Nepp.« (**Neptun**) In Ihrer Verzweiflung und um endlich einschlafen zu können, schnappen Sie sich ein Comicheft. Welche Figur springt Ihnen zuerst ins Auge? Richtig: **Pluto!**

Antwort 4: Im Frühjahr werden die Uhren vorgestellt, im Herbst zurück.

Wie bereits aufgezeigt, sind Wortspiele oft ein äußerst wichtiger Bestandteil der Erinnerung und stellen den ersten Schritt in einem erfolgreichen Lernprozeß dar. Die beste Möglichkeit, sich an etwas zu erinnern, läßt sich häufig in der Information selbst finden.

Manchmal hilft dabei der Rückgriff auf eine Fremdsprache: **Spring forward, fall back**, was sich sowohl als »Springe vorwärts, falle zurück« wie auch als »Frühjahr vor, Herbst zurück« übersetzen läßt. Aber auch das deutsche »Frühjahr vor, Herbst zurück« bietet Merkhilfen. »Frühjahr vor« ist eine Alliteration; das F von Frühjahr paßt zum v von vor, und beide Wörter enden auf r. Ein weiterer Hinweis sind der Rhythmus und die Betonung des Spruchs. »Frühjahr vor« besitzt ebenso drei Silben wie »Herbst zurück«, wobei die Betonung jeweils auf der ersten Silbe liegt. Der Rhythmus stimmt einfach – wie der Rhythmus der Zeitumstellung.

Was ist also links, backbord oder steuerbord? Welche Farbe hat die Bakerloo-Linie? Welcher Planet folgt von der Sonne aus gesehen auf die Venus? Wann werden die Uhren zurückgestellt? Diese Beispiele zeigen, wie wichtig es ist, sich bewußt für den Gebrauch des Gehirns zu entscheiden – Informationen so aufzunehmen, daß einmal wirklich genügt. Das Gedächtnis ist kein vages Potential, das manchmal ausreicht und öfter versagt, kein fehlerhaftes Instrument, mit dem man einfach leben muß. Es setzt eine große Vielfalt an Techniken ein und besitzt, an zentraler Stelle, stets die Fähigkeit zur Steuerung des eigenen Denkens.

Warum es auf ein gutes Gedächtnis ankommt

Das Gedächtnis scheint in unserem Leben eine seltsame Rolle zu spielen. Auf der einen Seite leben wir in einer Zeit, die dem Einsatz des Gehirns nicht förderlich ist: Immer mehr Aufgaben übernimmt der Computer, und wir verfügen von Taschenrechnern bis zu PCs und von Speicheruhren bis zu elektronischen Organisatoren über eine hochentwickelte Informationstechnologie. Man ist ständig versucht, den leistungsfähigsten Computer von allen – das menschliche Gehirn – zu vernachlässigen. Doch je schneller und komplizierter die Welt wird, desto weniger dürfen wir als Individuen die Kontrolle über unser Leben aus der Hand geben. Die Konkurrenz war niemals stärker; unsere Zeitplanung und Energie sind ständig aufs äußerste gefordert. Während die Vernachlässigung des Gehirns fortschreitet, häufen sich aber zugleich die Gelegenheiten zur Nutzung einer Fähigkeit, die große Vorteile mit sich bringt – zu Hause, in der Schule und bei der Arbeit.

Im Alltag bedeutet es, sich Einkaufslisten und Telefonnummern zu merken, Erledigungen, Daten und Geburtstage zu behalten und gut organisiert den Überblick zu behalten. In der Schule und im Studium, wo von Anfang an Tests durchgeführt werden und man immer größeren Wert auf belastende Prüfungen und das Streben nach Qualifikationen legt, war es noch nie so wichtig wie heute, sich das Potential des Gehirns bewußt zu machen. In der Arbeitswelt schließlich ist der souveräne Überblick, den ein gutes Gedächtnis verschafft, in jeder Position von zentraler Bedeutung. Überlegen Sie sich, wie viele Verhandlungen erfolgreich zum Abschluß gekommen wären, wenn sich die richtigen Leute zwei Wochen nach der Konferenz aneinander erinnert hätten. Stellen Sie sich vor, welchen Eindruck es machen würde, bei einem Vortrag oder einer Sitzung ohne Notizen aufzutreten oder einen Termin mit einem Kunden zu vereinbaren, ohne nach dem Kalender kramen zu müssen. Heute wird so viel Zeit auf das richtige Image und den richtigen Eindruck verwendet, und doch schenkt man der potentiell eindrucksvollsten aller Fähigkeiten so wenig Aufmerksamkeit.

Wie grotesk würde es wirken, wenn jemand zwar einen Wagen besäße, ihn aber nur in der Garage stehen und verrosten ließe. Stellen Sie sich vor, wie der Besitzer von Zeit zu Zeit an seinem Wagen herumwerkelt, gelegentlich funktionierende Teile entdeckt – die Scheinwerfer etwa, oder den Scheibenwischer –, den Wagen aber niemals von der Stelle bewegt, weil er erwartet, daß der Wagen für ihn fährt. »Entweder funktioniert er irgendwie«, denkt er sich, »oder er funktioniert nicht.« Es mag absurd wirken – und dennoch haben viele Menschen ein derartiges Verhältnis zu ihrem Gehirn.
Wie beim Auto ist es auch beim Gehirn nicht notwendig, genau zu verstehen, warum es funktioniert, um sein Potential zu nutzen und sich daran zu erfreuen. Selbst auf dem Höhepunkt des Technologiezeitalters verblüffen viele Funktionen des Gehirns nach wie vor die bedeutendsten Wissenschaftler der Welt. Es kommt darauf an, zu wissen, wie man es *einsetzt*, wie man die richtigen Knöpfe drückt, um die gewünschten Ergebnisse zu erhalten. Meine Memotechniken sind ein praktischer Ratgeber, der Ihnen zeigt, wie Sie das Gehirn »fahren«, wie

Sie allgemeine Methoden an besondere Umstände und Situationen anpassen – und daß Übung wirklich den Meister macht.

Ihr Gedächtnis in Aktion – Die vier Regeln meiner Memotechnik

Nachdem ich beschlossen hatte, mein Erinnerungsvermögen zu trainieren, experimentierte ich. Ich stellte fest, daß es darauf ankam, nach der Information zu suchen, die mein Gedächtnis behalten konnte, und dieses Wissen dann einzusetzen, um mir bei den Dingen helfen zu lassen, die mir Schwierigkeiten bereiteten. Heute basiert mein gesamtes System auf diesem einfachen Prinzip: Man muß sich die Art und Weise zunutze machen, wie das Gedächtnis am sinnvollsten arbeitet. Was sind also die natürlichen Techniken des Gehirns, die entscheidenden Kräfte, die das Gedächtnis steuern? Meine Erfahrung sagt mir, daß sie sich in vier zentrale Regeln unterteilen lassen.

Regel 1: Sie erinnern sich an Dinge, die Ihnen passieren

Stellen Sie sich vor, man gibt Ihnen sieben beliebige Zahlen und Sie haben ein paar Sekunden Zeit, sie anzusehen, bevor sie wieder verdeckt werden. Nun, woran erinnern Sie sich bereits nach ein paar Minuten besser: an die Zahlen oder an das, was Sie gestern getan haben?

Gehen Sie in Gedanken ein paar Tage zurück. Wahrscheinlich erinnern Sie sich selbst an die nüchternsten Dinge des Lebens viel besser als an Informationen, die keinen Bezug zu Ihnen oder zum realen Leben haben. Sicher: Wenn Sie immer weiter zurückgehen, verwischen sich die einzelnen Tage und manche Einzelheiten gehen verloren. Doch bestimmte Tage und Augenblicke bleiben fest und lebendig im Gedächtnis haften, und fast immer standen dabei *Sie* im Mittelpunkt der Vorgänge und des Interesses.

Wir erinnern uns an unsere Geburtstage, Ferien, Vorstellungsgespräche, Turniersiege und Unfälle. Je stärker die persönliche Verbindung zu den Ereignissen ist, desto häufiger denken wir an sie, und oft gründet diese Verbindung auf einer ausgeprägten emotionalen Reaktion. Dies kann stark variieren, und ein paar Augenblicke des Nachdenkens über unsere einprägsamsten Erfahrungen bestätigen, daß sie oft mit den folgenden Reaktionen verknüpft sind: Glück, Angst, Verlegenheit, Erregung, Enttäuschung, Schmerz, Trauer, Erleichterung. Die peinlichsten Augenblicke unserer frühen Kindheit dürften beispielsweise viel besser in Erinnerung sein als das Frühstück letzten Donnerstag!

Ein altes Lied läuft im Radio. Plötzlich erinnern Sie sich, wo Sie wohnten und was Sie taten, als dieses Lied ständig gespielt wurde. Radiomoderatoren sind sich dessen bewußt und wählen Musik aus, die gerade aktuell war, als ihre Zielgruppe die meisten »Schlüsselerfahrungen« machte – die erste Liebe, das erste Auto, die Hochzeit. Fernsehsender, die alte Reportagen wiederholen, unterbrechen die Bilder regelmäßig mit Musik aus dieser Zeit. Und wenn wir an bestimmte Ereignisse der Weltgeschichte denken, stellen wir oft fest, daß sie im Gedächtnis mit zeitgleichen Geschehnissen aus unserem eigenen Leben verknüpft sind.

Es scheint, als funktioniere das Gedächtnis auf der Grundlage persönlicher Erfahrung. Wenn man das Gehirn also sinnvoll arbeiten lassen will, muß man diese integrierte Technik beachten. Um das Bild des Autos wiederaufzunehmen: Es ist, als ob der blutige Anfänger durch Versuch und Irrtum lernen würde, daß sein Auto im Vorwärtsgang schneller fährt und leichter zu steuern ist als im Rückwärtsgang – und dann beschließt, sich diese Erkenntnis beim Fahrenlernen zunutze zu machen.

Aber wie soll uns das alles nützen, wenn wir trockene, tote Informationen wie Zahlen, Daten, Fremdwörter oder Fakten lernen müssen? Die Antwort lautet, daß solche Informationen durch die Phantasie zu einem Teil unserer Erfahrung *werden* können. Dies wird später noch im einzelnen erklärt; im Moment soll – nur um diesen Punkt zu beweisen – ein kleines Experiment durchgeführt werden.

Sehen Sie sich einen Augenblick lang die folgenden fünf Wörter an, und decken Sie sie anschließend ab.

Bohrer   Karton   Pfeife   Bild   Salz

Lassen Sie die Wörter zugedeckt, und sagen Sie laut alle Monate, alle Wochentage und das heutige Datum auf. Dies verwirrt Sie etwa so, wie wenn jemand mit Ihnen redet, während Sie damit »jonglieren«, sich am Telefon eine Nachricht zu merken und gleichzeitig eifrig nach dem Stift zu suchen!

Wie lauteten die Wörter gleich noch? Vielleicht können Sie sich an alle fünf erinnern – aber wie lauten sie in umgekehrter Reihenfolge? Und wüßten Sie sie in einer Stunde noch? Morgen? Nächsten Monat?

Probieren Sie jetzt eine recht ungewöhnliche Art aus, sie zu lernen – eine, die Sie nicht so schnell vergessen werden.

Sehen Sie sich im Zimmer um. Sie müssen sich fünf Stellen im Raum suchen; oft eignen sich die vier Ecken und die Mitte am besten, aber vielleicht gibt es gerade in diesem Raum noch prägnantere Punkte. Numerieren Sie diese fünf Stellen gedanklich in einer logischen Reihenfolge. Wenn Sie die Ecken und die Mitte verwenden, ist es vielleicht am günstigsten, die der Tür am nächsten gelegene Ecke »Feld 1« zu nennen, sich dann im Uhrzeigersinn durch den Raum zu bewegen und mit der Mitte als »Feld 5« zu schließen.

Sofern es niemanden stört, erheben Sie sich jetzt von Ihrem Stuhl und laufen nacheinander alle fünf Felder ab. Im ersten stellen Sie sich vor, in die Wand oder einen Gegenstand in der Nähe zu bohren. Wenn Sie den Bohrer nicht mehr brauchen, lassen Sie ihn gedanklich in Feld 1 liegen.

Danach, in Feld 2, stellen Sie sich vor, wie Sie in einem riesigen Karton stehen. Sie klettern gedanklich aus ihm heraus und füllen ihn mit einigen Gegenständen aus der Ecke.

Während Sie in Feld 3 stehen, überlegen Sie, wie Sie eine Pfeife herausnehmen und rauchen. Rauchwolken verfärben die Decke über Ihrem Kopf und durchziehen diesen Bereich des Zimmers.

In Feld 4 nehmen Sie ein imaginäres Skizzenbuch heraus und zeichnen ein Bild des Raumes, wie Sie ihn von dort aus sehen. Wenn Sie diesen Bereich wieder verlassen, stellen Sie sich vor, daß Sie das fertige Bild dort irgendwo anheften.

Schließlich, in Feld 5 angekommen, bemerken Sie ein winziges fiktives Salzfäßchen auf dem Boden. Sie heben es auf und verstreuen den Inhalt – aber irgendwie strömen Unmengen von Salz heraus und wachsen um Sie herum zu großen Bergen an. Sie müssen sich richtiggehend durchkämpfen, um zu Ihrem Stuhl zurückzukommen …

Wenn Sie wieder sitzen, sehen Sie sich erneut im Zimmer um. Lassen Sie die Augen allmählich von Feld zu Feld wandern, und benennen Sie gleichzeitig die Gegenstände, die Sie jeweils zurückgelassen haben. Informationen lassen sich um vieles einfacher merken, wenn man sie in die eigene Erfahrungswelt integriert hat.

Sie sollten die Liste jetzt ohne Probleme behalten können, und zwar vorwärts wie rückwärts. Sie wissen, welcher Gegenstand etwa Nr. 2 oder Nr. 4 war – und hinterher muß man nicht einmal aufräumen!

Regel 2: Sie erinnern sich an die sichtbaren Dinge, die unsichtbaren vergessen Sie

In gewisser Weise wurde dies in dem eben durchgeführten Versuch deutlich. Wörter auf Papier sind flach und trocken, aber wenn man sie in Gegenstände und Stoffe verwandelt, die man sehen und berühren, vielleicht sogar hören, riechen und schmecken kann, lassen sie sich viel einfacher merken. Noch einmal: Es läuft darauf hinaus, die Dinge unter Kontrolle zu bekommen und sich im Prozeß des Erinnerns selbst eine Rolle zuzuschreiben. Wörter und Zahlen, Namen und selbst Bilder bleiben solange dem Papier verhaftet, bis Sie sie zu fassen bekommen und Ihrer Kontrolle unterwerfen.

Auch wenn Informationen bislang nur als bloße Wörter existieren, ist bereits klar, daß sie in abstrakter Form viel schwieriger zu merken sind als visualisierbare Dinge. Lesen Sie als Beispiel dazu die folgende Liste durch, die aus unterschiedlichen Informationen besteht.

Flasche, drei, morgen, Gorilla, vielleicht, Kreide, Rat, Burg, schneidend, Zug, Hamburger, voll.

Decken Sie jetzt die Wörter ab, warten Sie ungefähr eine Minute, und prüfen Sie dann, wie viele Sie sich, unabhängig von der Reihenfolge, merken konnten.

Wahrscheinlich sind die Wörter **Gorilla**, **Hamburger** und **Burg** dabei, aber die Wörter **morgen**, **schneidend** oder **vielleicht** dürften schon schwieriger gewesen sein!

Beim Gedächtnis geht es darum, sich etwas anzueignen, Informationen unter seine Kontrolle zu bekommen – und wenn man sie nicht recht zu fassen kriegt, muß man sie abwandeln. Was ist mit Ausnahme von zehn Buchstaben an **schneidend** faßbar? Von **Burg** kann man sich wenigstens ein Bild machen, und wenn man **Hamburger** liest, sorgen auch der Geruchs- und der Geschmackssinn für eine Assoziation. Aber wie sieht **schneidend** aus? Abstrakte Ideen wie diese müssen in eine Form gebracht werden.

Oft besteht der erste Schritt darin, mit den Buchstaben her- umzuspielen. Stellen Sie sich jemanden namens Schneider vor – vielleicht einen Freund, berühmte Persönlichkeiten wie die Schauspielerin Romy Schneider oder den Immobi- lienmakler Jürgen Schneider oder auch eine Figur wie Wil- helm Buschs Schneider Böck mit Zwicker, Rohrstock und Pantoffeln. Jetzt formen Sie ein geistiges Bild von dieser Ka- rikatur, wie sie in schneidende Gegenstände eingepackt ist. An seine Beine sind Messer geschnallt, statt Händen hat er Sche- ren, und auf seinen Schultern kleben Glasscherben. Auch sei- ne Nase läuft spitz zu, und selbst sein Blick ist schneidend … Das ist Schneider Böck – eine Figur, die Sie *jetzt* nicht so schnell wieder vergessen werden!

Auf dem Papier ist **Rat** ein sehr allgemeines Wort – anders als **Kreide** oder **Flasche** suggeriert es kein einziges Bild. Aber warum sollte man sich diese Unverbindlichkeit nicht zunutze machen?

Stellen Sie sich ein Ratszimmer vor, das zum Bersten mit allen möglichen Räten – Komitees und Unterkomitees – vollge- packt ist. Auf einer Bühne in der Mitte führt eine Gruppe von Therapeuten eine emotionale Ratssitzung durch. Ratsarbeiter tragen mit ihren Preßlufthämmern zum Höllenlärm bei. Selbst das Wort RAT wird gerade in riesigen Lettern an die Decke montiert – aber der Lärm darunter läßt die Buchsta- ben, einen nach dem anderen, auf den Boden stürzen.

Jedes Element dieses Bildes erhöht die »Sichtbarkeit« von **Rat** und stärkt das Erinnerungsvermögen. Sobald eine Information der Phantasie überlassen wird, wird sie so einprägsam wie möglich – *gemacht*.

Regel 3: Sie erinnern sich an ungewöhnliche Dinge

Ungewöhnlich bedeutet, daß etwas nicht in ein Muster paßt, sich nicht harmonisch in eine Struktur einfügen will. Wenn wir an unsere intensivsten persönlichen Erfahrungen zurückdenken, erinnern wir uns zuerst an die ungewöhnlichen Momente – diese Dinge sind es, die im Gedächtnis haftenbleiben. Nun zu einer neuen Liste und einem weiteren Experiment: Sie lesen sich die folgenden Wörter langsam durch, decken sie anschließend wieder ab und prüfen, an wie viele Sie sich erinnern können.

Schuh, Ball, Kiste, Mauer, Mantel, Reis, Tasche, Drache, Nagel, Apfel, Stift, Haus, Schwarzenegger, Schlüssel, Schnur, Teller

Auch wenn Sie sich nur drei Wörter merken konnten, waren bestimmt zwei davon **Drache** und **Schwarzenegger**! Die anderen sind gängige, langweilige, alltägliche Wörter, und obwohl sie durchaus sichtbar und konkret sind, ist an ihnen nichts, was die Phantasie beflügeln könnte.

Das Gehirn wartet darauf, Informationen aufzunehmen, aber es braucht etwas, an das es sich halten kann. Es funktioniert wie ein starker Elektromagnet, der fähig ist, Dinge anzuziehen und an sich zu binden, solange sie genügend magnetisches Material beinhalten. Manche Dinge bleiben ohne weiteres haften, während man bei anderen nachhelfen muß. An Gegenständen aus Holz oder Stoff sind erst Metallteile anzubringen, und je mehr Sorgfalt man darauf verwendet, je besser man die Dinge ausstattet, desto wahrscheinlicher ist es, daß sie vom Magneten angezogen werden und nie mehr herunterfallen. Selbst eine so unmagnetische Substanz wie Wasser kann am Magneten haften bleiben – sofern man es in eine Metallkiste gegossen und versiegelt hat.

Bei meiner Memotechnik wird dieser Prozeß der Magnetisierung von der Phantasie bewirkt. Stellen Sie sich vor, wie Sie zu einigen Gegenständen auf dieser Liste zurückkehren, um sie zu »magnetisieren«. Verleihen Sie ihnen etwas Ungewöhnliches; holen Sie sich den Teller, überziehen Sie ihn mit teurem Blattgold und zerstören Sie ihn anschließend wieder, indem Sie in der Mitte Ihre Initialen einritzen. Schauen Sie sich den Ball noch einmal an; erkennen Sie diesmal, wie er immer größer wird, bis er schließlich platzt und Gummifetzen auf Sie herabregnen läßt. Als Sie die Liste das erste Mal durchgelesen haben, hatten Sie die kleine Wanze auf der Mauer auf der Lauer auch bestimmt noch nicht entdeckt …

Regel 4: Sie erinnern sich an Dinge, die einem bestimmten Muster folgen

Es folgen zwei Listen mit Zahlen. Sie können ohne weiteres entscheiden, welche sich besser merken läßt.

Eins: 14, 8, 2, 16, 10, 4, 6, 12
Zwei: 2, 4, 6, 8, 10, 12, 14, 16

Ein und dieselbe Information wird hier auf zwei Arten präsentiert, aber in der zweiten, leichter zu behaltenden Liste kristallisiert sich ein Muster heraus. Ein ähnlicher Effekt läßt sich mit Wörtern demonstrieren, wie man anhand der nächsten beiden Listen sehen kann.

Eins: **Willi Arbeit ich eine spielten nach Squash der Runde und**
Zwei: **Nach der Arbeit spielten Willi und ich eine Runde Squash.**

Wenn die Information einem Muster folgt, besitzt sie einen inneren Zusammenhang. In diesem Beispiel sorgt der durch die Sprache hergestellte Zusammenhang dafür, daß die zehn Wörter der zweiten Liste keine isolierten Informationshappen mehr sind. Wenn man sie zu einem Satz zusammenfügt, bekommt das Gedächtnis eine bestimmte Vorstellung, an die es sich halten kann, und durch den Kontext der benachbarten Wörter erhält jedes einzelne Wort seinen »Magnetismus«.
Stellen Sie sich vor, Sie wollen sich im Kino einen Film ansehen und das Vorführgerät spielt verrückt: Es zeigt die verschiedenen Rollen in einer völlig falschen Reihenfolge – zuerst einen Ausschnitt aus der dritten Rolle, eine Verfolgungsjagd, dann das Ende, die Enttarnung des Mörders, dann einen Teil des Vorspanns ... Nach dieser Vorstellung hätten Sie denselben Film gesehen wie in jedem anderen Kino, aber wahrscheinlich könnten Sie sich nur unter größten Schwierigkeiten daran erinnern, was passiert ist.
Die Lösung läge darin, sich den Film noch einmal anzusehen, nachdem das Gerät repariert worden ist. Sie erhielten genau dieselben Informationen, aber diesmal nach einem bestimmten Muster: in der logischen Abfolge einer Geschichte.
Wenn Sie sich eine Lieblingskassette oder -CD anhören, können Sie oft genau sagen, welches Stück als nächstes kommt, oder schon die Melodie summen, bevor es überhaupt gespielt

wird. Aber könnten Sie die Reihenfolge der Stücke aufschreiben, wenn Sie keine Musik hörten und der Tonträger fest in der Box verschlossen wäre? Die Antwort dürfte »Nein« lauten. Das Gehirn funktioniert dann am besten, wenn es sich durch einen inneren Zusammenhang von einer Information zur nächsten bewegen kann.

Ich kann mir die Reihenfolge von Tausenden von Zahlen, Wörtern oder Spielkarten merken, aber auch nur, weil ich sie in eine bestimmte Reihenfolge gebracht habe. Genau wie Sie sich an eine Geschichte oder einen Film erinnern, gebe ich meinem Gedächtnis zunächst einen Ausgangspunkt, bevor es sich an einer zusammenhängenden Kette weiterbewegt und an jedem Glied nur so lange verweilt, bis es zum nächsten weitergeleitet wird.

Wie bei all diesen Regeln müssen die Informationen in Kenntnis der automatischen Abläufe im Gedächtnis verwandelt und »magnetisiert« werden, um sie mit dem Gehirn kompatibel zu machen.

Zur Erinnerung: Information muß in eine Form gebracht werden, die sie erfahrbar werden läßt. Es gilt, sie *real*, sichtbar, berührbar zu machen. Jeder Gegenstand muß *ungewöhnlich* genug werden, um sich von den anderen abzuheben. Als Grundlage alles dessen kann aber nur ein *Muster* dienen, ein Zusammenhang, der es dem Gedächtnis erlaubt, sich an der Kette entlang auf die Unendlichkeit zuzubewegen.

Das Gedächtnis muß unaufhaltsam wie eine M.U.R.E. werden – die Schlüsselelemente sind *Muster*, *Ungewöhnlich*, *Real* und *Erfahrbar*.

Im Mittelpunkt meiner Memotechniken steht das Bemühen, sich Informationen anzueignen, und wie ich bereits angedeutet habe, liegt der Schlüssel dazu in der Phantasie.

Die Macht der Phantasie

Die Phantasie kennt keine Regeln. Es liegt eine ganz neue Welt zu Ihren Füßen, ein Ort, an dem es keine Gravitationsgesetze gibt, keine Polizisten – nichts, was Sie einschränken oder behindern könnte.

Sie ist wie das Reich der Träume, nur daß hier alles von Ihrem Bewußtsein kontrolliert wird. In der Realität sind wir vielleicht nicht in der Lage, so schnell wie ein Zug zu laufen oder auf die Welt herunterzusehen, während wir sie gerade ohne jede Hilfe überfliegen. Wir dürfen vielleicht keinen Porzellanladen kurz und klein schlagen oder dem Bürgermeister eine kleben. Aber im Reich der Phantasie können wir alles sein oder tun, was wir wollen.

Wenn Leute mit neuen Informationen konfrontiert werden, glauben sie nur allzuoft, sie müßten sich daran halten, das Material genau so zu lernen, wie es ihnen präsentiert worden ist. Sie mühen sich ab, trockene, langweilige, zusammenhanglose Informationen aufzunehmen, und dabei bekämpfen sie ihr geistiges Potential eher, als es nutzbar zu machen.

Die Phantasie gestattet uns, den Elektromagneten im Gehirn anzuknipsen und Informationen so zu verändern, daß sie magnetisch *werden*. Der Umwandlungsprozeß geht leicht vonstatten; wenn wir nur Phantasie besitzen, verfügen wir bereits über alle nötigen Werkzeuge und Utensilien.

Betrachten Sie die Phantasie einmal als Filmstudio. Sie sind der Regisseur mit einem unbegrenzten Budget, und da alles nur Schein ist, kann auch alles passieren. All die natürlichen Methoden des Gedächtnisses lassen sich verknüpfen, um trockene, ungegliederte, ja sogar bedeutungslose Fakten zum glänzendsten, aufregendsten und einprägsamsten Film aller Zeiten zusammenzustellen. Als Regisseur stehen Sie direkt im Zentrum und halten sich an die erste Regel des Buches, indem

Sie an allen Vorgängen aktiv teilnehmen und sogar selbst die Hauptrolle spielen.

Wenn wir einen Film sehen, erinnern wir uns am ehesten an eine Geschichte, die eine emotionale Reaktion in uns hervorruft. Wenn wir bei einer Story aber *Regie* führen, müssen ein paar entscheidende Elemente in den Prozeß des Filmemachens eingebaut werden.

Spannung. In der Phantasie können Sie extrem großen Aufwand treiben, wenn nötig mit höchstem Tempo und Risiko. Wenn Sie Ihr Material in eine leicht zu merkende Abfolge bringen, setzen Sie dazu hochgradig gefährliche Dinge ein – Feuerwände, tonnenweise Sprengstoff, Giftgas – und erzielen höchst erstaunliche Spezialeffekte.

Stellen Sie sich vor, Sie sind Handelsvertreter und wollen sich eine Methode zurechtlegen, sich an alle Läden zu erinnern, die Sie in der Stadt abklappern müssen. Wie eindrucksvoll wäre es, wenn Sie ohne lange und zerknitterte Listen Ihrer Arbeit nachgingen? Um wieviel selbstbewußter würden Sie? Sie kennen den groben Grundriß der Stadt aus eigener Erfahrung gut genug; warum überlassen Sie die Orientierung also nicht der Phantasie?

Schließen Sie die Augen, und versetzen Sie sich in einen Spaziergang durch die Stadt. Bei meiner Memotechnik geht es vor allem um Organisation, und dieser Testlauf gibt Ihnen Gelegenheit, schon vorher die günstigste Route und die sinnvollste Einteilung Ihrer Zeit auszukundschaften. Schauen Sie in Gedanken bei allen Läden auf Ihrer Route vorbei, und benutzen Sie Ihre neue schöpferische Freiheit, um kleine Merkhilfen zurückzulassen, bis Sie wirklich in die Stadt kommen.

Konzentrieren Sie sich jeweils auf Dinge, die dort tatsächlich existieren. Ist der erste Laden ein Metzger, so stellen Sie sich das Fleisch im Schaufenster vor. Vor einem anderen Geschäft befindet sich vielleicht ein Briefkasten, eine Reklametafel oder eine ungewöhnliche Dekoration.

Dann peppen Sie das Ganze etwas auf. Der Phantasie sind keine Grenzen gesetzt. Besprühen Sie in Gedanken das Fleisch mit Farbe, und zünden Sie es an. Reißen Sie den Briefkasten herunter, und ersetzen Sie ihn durch ein eigenes Modell, um Passanten durch bizarre Klangeffekte zu verwirren. Veranstalten Sie eine spektakuläre Show mit Feuerwerkskörpern, und benutzen Sie die Brezel vor der Bäckerei als Halterung für das Feuerrad …

Nach getaner Arbeit spazieren Sie in Gedanken die gesamte Strecke zurück und achten auf die verschiedenen Merkhilfen. Wenn Sie dann wiederkommen, um die Route wirklich abzulaufen, brauchen Sie nur das Fleisch zu sehen, damit Ihnen einfällt, was Sie damit angestellt haben, und Sie brauchen nur am Briefkasten vorbeizukommen, um sich an die seltsamen Geräusche zu erinnern und zu wissen, daß Sie auch diesen Laden aufsuchen müssen.

Der Erfolg einer solchen Geschichte verweist auf ein paar weitere Schlüsselelemente der Kreativität. Je mehr *Humor* Sie einbringen können, desto besser. Dies hängt mit dem Prinzip zusammen, daß die Dinge ungewöhnlich sein müssen, und das Schöne an der Phantasie ist, daß die bizarrsten und surrealsten Dinge möglich sind. Sie werden sich wahrscheinlich nicht mehr allzugut daran erinnern können, wie Sie vor zwei Wochen zur Arbeit gingen, aber die Sache sähe ganz anders aus, wenn ein grüner Elefant Ihnen die Einfahrt zum Parkplatz versperrt hätte oder Sie von einer Gruppe greiser Ballettänzer umringt worden wären, die auf und ab hüpften, um die Rente abzuholen!

Ein weiteres Element, das ich empfehle, ist *Gewalt*. In der gesetzlosen Welt der Phantasie können Sie all Ihre Hemmungen abschütteln und Ihren Frustrationen freien Lauf lassen. Das folgende Experiment demonstriert die »Gewalt« eines guten Gedächtnisses.

Als nächstes sehen Sie eine Liste mit zwanzig Haushaltsgegenständen, aber schauen Sie jetzt noch nicht hin. Darauf folgt wiederum eine Liste mit zwanzig Gegenständen, darunter siebzehn aus der ersten Liste und drei neue. Ihre Aufgabe besteht nun darin, die erste Liste so gut zu lernen, daß Sie die drei neuen Elemente erkennen, wenn Sie schließlich an die zweite Liste gehen.

Liste 1

Vase, Standuhr, Aschenbecher, Tasse, Teller, Armbanduhr, Lampe, Tisch, Teekessel, Fernseher, Stuhl, Tablett, Schuh, Mülleimer, Teppich, Herd, Radio, Tür, Besen, Leiter

Lassen Sie Ihren gewalttätigen Instinkten jetzt freien Lauf! Gehen Sie alle Gegenstände einzeln durch, und stellen Sie sich vor, sie ganz übel zuzurichten. Tun Sie jedesmal etwas, was zu dem jeweiligen Gegenstand paßt; finden Sie heraus, wie Sie ihn am wirkungsvollsten ruinieren können. Lassen Sie die Vase beispielsweise von einem Dachgiebel fallen. Stellen Sie sich Leute unten auf der Straße vor, die die Vase fangen wollen, aber hören Sie, wie sie auf dem Bürgersteig zerschellt und Hunderte von Scherben auf die Straße springen.

Ein wichtiger Bestandteil meiner Memotechnik ist die Fähigkeit, verschiedene Arten der Aufnahme von Informationen zu kombinieren. Nachdem Sie jeden Gegenstand zerstört haben, stellen Sie sich nun vor, was Sie tun müßten, um ihn wieder zu reparieren. Die Vase muß wieder zusammengeklebt werden, aber es ist ein schönes Puzzle, wenn Sie herausfinden wollen, wohin die einzelnen Teile gehören …

Ziehen Sie alle Federn aus der Standuhr heraus, verbiegen Sie die Zeiger – und reparieren Sie die Uhr dann wieder, indem Sie aus dem Draht alter Kleiderbügel neue Federn zurechtbiegen und die Zeitansage anrufen, um die Uhrzeit neu einzustellen. Sägen Sie vom Stuhl alle Beine ab, um sie anschließend mit vier rosafarbenen Kaugummis wieder anzukleben. Steigen Sie auf die Leiter, machen Sie sich an die Arbeit, in der Hand eine kreischende Kettensäge …

Wenn Sie jede Zerstörung und jede Reparatur ausgeführt haben, sind Sie ein für allemal der souveräne Herrscher über Ihr Material. Lesen Sie jetzt die folgende List durch:

Liste 2

Teekessel, Teppich, Herd, Regal, Radio, Kiste, Tür, Schuh, Leiter, Schrank, Vase, Armbanduhr, Lampe, Aschenbecher, Mülleimer, Teller, Besen, Standuhr, Fernseher, Tisch.

Um herauszufinden, welche drei Gegenstände nicht zur ersten Liste gehörten, sehen Sie sich einfach alle Dinge nacheinander an, und versuchen Sie, sich daran zu erinnern, ob Sie sie gedanklich zerstört haben oder nicht. Und dann machen Sie einfach die Probe aufs Exempel und überlegen, wie Sie die Teile reparieren wollten; dann gehen Sie zum nächsten Gegenstand über. Unterstreichen Sie jedes Objekt, bei dem Sie sich an keine Bearbeitung erinnern können – und am Ende der Liste sollten Sie die drei neuen Gegenstände herausgefunden haben. Blättern Sie schließlich zurück, um Ihr Ergebnis zu überprüfen und sich selbst zu bestätigen, daß Sie dem Gedächtnis der Sieger wieder einen Schritt näher gekommen sind!

Lernen Sie zu schwindeln

Wer sich ein gutes Gedächtnis aneignen möchte, muß immer wieder schwindeln. Wenn ich mir eine Folge von tausend Einsern und Nullen oder fünfzehn Pack Spielkarten merke, sehe ich zunächst nur das, was mir präsentiert wird, und erinnere mich erst zuletzt wieder an genau diese Information. Doch in der Zwischenzeit habe ich mich überhaupt nicht mit Zahlen oder Spielkarten beschäftigt; ich habe mir das Material angeeignet und es so verändert, daß ich mich der natürlichen Wirkungsweise des Gehirns bediene, um mir alles zu merken.

Wie bereits ausgeführt, besteht der erste Schritt der Verwandlung darin, abstrakte Informationen in etwas zu verwandeln, was man behalten kann. Das meiste Material, das wir uns merken müssen, wird uns in abstrakter Form übermittelt – Zahlen, Namen, Richtungen, Wörter. Um wieviel leichter wäre das Leben, wenn wir jede Liste in dreidimensionaler Form bekommen würden. Eine Einkaufsliste wäre leichter zu merken, wenn wir beispielsweise Nachbildungen von allen Artikeln vor uns hätten; das Lernen von Details für eine Prüfung in Geographie wäre nicht so mühsam, wenn wir dreidimensionale Modelle von Ländern und Städten hätten. Selbst wenn Wörter sich auf reale Orte und Dinge beziehen, kann es ohne Phantasie keinen richtigen Zusammenhang zwischen ihnen und unserem Gehirn geben – und uns bleibt nur die alte, unpräzise Gewohnheit, das Material ständig aufs neue zu wiederholen und in unserem Kurzzeitgedächtnis hin und her zu jonglieren.

Stellen Sie sich vor, Sie müssen sich die folgenden drei Angaben merken: Erstens eine Zahl: 3185, zweitens einen Namen: Jacqueline Valente, und drittens eine Adresse: Goldgasse 7 in Ochsenfurt. In dieser Form ist die Information abstrakt, und selbst wenn sie ein paarmal wiederholt wird, läßt sie sich bestenfalls ein paar Minuten merken. Natürlich müssen die Daten so gelernt werden, daß man sie genau in der ursprünglichen Form wieder abrufen kann. Aber welche Regel besagt, daß man sie sich auch in dieser Form *merken* muß? Zwischen dem Erfassen und dem Erinnern kommt das Schwindeln.

Wie alle Angaben hier gehört auch die Zahl *3185* zu der Art von Information, die man sich merken muß, sofern man Stift und Papier gerade nicht zur Hand hat. Wenn Sie die Zahl hören, existiert sie in der abstraktesten Form, die möglich ist – als ersten Schritt sollten Sie sich also vorstellen, sie aufzuschreiben.

Es gibt viele Techniken dazu – vor allem, da die imaginären Schreibutensilien aus dem grenzenlosen Warenhaus Ihrer Phantasie ausgewählt werden können. Vergessen Sie Papier; suchen Sie sich etwas aus, was damit zu tun hat, *warum* Sie sich die Zahl merken, etwas, das Ihre kreativen (und destruktiven!) Instinkte Amok laufen läßt.

Vielleicht ist 3185 die Nummer eines Postfachs, das Sie anschreiben müssen, um eine Buchlieferung zu stornieren. In diesem Fall malen Sie sich aus, wie das Postfach vor Büchern fast gesprengt wird, und Sie schreiben die Nummer auf das Fach selbst.

Oder Sie stellen sich vor, einen Nagel zu nehmen, die Zahl in das Metall zu ritzen und sich dabei auf die Schriftart zu konzentrieren, die am einfachsten zu merken ist.

So könnten Sie auf die Ziffer 8 Augen malen, damit sie wie ein Schneemann aussieht, oder Sie stellen die Ziffer 1 als römische Ziffer dar.

Sollten Sie die Informationen in einem Gespräch erhalten, könnten Sie sich sogar vorstellen, Ihrem Gesprächspartner die Zahl aufzumalen! Holen Sie Ihre imaginäre grüne Farbdose heraus, und sprühen Sie die Zahlen auf sein Jackett, oder nehmen Sie einen wasserfesten Stift, um auf sein Gesicht zu schreiben, und merken Sie sich wiederum die Form der Zahlen, die Sie um Augen, Nase und Mund malen. Sobald Sie sich vorstellen, die Zahlen aufzuschreiben, fangen Sie bereits zu schwindeln an und verleihen der ansonsten völlig abstrakten Information eine feste Substanz.

Doch dies ist nur ein erster Schritt. Sie können sich die Zahl jetzt lange genug merken, bis Sie einen Notizblock finden, mit der entsprechenden Person reden oder eine bestimmte Telefonnummer anwählen. Sollten Sie die Zahl aber länger brauchen, müssen Sie sie noch fester unter Ihre kreative Kontrolle bringen.

Der Nutzen dieses ersten Schritts liegt darin, daß er Ihnen die notwendige Zeit verschafft. Seien Sie ehrlich – wie oft haben Sie schon eine Information gehört und dann nach drei Sekunden wieder vergessen! Sehr oft sollen wir uns schnell Dinge merken, doch schon der momentane Streß genügt, damit wir sie gleich wieder vergessen. Dieser erste Schritt räumt Ihnen die entscheidende Zeit ein, sich die beste Möglichkeit zu überlegen, etwas so zu lernen, daß Sie sich bequem – und *dauerhaft* – daran erinnern können.

Sobald Sie diese Zeit haben, können Sie sich viel mehr einfallen lassen. Warum verwandeln Sie die Zahl nicht in ein dreidimensionales Modell? Der Schlüssel zum guten Gedächtnis liegt in *Ihrer* Beherrschung der Information; überlegen Sie also, wie Sie dorthin kommen, und denken Sie dabei an die passendsten Materialien.

Handelt es sich etwa um die Fabrikationsnummer eines Bestellscheins für Kleidungsstücke? Nehmen Sie imaginäre Scheren, Stoff und eine Nähmaschine und schneidern sich eine nette, kleine vierstellige Nummer zum Anziehen.

Geht es um die Zahl der Kuchen, die Ihre Bäckerei pro Jahr herstellen muß? Legen Sie alle Kuchen in Form dieser Zahl auf dem Boden der Backstube aus, und stellen Sie sich vor, wie Ihre Schöpfung aus verschiedenen Ecken des Raums wirkt.

Auch ein Name läßt sich der Macht der Phantasie unterwerfen. In einem ersten Schritt trennt man seine einzelnen Bestandteile. Bei *Jacqueline Valente* kann man drei Elemente herauslösen: **Jacque**, **Lineval** und **Ente**. Jedes Element läßt sich mit etwas Phantasie zu einem sichtbaren, fühlbaren Objekt verwandeln.

Jacque wird ein Kleidungsstück, natürlich eine Jacke; **Lineval** verliert das V und wird so zum **Lineal**, und warum sollte man als **Ente** nicht **Daisy Duck** wählen? Mit einem Mal ist ein abstrakter Name in drei sehr reale Dinge umgewandelt worden, die sich zu einem einzigen geistigen und veränderbaren Bild zusammenfügen lassen. Stellen Sie sich vor, Sie messen mit dem Lineal eine zusammengeschnürte Jacke, die sich bewegt und bauscht, als ob etwas darin eingeschlossen wäre. Sie lösen die Kordel – und treten staunend zurück, als Daisy Duck heausspringt! Je mehr Humor, Überraschung und Bewegung Sie hineinbringen können, desto besser; je bizarrer die Situation ausfällt, desto markanter wird sie.

Sobald eine solche Szene existiert, können Sie darangehen, sie mit der Bedeutung zu verknüpfen, die der Name für Sie hat. Vielleicht ist die wirkliche Jacqueline Valente Ihre Kundenberaterin bei der Bank.
Stellen Sie sich vor, Sie warten in Ihrer Zweigstelle darauf, an die Reihe zu kommen, und werden Augenzeuge einer eigenartigen Szene hinter dem Schalter. Daisy Duck, die etwa Ihre Größe hat, zieht plötzlich eine Maske vom Gesicht und zeigt damit an, daß sie in Wirklichkeit die Kundenberaterin ist, die Sie an ihren Schreibtisch bittet.
Jacqueline Valente ist Ihre Gemüsefrau? Dann will sie Ihnen

vielleicht zeigen, daß ihre Waage präzise wie ein Lineal ist, was sie ausgerechnet beim Wiegen einer zappelnden, quakenden Jacke demonstriert …!

Jede Information kann in der Phantasie zum Leben erweckt werden. Auch bei der Adresse, *Goldgasse 7 in Ochsenfurt*, besteht das Kunststück darin, sie in einzelne Teile aufzubrechen. Sie können »7« zum Verb »sieben« machen und damit irgendein Bild wählen, das mit dieser Tätigkeit zu tun hat. Bei »Gold« könnte man an Goldmünzen oder Goldwäscher denken; in »Gasse« wiederholt sich das G von Gold, ansonsten steht dieser enge, winkelige Ort für sich. Zuletzt, und um sich den Namen der Stadt in Erinnerung zu rufen, sollten Sie sich einen Ochsen vorstellen, der gerade höchst widerwillig eine tiefe Furt durchquert. Die Phantasie hat das abstrakte Material konkret gemacht; jetzt steht es zu Ihrer Verfügung. Sie haben nun ein Sieb, einen Goldwäscher, eine Gasse und einen Ochsen vor sich. Als spontanes Bild könnten Sie sich einen Goldwäscher vorstellen, der neben seinem – an einem goldenen Nasenring festgeketteten – Ochsen das schlammige Regenwasser in der Goldenen Gasse in Prag siebt. Aber noch bevor er fündig wird, gesellt sich – ein Wunder! – zum Ochsen der Goldesel.

Mit mehr Zeit wäre diese Szene auch mit der richtigen Adresse zu verknüpfen. Wenn es um die Wohnung einer Freundin ginge, könnten Sie ihr die Rolle des Goldwäschers geben oder die Szene an einem vertrauten Ort spielen lassen. Ein wichtiger Bestandteil meiner Memotechnik ist die Fähigkeit, einmal gelernte Informationen zu vertiefen. Wenn Sie sich eine Geschichte ausgedacht haben, sollten Sie diese ein paarmal durchgehen, um sich die zentralen Stellen und ihre Beziehung zur eigentlichen Information zu vergegenwärtigen. Mit ein wenig Übung wird es Ihnen nicht schwerfallen, Ihre Bilder in die ursprüngliche Information zurückzuverwandeln – ganz egal, was für erstaunliche Dinge in der Zwischenzeit geschehen sind!

Versuchen Sie es selbst

In der folgenden Liste finden Sie fünf verschiedene Angaben und jeweils den Grund dafür, sie im Gedächtnis zu behalten. Lesen Sie sie nacheinander durch, und üben Sie es, trockene Fakten in lebendige, farbige Bilder zu verwandeln und einprägsame Szenen zu erfinden. Wenn Ihre Phantasie jedes dieser Beispiele mit Leben erfüllt hat, verwenden Sie ein paar Minuten darauf, die Bilder und Ideen erneut durchzulesen. Ergänzen Sie nötigenfalls zusätzliche Merkhilfen, und verwandeln Sie Ihre Bilder wieder in die ursprüngliche Information zurück.

Wenn Sie fertig sind, lassen Sie etwa fünf Minuten verstreichen und stellen sich anhand der Liste auf die Probe. Decken Sie die linke Spalte ab, suchen Sie sich in der rechten jeweils einen »Grund«, und rekonstruieren Sie aufs neue die Zusammenhänge und die Phantasieszene, um schließlich wieder an die Informationen auf der linken Seite zu kommen. Zur Erfolgskontrolle decken Sie die linke Spalte schließlich nach und nach wieder auf.

Fakten	Gründe
1. Kirchstraße 3, Bankholzen	Anschrift des Buchclubs
2. 40 08	Postfach für einen Wettbewerb
3. Philipp Trentsch	Ihr neuer Betreuer
4. Olivia – Nr. 9	Hausnummer einer Freundin
5. Hochstraße 21	Arztpraxis

Wenn Sie all die Techniken kombinieren, die ich zur Aneignung von Informationen beschrieben habe, orientieren Sie sich an den ersten drei Regeln meiner Memotechnik. Ihre Lernmethoden werden an die natürlichen Neigungen des Gehirns angepaßt.

Sie erlangen die entscheidende Fähigkeit zur *Kontrolle*, stellen eine *Verknüpfung* zwischen sich und dem Material her und konstruieren in der *Phantasie* emotionale Reaktionen und interaktive Erfahrungen. Abstrakte Informationen werden mit Leben erfüllt, trockene und nüchterne Fakten in ungewöhnliche, bizarre und prägnante Bilder verwandelt.

Nun ist alles vorbereitet, um sich Regel 4 zunutze zu machen und die für das Gehirn notwendigen Muster und Verbindungen zu schaffen.

Geschichten erzählen

Ich erinnere mich an Informationen, wenn ich sie in eine Geschichte verpacke. Ich brauche meiner Geschichte nur einen Ausgangspunkt zu geben – schon entwickelt sie sich von Punkt zu Punkt und ermöglicht es mir, eine große Fülle an Material im Kopf zu behalten. Wenn ich Tausende von Wörtern, Zahlen oder Spielkarten lerne, spielt jedes Element eine eigene Rolle in der Geschichte, und jedes Glied der Geschichte führt mich weiter zum nächsten.

Nachfolgend ein Beispiel für die Effizienz von Geschichten. Machen Sie es sich bequem ...

»Ein Mann wacht auf und klettert aus dem Bett. Er hat sehr unruhig geschlafen, im Traum unheimlich viel Blech erzählt und sich ziemlich starke Schmerzen eingehandelt. Anscheinend stimmt etwas mit dem Bett nicht ... Als er sich bückt, um genauer hinzusehen, merkt er, daß das Bettzeug tatsächlich aus Blech ist – kein Wunder, daß die Nacht unangenehm war! Um den Schmerz zu lindern, geht er erst einmal unter die Dusche. Zu seinem Entsetzen kommt jedoch kein Wasser heraus, sondern zähes, klebriges Öl, das ihn von Kopf bis Fuß einschwärzt.

Das Öl in seinen Augen sorgt außerdem dafür, daß er die Hunderte von Kugellagern oben auf der Treppe nicht sieht. Er stolpert nach vorne, fällt Stufe um Stufe und purzelt zusammen mit den Kugellagern nach unten. Benommen überlegt er, daß er nur noch mehr Schaden anrichtet, wenn er sich nicht das Öl aus den Augen wischt, also stöbert er in einer Schublade, bis er ein paar Putzlappen findet, die er dafür hernehmen kann. Schnell sind auch die Lappen schwarz und naß, doch als er sie wegwerfen will, öffnet sich der Mülleimerdeckel nicht; aus irgendeinem Grund ist der Mülleimer schon voll, und ein Blick genügt, um ihm zu zeigen, daß er mit Hunderten von alten Farbdosen gefüllt ist.

In einer der Dosen ist sogar noch etwas Farbe. Der Mann holt also einen Pinsel, um zu sehen, ob er den Fund noch gebrauchen kann. Er tupft etwas Farbe auf die Wand; sie scheint noch in Ordnung zu sein, doch als er versucht, den Deckel wieder auf die Dose zu drücken, wirft er die Dose um und spritzt die Farbe an alle vier Küchenwände.

In diesem Augenblick hört er Schritte – seine Frau kommt. Wenn sie das Durcheinander sieht, wird sie verrückt. Er stürzt in die Garage, schnappt sich eine Flasche Farblöser und wischt gerade den letzten Spritzer ab, als seine Frau durch die Tür tritt.

Sofort spürt er, daß etwas an ihr anders ist. Er überlegt einen Augenblick, dann fällt es ihm ein: Sie trägt neue Ohrringe, die so aussehen, als wären sie von einem Bleirohr abgeschnitten! Er will sie genauer betrachten und den linken in die Hand nehmen, da fällt dieser mit lautem Geklirr zu Boden.

Zum Glück hat er gleich einen Lötkolben zur Hand. Die Reparatur dauert nicht lange, und er beweist sogar einige Kreativität, indem er an beide Seiten jeweils einen ganz neuen Schraubenzieher lötet ...«

Solange Sie sich daran erinnern können, daß alles mit einem Mann anfängt, der nach einer unruhigen Nacht aus dem Bett klettert, sollten Sie keine allzu großen Schwierigkeiten haben, sich an die zentralen Elemente der Geschichte zu erinnern. Sie besteht aus einer Abfolge von Ereignissen, die jeweils mit einem bestimmten Gegenstand oder Material zu tun haben, und jedes Ereignis leitet zum nächsten über. Wenn Sie einen Teil vergessen haben sollten, können Sie zu einer Stelle der Geschichte weiterdenken, die Ihnen noch im Gedächtnis ist, und von dort aus zurückgehen, um das fehlende Bindeglied einzusetzen.

Die Geschichte endet mit einem Mann, der Schraubenzieher anlötet. Dazu verwendete er einen Lötkolben, mit dem er die Bleirohr-Ohrringe seiner Frau reparierte. Als seine Frau ins Zimmer kam, hatte er gerade Farblöser verwendet, um in aller Eile die Spuren seiner Versuche mit dem Pinsel zu beseitigen. Er war mit dem Pinsel zugange, weil er zuvor eine Farbdose gefunden hatte. Das wiederum geschah, als er gerade Putzlappen wegwerfen wollte. Er benutzte die Lappen unten an der Treppe, die er heruntergefallen ist, nachdem er auf ein paar Kugellager getreten war. Die Erklärung dafür ist das Öl in seinen Augen – die Folge einer Dusche, die er genommen hatte, um die Schmerzen nach einer auf Blech verbrachten Nacht zu lindern.

Mit anderen Worten: Sie haben sich gerade zehn langweilige, tote Gegenstände aus der Einkaufsliste eines Heimwerkers gemerkt:

Blech, Öl, Kugellager, Putzlappen, Farbe, Pinsel, Farblöser, Bleirohr, Lötkolben, Schraubenzieher

Sie kennen die Liste vorwärts wie rückwärts, Sie können sich erinnern, was vor oder nach jedem einzelnen Gegenstand kommt – und natürlich muß die Geschichte nicht mit den Schraubenziehern enden. Der Mann könnte einen davon – sie hängen immer noch an den Ohrringen seiner Frau! – hernehmen, um ein paar **Regale** zu reparieren – doch die brechen zusammen und begraben ihn unter Hunderten von **Reifen**. Auf einmal ist er in einen großen Gummizylinder eingeschlossen, doch glücklicherweise hat er eine **Säge** in der Tasche und kann sich befreien …

Geschichten, an die man sich erinnert

Das Erzählen von Geschichten ist entscheidend für das Funktionieren der Erinnerung und eine der Grundlagen meiner Memotechnik. Die nächste Frage muß also lauten: Warum erinnert man sich an manche Geschichten eher als an andere?
Die Bedeutung von Spezialeffekten, Spannung, Gewalt und Humor ist bereits deutlich geworden. Ein ebenso wichtiges Element und *der* Kunstgriff in jeder guten Geschichte ist jedoch die Anregung der Sinne.
Wenn Sie so viele Sinne wie möglich ansprechen, entfernen Sie Ihr Material immer weiter von seinem abstrakten Zustand und verstärken seine Beziehung zu *Ihnen*.
Stellen Sie sich vor, Sie haben es mit einer so trockenen und leblosen Information wie dem Wort **Kiste** zu tun. Sie können den zentralen *Sehsinn* einbinden, indem Sie sich gedanklich ein Bild von der Kiste zurechtlegen und sich damit bereits den entscheidenden ersten Schritt vom abstrakten Wort entfer-

nen. Ihre Phantasie ist grenzenlos, und Sie müssen ganz bestimmt kein Budget einhalten; warum transportieren Sie Ihre Kiste also nicht an einen ungewöhnlichen Ort? Stellen Sie sich meinetwegen vor, sie steht mitten in der Wüste, treibt auf dem Meer umher oder steckt in einem Mondkrater. Spazieren Sie in Gedanken um die Kiste herum, und prüfen Sie, wie sie aus verschiedenen Blickwinkeln aussieht. Im Moment hat die Kiste einen langweiligen, gleichmäßig braunen Farbton, warum überlegen Sie also nicht, was Sie tun könnten, um sie auffälliger zu gestalten? Vielleicht würde etwas fluoreszierende Farbe nichts schaden – unter Umständen sogar ein paar Neonleuchten!

Das nächste Stadium ist die Einbeziehung des *Gehörsinns*. Hier bietet es sich an, Ihr Objekt in eine musikalische Kiste zu verwandeln; sie gibt einen dumpfen Laut von sich, wenn man sie tritt, aber wenn der Deckel geöffnet ist, hören Sie die wunderbarste Musik. Stellen Sie sich vor, wie der Klang auf Ihre Gefühle wirkt. Vielleicht ist es eine sehr leise, präzise Melodie, die auf einem Uhrwerk gespielt wird. Da es aber darum geht, den Klang so prägnant wie möglich zu machen, könnte es auch das Scheppern von Heavy Metal sein!

Wie *fühlt* sich die Kiste an? Wie schwer ist sie? Sie können die Kiste ja vielleicht heben, aber sobald Sie die messerscharfen Kanten spüren, setzen Sie sie sofort wieder ab.

Beziehen Sie Ihren *Geruchssinn* mit ein. Die Kiste mag keinen Eigengeruch haben, aber Sie können ihr einen verleihen – entweder ein angenehmes Aroma oder einen fauligen Gestank. Sie hätten womöglich nicht geglaubt, daß der Geruchssinn zum Lernprozeß gehört, aber wie oft hat Sie ein Geruch schon zehn oder zwanzig Jahre zurückversetzt? Ein Geruch kann Erinnerungen an Ihr erstes Klassenzimmer, an die Küche Ihrer Kindheit oder an einen Ferienort wachrufen. Ja, man hat den Geruchssinn als den Sinn beschrieben, der am engsten mit der Erinnerung verknüpft ist. Es ist also nur vernünftig, sich eine der stärksten natürlichen Kräfte hinter der Erinnerung nutzbar zu machen.

Versuchen Sie zuletzt, die Kiste zu *schmecken*. Reißen Sie mit den Zähnen eine Ecke heraus; vielleicht stellen Sie angenehm überrascht fest, daß sie nach Ihrem Lieblingsessen schmeckt. Andererseits …

Der Kontrast ist überdeutlich. Sie beginnen mit **Kiste**, nichts als fünf Buchstaben, und haben zuletzt einen Gegenstand, der alle fünf Sinne anspricht. Jedesmal, wenn Sie einen neuen Sinn ansprechen, schaffen Sie einen weiteren Zusammenhang mit dem zu lernenden Material – es kann schließlich kein Zufall sein, daß die einprägsamsten Geschichten stets so viele Sinne wie möglich angesprochen haben. In alten Zeiten und Kulturen, wo man Geschichten mündlich überlieferte und Informationen bereits beim ersten Hören behalten mußte, war keine Beschreibung vollständig, solange sie die Zuhörer nicht mit allen Sinnen ansprach. Wer die Epen von Homer und Vergil gelesen hat, der wird sich an die Beschreibungen von Schlachten, Reisen und Abenteuern erinnern, weil sie einprägsam sein *sollten*.

Im übertragenen Sinne …

Ein anderes Merkmal von Geschichten ist ihre Neigung, Dinge mehr als einmal zu beschreiben. Große Schriftsteller und Dichter kennen seit jeher die Macht der Metaphern, der Erzeugung eindrucksvoller Bilder zur Unterstützung einer Beschreibung, und es ist interessant, zu beobachten, wie wir dies in unserer Alltagssprache tun: »Er rannte aus dem Zimmer wie ein geölter Blitz.« – »Seine Bücher gehen weg wie warme Semmeln.« – »Sie war die Ruhe selbst.«

Wir verleihen den Wörtern eine sichtbare Form, wiederholen die ursprüngliche Beschreibung und machen unsere Ideen dadurch um ein Vielfaches einprägsamer.

Diese Methode findet häufig Anwendung in der Werbebranche. Die zentrale Aussage ist fast immer die Qualität oder Wünschbarkeit eines bestimmten Produkts – doch anstatt uns nur einen Namen oder Slogan zu präsentieren, versuchen Werbeleute auf verschiedenen Ebenen zu kommunizieren.

Bei einem Fernsehspot werden die Botschaften durch den Musikstil, den Tonfall des Off-Kommentars, ja sogar durch das Design des Schriftzugs auf dem Bildschirm übermittelt. Ein bestimmtes Produkt wird von einer Reihe anderer Bilder und Ideen umgeben, und oft erscheint der Markenname erst ganz am Ende, nachdem die entsprechenden Gedanken und Gefühle evoziert wurden. So läßt sich anhand der Musik, des Schauplatzes und der Handlung normalerweise erkennen, ob uns eine Reise, ein Auto oder Jeans verkauft werden sollen – verpaßt man aber die letzten Sekunden eines Spots, so ist man im Hinblick auf die Firma oder Marke wahrscheinlich auch nicht schlauer. Diese Methode ist ein wichtiges Element meiner Memotechnik. Entscheidende Momente einer Geschichte sind dann am einprägsamsten, wenn sie auf verschiedene Arten vermittelt und während des allgemeinen Ablaufs zumindest einen Augenblick lang ganz deutlich hervorgehoben werden. Dies ist besonders wichtig, um sicherzugehen, daß der Prozeß des »Schwindelns« nicht nach hinten losgeht; schließlich ist es in Ordnung, die Information in bizarre Bilder und erstaunliche Geschichten umzuformen, aber es hat keinen Sinn, wenn man sie hinterher nicht wieder in die ursprünglichen Wörter, Zahlen oder Namen zurückverwandeln kann.

Es gibt zwei einfache Methoden, um diesem Problem vorzubeugen. Die erste ist die Hervorhebung – man nimmt sich während der Entwicklung eines Bildes oder einer Szene einen Augenblick Zeit, um sich auf das Schlüsselelement zu konzentrieren, auf den Teil, an den man sich vor allem erinnern muß. Stellen Sie sich vor, Sie müßten sich an das Wort **Schlot** erinnern, sei es als Bestandteil einer Liste oder einer Erinnerungsgeschichte. Gemäß meiner Memotechnik verwandeln Sie das Wort in ein dreidimensionales Objekt und gestalten Ihr Bild ungewöhnlich und prägnant: ein Schlot auf den Buckingham-Palast, aus goldenen Backsteinen gemauert und mit königlichem Wappen verziert. Sie sprechen viele Sinne an und gebrauchen Ihre Phantasie, um den rauhen Stein zu spüren und den Rauch zu riechen. Wenn Sie später aber wieder auf das Bild zurückgreifen, stellt sich die Frage, an welches Element Sie sich erinnern sollen. **Königlich? Rauch? Backsteine?**

Um diese Unsicherheit zu vermeiden, nehmen Sie sich besser ein paar Sekunden Zeit, um das Schlüsselwort hervorzuheben. Stellen Sie sich vor, die Lichter sind ausgegangen und nur noch der Schlot ist zu sehen. Einen Augenblick lang sehen Sie nichts anderes als den Schlot – nicht den Palast, nicht den Rauch, nicht einmal das Wappen auf dem Stein. Wie immer gestalten Sie die Szene und stellen sich vor, daß die Beleuchtung einen Wackelkontakt hat. Wenn sie an ist, wird die ganze Umgebung sichtbar, viele verschiedene Indizien, die auf den Mittelpunkt der Szene weisen. Ist sie aber aus, sieht man nur einen einzigen Scheinwerfer, der den Schlot anstrahlt.

Um doppelt sicherzugehen, läßt sich dieses Verfahren noch mit einem anderen kombinieren. Viele Ihrer Tricks, sich an eine bestimmte Information zu erinnern, dürften diese immer allgemeiner machen; aus diesem Grund ist es besonders wichtig, sich zumindest eine Merkhilfe zu reservieren, die eindeutig und präzise bleibt.

Stellen Sie sich vor, Sie müßten sich an das Wort **Paris** erinnern. Ihre Phantasie produziert wahrscheinlich viele Eindrücke, die typisch französisch sind: Sie riechen die Croissants, schmecken den Knoblauch und hören die Akkordeonmusik mit Blick auf den Eiffelturm.

Der Schlüssel liegt darin, zum ursprünglichen Wort **Paris** zurückzukehren. Warum ziehen Sie der ganzen Szene nicht einfach einen Pariser über? Oder Ihnen fällt ein Bild zum Paris aus der klassischen Mythologie ein. Diese Zusätze würden sich deutlich vom Gesamtbild abheben und mit Sicherheit dafür sorgen, daß es zu keiner Verwechslung kommt.

Zu Ihrem imaginären **Schlot** könnten Sie ein Mitglied der königlichen Familie gesellen, das auf dem Dach sitzt und eine Zigarette nach der anderen raucht – mit anderen Worten: qualmt *wie ein Schlot*. Wenn jedes Bild, das Sie erzeugen, mindestens einen speziellen Anhaltspunkt aufweist, werden Sie später automatisch danach suchen und wieder auf genau die Information kommen, an die Sie sich erinnern müssen.

Die Fallen umgehen

Wenn das Geschichtenerzählen einen Haken hat, dann den, daß es fast zu einfach sein kann! Es lassen sich auch Geschichten ausdenken, durch die man sich die Fakten nicht einfacher merkt.

Ein Beispiel dafür ist die folgende Geschichte, ein Versuch, sich diese Wortliste zu merken:

Zahnarzt, Garage, Milch, Eier, Zeitung, Schokolade, Friseur, Leihbücher.

»Ein Mann betritt das Behandlungszimmer eines Zahnarztes und setzt sich auf den Stuhl. Als er sich umsieht, merkt er plötzlich, daß er in Wirklichkeit in einer Garage ist; er springt auf, um wegzulaufen – aber die Einfahrt ist von einer gewaltigen Milchtüte blockiert, und im Fensterstock klemmt ein riesiges Ei. Zum Glück hat er eine Zeitung dabei; er rollt sie zusammen, zerschlägt das Ei, öffnet das Fenster und klettert nach draußen.

Dummerweise befindet sich die Zahnarztpraxis im zweiten Stock, und er muß auf den Boden springen. Er landet auf einer Tafel Schokolade, deshalb bleiben die Schuhe bei jedem Schritt auf dem Bürgersteig kleben, während er die Straße hinunterläuft. Er geht zum Friseur und liest verschiedene Leihbücher, bis er an der Reihe ist.«

Diese Geschichte erfüllt ganz offensichtlich einige Anforderungen meiner Memotechnik. Ungewöhnlich sind die Vorgänge allemal, es sind viele verschiedene emotionale Reaktionen enthalten, und alle Wörter wurden irgendwie mit Leben erfüllt.

Aber stellen Sie sich vor, Sie wollten diese Geschichte verwenden, um sich die Liste ein paar Stunden später wieder in Erinnerung zu rufen. Die erste Frage wird lauten: Wo fängt die Geschichte an?

Was bringt es, sich eine tolle Geschichte zu merken, wenn Sie nicht mehr wissen, wo Sie anfangen sollen? Die Geschichte zur Rekapitulation des Londoner U-Bahn-Plans fing mit dem Plan selbst an, und als Sie die Reihenfolge der Planeten von der Sonne aus lernten, haben Sie ebenfalls dort begonnen. Am besten sucht man sich einfach den naheliegendsten Ausgangspunkt.

Die obige Liste sieht aus wie eine Zusammenstellung von Dingen, die man auf dem Weg in die Stadt erledigt; warum lassen Sie Ihre Geschichte also nicht da anfangen, wo die Fahrt selbst beginnt – auf einem Parkplatz oder an einer Bushaltestelle? Wenn Sie eine Liste lernen, die in keinem Zusammenhang mit einem realen Ort steht, empfiehlt es sich, Ihre eigene Wohnung als »Symbol« und naheliegenden Ausgangspunkt der Geschichte zu wählen.

Wollten Sie beispielsweise die Bücher der Bibel lernen, so könnten Sie mit einem Bild Ihrer Pfarrkirche oder einem Kreuz beginnen. Würden Sie dagegen an Ländern oder Kontinenten arbeiten, so wäre Ihr Ausgangspunkt ein altmodischer Globus oder sogar Atlas mit der Welt auf seinen Schultern.

Das Hauptproblem an dieser Geschichte sind aber die Verknüpfungen. Die Vorstellung, die Zahnarztpraxis würde sich in eine Garage verwandeln, mag ungewöhnlich genug sein, um eine Weile im Gedächtnis haftenzubleiben, aber zwischen den beiden Orten besteht kein *Zusammenhang*. Im weiteren Verlauf erinnern Sie sich vielleicht daran, daß die Einfahrt blockiert ist – aber wodurch? Worauf landet der Mann auf der Straße? Was passiert beim Friseur?

Beim Ausdenken der Geschichte wirkten die Verknüpfungen noch recht naheliegend, aber wenn man nicht große Sorgfalt darauf verwendet, lösen sich solche Zusammenhänge schnell auf, und die Liste, die man sich eigentlich merken wollte, verblaßt.

Nach meiner Erfahrung lassen sich hauptsächlich drei Arten der Verknüpfung einsetzen: *Transformation*, *Kombination* und *Interaktion*.

Transformation

Denken Sie an einige der einprägsamsten Verwandlungsgeschichten aller Zeiten. Kennen Sie Stevensons *Dr. Jekyll und Mr. Hyde*? Kafkas *Die Verwandlung*? Oder den Film *Tote tragen keine Karos*? Diese Geschichten sind deshalb so einprägsam, weil man die Transformation richtiggehend *sehen* kann. Dr. Jekyll nimmt ein abstoßendes Aussehen an, Gregor Samsa wird zum Ungeziefer, und Steve Martin in der Hauptrolle wird zum »Tier«.

Dann gibt es die Legende vom Werwolf, die in zahllosen Büchern und Filmen verarbeitet wurde. Besonders hier richtet sich das Interesse auf die Umwandlung selbst, wenn die Haare dichter, die Zähne länger und die Klauen sichtbar werden.

Die zentrale Idee in all diesen Geschichten besteht darin, daß Dr. Jekyll und Mr. Hyde, Gregor Samsa und das Ungeziefer, Steve Martin als Detektiv und »Tier«, der normale Mann und der Werwolf – sogar der sanfte Clark Kent und Superman! – in Wirklichkeit ein und dieselbe Person sind. Es findet eine Verwandlung statt, eine höchst erstaunliche sogar, aber es gibt eine Kontinuität und einen Zusammenhang zwischen dem »Davor« und dem »Danach«.

Dieser Zusammenhang muß in den Phantasiegeschichten erhalten bleiben. Eine Verwandlung ist ein sehr einprägsames Ereignis – nach den Naturgesetzen gehört sie schließlich zu den Dingen, die man am wenigsten erwarten kann. Ein Stuhl wird nicht plötzlich zu einem Bus, genausowenig wie eine Zahnarztpraxis zu einer Garage. Es bedarf eines Grundes für die Verwandlung. Dr. Jekyll wird zu Mr. Hyde, um das Böse in sich abzuspalten, Gregor Samsa wird zum Ungeziefer, weil er die Position seines Vaters innerhalb der Familie eingenommen hat, Steve Martin wird zum «Tier«, wenn er das Wort »Putzfrau« hört, und der Werwolf erscheint bei Vollmond.

Eine Transformation bedeutet ein großes Potential für eine Geschichte, aber nur, wenn sie richtig eingesetzt wird. Kehren wir zu unserer Geschichte zurück: Um wieviel leichter könnte man sie im Gedächtnis behalten, wenn das Folgende passiert wäre?

Auf dem Behandlungsstuhl wird dem Mann erklärt, daß die

Hydraulik nicht richtig funktioniert. Man braucht also etwas anderes, um ihn hochzuheben – der Arzt führt den Patienten daher in die Tiefgarage und bittet ihn, sich auf einen rostigen alten Wagenheber zu legen …

Die Praxis ist auch hier zu einer Garage geworden, aber die Verknüpfung ist jetzt stärker und einprägsamer. Soviel zum Schauplatz, aber wie sieht es aus, wenn sich Dinge oder Menschen verwandeln? Auch hier gilt es, einen Grund einzuführen, den Prozeß aber schrittweise zu gestalten und dafür Sorge zu tragen, daß der Zusammenhang zwischen dem »Vorher« und dem »Nachher« immer deutlich bleibt.

Angenommen, **Auto** und **Elefant** wären zwei Bilder, die Sie aus einer Liste abstrakter Ideen geschaffen hätten und jetzt verbinden müßten. Die Situation ist ideal, da es zwischen diesen beiden Transportmitteln sowohl Ähnlichkeiten als auch offensichtliche Unterschiede gibt.

Stellen Sie sich vor, Sie sitzen in einem Auto und hören plötzlich so etwas wie eine Hupe. Sie sehen in den Rückspiegel, aber obwohl Sie das Geräusch erneut hören, ist nichts hinter Ihnen. Um ganz sicherzugehen, benutzen Sie nochmals Ihre Außenspiegel – und zu Ihrer Überraschung verwandeln sich die Spiegel unter Ihrem Blick … in *Ohren*, auf jeder Seite eines. Mit einem Ruck schiebt sich das Dach zurück, und Sie sitzen hoch droben an der frischen Luft. Stück für Stück fällt Ihr Auto auseinander, bis Sie schließlich auf diesem riesigen, trompetenden Elefanten sitzen und ein Lenkrad umklammern.

Dieser letzte Rest ist wichtig – eine ständige Erinnerung daran, daß das Auto nicht einfach gegen einen Elefanten ausgetauscht wurde: es ist zu einem Elefanten *geworden*!

Üben Sie Ihre Transformation

Sie sehen jetzt fünf Bilderpaare. Verwenden Sie ein paar Minuten darauf, sich die besten Möglichkeiten zu überlegen, das eine Bild in das andere zu verwandeln. Suchen Sie jeweils nach Ähnlichkeiten, die Ihnen nützen können, und konzentrieren Sie sich darauf, den Zusammenhang bis zum Schluß deutlich zu machen.

Als Test decken Sie anschließend die rechte Spalte zu, lesen alle Wörter der linken Spalte durch und rufen sich jeweils die entsprechende Szene und das zweite Wort ins Gedächtnis zurück.

1. **Hut**   **Briefkasten**
2. **Tiger**   **Tisch**
3. **Fahrrad** **Vogel**
4. **Telefon** **Gesicht**
5. **Mantel**   **Bär**

Kombination

Eine Kombination entsteht, wie der Name schon sagt, wenn ein Element mit einem anderen kombiniert wird. Auch dieser Prozeß muß motiviert sein, und es muß klarwerden, wie er verlaufen ist. Die Technik der Kombination ist deshalb besonders geeignet, weil sie das Gedächtnis zwingt, sich Einzelheiten zu merken und auf den inneren Zusammenhang zwischen einer Information und der nächsten zu achten.

Nehmen wir an, Sie müßten sich die folgenden Länder in der Reihenfolge merken, wie sie hier erscheinen:

**China, Frankreich, Holland, England, Wales,
Deutschland, Schottland, Ägypten.**

Allein durch Kombination ist es möglich, sie alle in einen einprägsamen Zusammenhang zu bringen – und wie immer besteht der erste Schritt darin, das Wort in etwas Form- und Faßbares zu verwandeln. Am einfachsten ist es, jeweils ein Objekt zu wählen, das für das entsprechende Land steht. Spontan würde ich vorschlagen:

China: Chinesische Mauer	**Frankreich:** Eiffelturm
Holland: Edamer	**England:** Melone (Hut)
Wales: Lauch	**Deutschland:** Frankfurter Würstchen
Schottland: Kilt	**Ägypten:** Pyramide

Jetzt kann es mit dem Kombinieren losgehen. Sie beginnen mit der *Chinesischen Mauer* – bei ihrem Anblick denken Sie, man könnte sie ruhig ein wenig aufstocken. Auf der gesamten Länge der Mauer gibt es immer wieder kleine Türmchen, warum sollte man also nicht auf jedes einen höheren Turm setzen – etwa den *Eiffelturm*? Stellen Sie sich vor, wieviel Arbeit und welche Geräte dazu notwendig sind, und des stärkeren Effekts wegen bemalen Sie jeden Turm in einer anderen Farbe.

Wenn Sie sich einen der Türme genauer ansehen, werden Sie feststellen, daß er spitz genug ist, um zu einer Katastrophe zu führen, falls ein Heißluftballon zu nahe herankommt. Sie brauchen etwas, um die Spitzen abzudecken, und zwar etwas Rotes, das die Gefahr signalisiert. Die Antwort: Nehmen Sie eine Wagenladung *Edamer*! Stellen Sie sich den Klang vor, wenn der Käse auf die Spitzen gesteckt wird! Das Problem ist natürlich, daß der Käse in der Sonne schmilzt. Sie können dies nur verhindern, indem Sie auf jeden Käselaib vorsichtig eine *Melone* setzen.

Plötzlich fängt es zu regnen an. Sie müssen mit ansehen, wie sich gefährlich viel Wasser in den Hutkrempen sammelt. Was Sie jetzt brauchen, ist etwas Langes und Röhrenförmiges als Entwässerungssystem – beauftragen Sie Ihre Arbeiter also, tonnenweise *Lauch* zu holen! Die Arbeiter höhlen jede Stange einzeln aus und kleben sie dann zu einem verzweigten Röhrensystem zusammen, das sich von Hut zu Hut erstreckt und das Wasser abfließen läßt. Aufgrund der großen Wurmplage in China haben die Lauchstangen Hunderte von winzigen Löchern, durch die das Wasser tröpfelt!

Aber was geschieht, wenn das Wasser auf dem Boden zum Problem wird? Immer mehr fließt den Hang hinunter, und die Arbeiter werden langsam nervös. Sie brauchen eine aufblasbare Plattform, damit Sie nicht von der Mauer abgeschnitten werden und sich auf dem Wasser halten können – da bieten sich *Würstchen* als ideales Baumaterial an. Sie pressen das ganze Fleisch heraus, blasen die Wursthäute zu großen Ballons auf und kleben sie aneinander.

Alle klettern an Bord, aber schon bald schwankt die aufblasbare Plattform gefährlich hin und her. Gerade noch rechtzeitig fällt Ihnen ein, wie man sie stabilisieren könnte. Sie befehlen allen Arbeitern, ihre *Kilts* auszuziehen und zu einem einzigen Saum zusammenzunähen, der die Plattform auf allen Seiten umschließt. Das scheint zu funktionieren – doch dann bricht die Katastrophe herein.

Mit einem lauten Knall platzen die Wursthäute, die Plattform beginnt zu sinken, und Sie können sich gerade noch an den nächsten Turm klammern. Während Sie dort hängen, erkennen Sie Ihren Fehler: Sie haben die Plattform zu nahe an einer teilweise versunkenen *Pyramide* gebaut!

Um sich die Länder in der richtigen Reihenfolge in Erinnerung zu rufen, merken Sie sich einfach den Ablauf, wie dieses große und ungewöhnliche Bauwerk errichtet wurde, achten auf die wichtigen Gegenstände und ersetzen sie durch die entsprechenden Länder.

Bei längeren Listen sollten Sie nur einige Elemente durch die Technik der Kombination verbinden, sich jeweils auf den Grund und die Methode konzentrieren und dafür sorgen, daß Sie die Elemente deutlich und einprägsam kombinieren. Wenn Sie Dinge zusammennageln, -pressen, -leimen oder -schweißen, bleiben sie garantiert verbunden und fest im Gedächtnis verankert.

Üben Sie das Kombinieren

Gehen Sie wie bei den Ländern vor: Verknüpfen Sie die folgenden Begriffe miteinander, und behalten Sie die Reihenfolge dadurch bei, daß Sie das erste an das zweite, das zweite an das dritte usw. anfügen. Benutzen Sie so viele Verbindungstechniken wie möglich – leimen, nähen, nageln, schrauben –, und finden Sie heraus, welche bei Ihnen am besten funktionieren.

Wenn Sie fertig sind, überdenken Sie Ihre Bilder und Kombinationen zunächst noch einmal und kehren dann zur ursprünglichen Liste zurück, um die Probe aufs Exempel zu machen.

**Schirm, Fußball, Stift, Käse, Tee, Kohle,
Fernseher, Marmelade, Zeitschrift, Fisch.**

Interaktion

Da die Phantasie Sie in den Mittelpunkt aller Geschichten rückt und die Abläufe prägt und steuert, ist es nicht verwunderlich, daß es bei der dritten Art der Verbindung um Ihren eigenen Bezug zu den Ereignissen geht. Diese Gelegenheit ist ideal, um sich starke emotionale Reaktionen auf die Ereignisse auszudenken und sich *selbst* zum Bindeglied zwischen zwei Bildern zu machen.

Je mehr Verbindungen Sie zu Ihren eigenen Gedanken und Reaktionen herstellen können, desto besser ist es. In der »Einkaufsgeschichte« zog der Mann eine Zeitung aus der Tasche, um das Ei kaputtzuschlagen, aber warum muß es gerade eine Zeitung sein, und nicht eine Taschenlampe oder ein Stock? Und wie sollen Sie sich daran erinnern, daß er gerade zum Friseur gegangen ist und nicht zum Metzger oder in die Bank? Diese Geschichte beinhaltet viele emotionale Reaktionen, aber nur wenige betonen die Kette der Ereignisse. In einer perfekten Geschichte verändern sich die Dinge in Ihrem Umfeld, haben aber stets mit *Ihnen* zu tun: hierin liegt das Entscheidende an der Interaktion.

Um wieviel einprägsamer wäre die Geschichte gewesen, wenn sich Folgendes zugetragen hätte:

»Als der Mann merkte, daß er wegen der Milch in der Einfahrt nicht aus dem Zimmer fliehen konnte, entschloß er sich, die Tüte zu öffnen und einen Schluck zu nehmen.« Stellen Sie sich vor, daß diese Idee *Ihrer* Phantasie entspringt, und verknüpfen Sie Ihre Reaktion mit den folgenden Ereignissen.

»Er beschloß, eine Mahlzeit daraus zu machen; also zog er Tisch und Stuhl heran und begann zu frühstücken.« Das Frühstück ist schließlich die Mahlzeit, bei der Milch am ehesten verwendet wird. Stellen Sie sich vor, Sie warten jeden Moment auf die Tageszeitung, weil die Milch bereits geliefert wurde.

Ihre eigenen Erwartungen können ein wichtiger Teil der Geschichte sein; manchmal werden sie erfüllt, dann wieder enttäuscht oder unterlaufen. In diesem Fall kommt die Zeitung zwar tatsächlich, aber sie kracht durch das Dach und landet auf Ihrem Kopf ...

Durch Ihre Reaktionen können Sie sowohl Regisseur als auch Star der Geschichte sein. In deren weiterem Fortgang betrachten Sie die Vorgänge aus der Distanz und reagieren entsprechend darauf – doch gleichzeitig stehen Sie *innerhalb* der Handlung und reagieren als Hauptperson, der all die seltsamen Dinge widerfahren.

Stellen Sie sich vor, Sie erwarten, daß sich die Farbe auf Ihre Hände abreibt. Sie begutachten, wie schmutzig sie schon sind … und merken plötzlich, daß sie nicht in Druckerschwärze, sondern in dicke, klebrige Schokolade getaucht wurden!

An diesem Punkt lassen sich all Ihre Sinne ins Spiel bringen – aber wie immer muß auch ein spezieller Anhaltspunkt dabeisein. »Zu Ihrer Überraschung sehen Sie, daß sich auf jeder Zeitungsseite eine Anzeige für eine bekannte Schokoladenmarke befindet, die bei Berührung in der Hand schmilzt.«

Die Methode der Interaktion ist ein gutes Hilfsmittel, um sich Gegenstände in einer bestimmten Reihenfolge merken zu können. Im Alltag funktioniert unser Gehirn durch eine Kette von Verbindungen, und oft denken wir an einen Faktor nur dann, wenn er von etwas anderem angestoßen wurde.

Besonders gut läßt sich dies beobachten, wenn zwei Gesprächspartner plötzlich den Faden verlieren. Normalerweise geht man ein paar Schritte in der Kette zurück und arbeitet sich dann wieder vor, bis man erneut an der Stelle ist, wo man zuvor unterbrochen hat. »Wir sprachen gerade über Ihre Party, und das brachte uns zu Simons Vater – dann sagten Sie etwas über seinen Wagen, und das erinnerte mich an mein Auto und daran, daß ich zur Garage gehen wollte …«

Diese natürliche Neigung des Gehirns läßt sich effektiv dazu einsetzen, sich an eine Geschichte zu erinnern. Wenn die Reihenfolge keine Rolle spielt, können Sie sich einfach die Dinge auf dem Frühstückstisch vorstellen und sie dann miteinander kombinieren, aber auch eine Reihenfolge läßt sich natürlich leicht nachvollziehen.

Die Milch hat Sie allgemein auf das Thema Frühstück gebracht, und insbesondere auf Dinge, die morgens ausgetragen werden. Die Zeitung *wurde* ausgetragen, wenn auch auf eine etwas unorthodoxe Art und Weise. Dann lenkte die Zeitungslektüre Ihre Gedanken auf die schlechte Druckqualität – und Ihre Erwartungen schlugen in Überraschung um, als Sie die Schokolade schmeckten …

Als Beispiel für die Wichtigkeit von Interaktion stellen Sie sich einmal vor, Sie müßten die folgende Geschenkeliste lernen.

Um bei Ihrer Fahrt in die Stadt Zeit zu sparen, haben Sie sich genau überlegt, in welcher Reihenfolge Sie die Geschäfte aufsuchen wollen; die Abfolge der Gegenstände muß also beibehalten werden.

Schal, Schnorchel, Teekanne, Brandy, Mantel, Uhr, Golfbälle, Bild

Da Sie auf eine Einkaufstour gehen, könnten Sie sich beispielsweise vorstellen, wie Sie sich dafür anziehen.

Ein **Schal** käme an einem so kalten Tag recht gelegen; wickeln Sie also einen imaginären Schal um Ihren Hals. Dummerweise wickeln Sie ihn anscheinend etwas zu fest – jetzt brauchen Sie etwas, was Sie vor dem Ersticken rettet! Gott sei Dank haben Sie einen **Schnorchel** dabei, den idealen Lebensretter, und nachdem Sie ihn in den Mund gesteckt haben, können Sie so lange frei atmen, bis Sie den Schal wieder abnehmen.

Da Sie den Schnorchel jetzt nicht mehr brauchen, nutzen Sie am besten seine Form und hängen ihn an einen Haken – aber es ist noch Wasser darin, das sich in einem langen Strahl auf den Boden ergießt.

Was tun? Sie stellen eine **Teekanne** darunter, um das Wasser aufzufangen. Sie hören, wie sich die Kanne allmählich füllt, und bekommen langsam Durst – ein Gefühl, das immer schlimmer wird, bis Sie dem Zusammenbruch nahe sind.

Als fast schon alles zu spät scheint, tappt ein stattlicher Bernhardiner mit einem Fäßchen **Brandy** in das Zimmer. Sie stürzen den Brandy hinunter und spüren, wie er im Magen brennt. Ja, ein Blick nach unten zeigt Ihnen, daß Ihr Bauch schon feuerrot glüht!

Sie wollen sich unbedingt etwas anziehen und schlüpfen in einen langen **Mantel**, aber dummerweise ist er so lang, daß Sie sich beim Laufen darin verheddern. Sie fallen, doch der Regisseur des Films scheint an dieser Stelle sehr raffiniert zu arbeiten, denn Ihr Fall spielt sich in Zeitlupe ab.

Das verschafft Ihnen Zeit, sich auf den Aufprall vorzubereiten, und Ihre Gedanken richten sich auf den einzigen zerbrechlichen Gegenstand, den Sie bei sich haben – Ihre **Uhr**. Sie streifen sie ab und werfen sie in das Gras, damit sie weich landet.

Das Wiederfinden der Uhr stellt sich als schwieriger heraus als erwartet. Sie suchen überall und werden schon langsam ärgerlich, da kommt Ihnen der Gedanke, daß sie in ein Loch gefallen sein könnte.

Wie durch die Macht Ihrer Gedanken verwandelt sich das Gras in diesem Augenblick in einen Golfplatz, und überall tun sich Löcher auf. Ihre Uhr bleibt zwar verschwunden, doch statt dessen liegt in jedem Loch ein **Golfball**. Je mehr Bälle Sie finden, desto frustrierter werden Sie. In Ihrem Ärger schleudern Sie schließlich alle Bälle fort – und hören das unangenehme Geräusch von zerspringendem Glas. Sie rennen hinterher und sehen, daß die Bälle ein Hausfenster durchschlagen und von jedem teuren **Bild** das Glas zerbrochen haben.

Die gesamte Geschichte basiert auf Interaktion. Sie verändern die Dinge in Ihrer Umgebung, doch auch Sie werden von den Ereignissen verändert, so daß sich ein enger Zusammenhang ergibt. Auch der Ablauf der Bilder ist klar, und selbst wenn die genaue Reihenfolge von Gegenständen auf einer Liste nicht so wichtig ist, stellen Sie auf diese Weise sicher, daß keiner der Punkte vergessen wird.

Üben Sie Ihre Interaktion
Probieren Sie die Methode anhand der folgenden Wortliste selbst aus.

Beachten Sie den »Grund«, weshalb die Wörter zu lernen sind, wählen Sie einen passenden Ausgangspunkt, und lassen Sie die Geschichte dann Gestalt annehmen. Beziehen Sie an jedem Punkt Ihre eigenen Reaktionen ein; lassen Sie zu, daß die Geschichte Sie so beeinflußt, wie Sie umgekehrt auf die Geschichte Einfluß nehmen, und genießen Sie es, sowohl der Regisseur als auch der Star Ihres eigenen Gedankenfilms zu sein.

Gegenstände, die auf einer Auktion versteigert werden;
in dieser Reihenfolge:
Lampe, Uhr, Bibel, Puppenhaus, Tasse, Tisch, Kaminbesteck, Vase, Spielzeugeisenbahn, Laterne

Im Zentrum meiner Memotechnik stehen Sie – als Schöpfer und Geschöpf. Dies bedeutet, daß die Geschichten ihr Potential nur dann voll entfalten, wenn Sie selbst sie erfinden und mit Leben erfüllen. Sie können Menschen und Orte einbeziehen, die Sie gut kennen, darüber hinaus aber auch Ihre ganz persönlichen Vorlieben und Abneigungen, Ängste und Haßgefühle sowie Leidenschaften und Vergnügungen einbringen.

Zum Beweis dafür, daß man sich alle möglichen trockenen Informationen aneignen kann, finden Sie nachfolgend zwei Beispiele, wie sich reale Listen in einprägsame Geschichten verwandeln lassen. Bestehen Sie Prüfungen, gewinnen Sie Ratespiele und beeindrucken Sie Ihre Freunde: Hier sind die elf längsten Flüsse, die durch Deutschland fließen, und die deutschen Bundespräsidenten seit dem Zweiten Weltkrieg. Die dazu erfundenen Geschichten ermöglichen es Ihnen, beide Listen vorwärts und rückwärts zu lernen; sie beweisen, daß man selbst die abstraktesten und langweiligsten Informationen in den Griff bekommen und behalten kann.

Wenn Sie es schaffen, sich solche Dinge zu merken, sollte es auch kein Problem sein, die Listen zu behalten, die Sie jeden Tag brauchen.

In beiden Fällen wird die erfundene Geschichte in voller Länge erzählt.

Versuchen Sie, sich so viele Schlüsselelemente wie möglich zu merken, und achten Sie auf alle Techniken, die diese Geschichten so wirkungsvoll machen. Überlegen Sie gleichzeitig, welche anderen Methoden Sie einsetzen könnten – wie Sie mehr Sinne oder Gelegenheiten integrieren, um den Zusammenhang mit *Ihnen* zu festigen.

Die elf längsten Flüsse Europas, die durch Deutschland fließen:
1. Donau 2. Rhein 3. Elbe 4. Weser 5. Mosel 6. Main
7. Inn 8. Saale 9. Spree 10. Neckar 11. Havel

Der erste Schritt besteht wie immer darin, diese abstrakten Informationen in form- und faßbares Material zu verwandeln, das die Basis für eine Geschichte liefern kann. Zu Beginn sucht man am besten nach Ideen für Bilder, die im Wort selbst stecken.

Donau	Die Donkosaken, der Donauwalzer und damit Musik.
Rhein	Das Wort »rein«.
Elbe	Die Initialen L. B.; berühmte Persönlichkeiten mit diesen Initialen.
Weser	Der Wesir, ein Minister in einem islamischen Staat.
Mosel	Das Moos, dazu vielleicht der Moselwein.
Main	Das englische »mine« und das deutsche »mein«.
Inn	Das englische »Inn« für Gasthaus oder auch der Ausdruck »in« für modisch.
Saale	Saal E in einer Stadthalle oder einem Kongreß-zentrum.
Spree	Das Spray, warum nicht ein Deospray?
Neckar	Der Nektar, im Zusammenhang mit Bienen.
Havel	Der tschechische Präsident Vaclav Havel.

Als nächstes muß ein einprägsamer Ausgangspunkt gefunden werden. Da es sich um eine Liste von Flüssen handelt, bietet sich ein Flußufer an.

Stellen Sie sich die folgende Szenerie vor: Sie sitzen an einem wunderbaren Sommertag am Ufer eines trägen Flusses. Die Vögel zwitschern, und in der Ferne hören Sie leise Musik. Sie fühlen sich entspannt und haben nichts zu tun, also beschließen Sie, Ihr Gedächtnis zu trainieren …

Plötzlich wird die Musik lauter und reißt Sie aus Ihrem Dämmerschlaf. Inmitten dieser Idylle schmettert jemand russische Volksweisen. Sie beschließen, der Sache auf den Grund zu gehen, und pirschen sich an den Ursprung der Musik heran. Nach einer scharfen Biegung entdecken Sie einen Funkturm und einige Fernsehstudios. Sie zwängen sich durch eine dichte, stachelige Hecke, erreichen das Fernsehgelände und lauschen unbemerkt am hinteren Bühneneingang. »Die Donkosaken!« fällt es Ihnen ein, da folgt schon das nächste Lied. Beim Refrain steigt Ihnen der Rauch der Lagerfeuer alter Zeiten in die Nase: »Donna donna don-na do-ho-na«. Doch jetzt, Donnerwetter, der Höhepunkt des Programms: »An der schönen blauen Donau«, gespielt von den Wiener Symphonikern. Sie konzentrieren sich ein paar Takte lang nur auf den Donauwalzer; der gesuchte Fluß ist natürlich die **Donau**.

So also wird Fernsehen gemacht! Sie wollen mehr sehen und gelangen unbemerkt zur nächsten Halle. »Werbung« steht in großen Lettern über dem Eingang. Da hören Sie schon eine resolute Frauenstimme, die Ihnen irgendwie bekannt vorkommt. Der Eingang ist unbewacht; Sie nehmen Ihren ganzen Mut zusammen, treten ein – und versinken. Knietief stehen Sie in weißem Pulver – Waschpulver! – und folgen weiter der Stimme, bis Sie im Aufnahmestudio sind. Jetzt sehen Sie die kräftige Frau in dem weißen Arbeitsanzug und der karierten Bluse: Clementine! Sie bekommen gerade noch das Ende des Spots mit: »Nicht nur sauber, sondern rein«. Denken Sie intensiv an Clementine mit der Waschpulvertrommel; der Fluß ist der Rhein.

Der Geruch von Waschpulver wird langsam unangenehm, und noch einmal kämpfen Sie sich durch das Pulver nach draußen. »Aller guten Dinge sind drei«, denken Sie und sehen sich ein letztes Studio an. VR verheißt die Tafel, und noch bevor Sie richtig realisieren, daß dies für »Virtual Reality« steht, werden Sie von einer virtuellen Empfangsdame in den Computerraum geführt. Die Show beginnt. Sie setzen einen schrecklich engen (schwitz!) Datenhelm auf und können nun wählen, welchen Persönlichkeiten Sie begegnen wollen. Ohne nachzudenken, tippen Sie »LB«, und schon tauchen die beiden Buchstaben dreidimensional und grell auf dem Bildschirm auf: »LB-Start« – vor Ihnen erscheint Ludwig (van) Beethoven unter dem ohrenbetäubenden Krach der 9. Sinfonie. Der schon ziemlich taube Beethoven hört seine Musik extrem laut; genervt klicken Sie die nächste Persönlichkeit an: L. B. Johnson, der amerikanische Präsident im Kaminzimmer des Weißen Hauses. Außerhalb der Bannmeile skandieren Studenten »Hey, hey, L. B. J., how many men did you kill today?« Na ja, Schnee von gestern, noch ein Versuch: (König) Ludwig (von) Bayern. Verklärt sieht er aus, der »Kini«, die monumentale Musik Richard Wagners setzt ein, und im Hintergrund ist Schloß Neuschwanstein zu sehen. Plötzlich nur noch das Schloß und die Einblendung: »Wir geben Ihrer Zukunft ein Zuhause. LBS.« Irgendein Spaßvogel aus der Werbeabteilung muß sich hier wohl einen Scherz erlaubt haben. Genug. Die Augen schmerzen schon, da leuchtet noch einmal das aufdringliche LB vor Ihren Augen auf – Sie prägen sich dieses Bild gut ein und erinnern sich dadurch an die **Elbe**.

Der Trubel reicht Ihnen allmählich. Völlig benommen von den vielen Eindrücken, sehnen Sie sich nach einem ruhigen Ort. Wie wäre es mit einem Friedhof? »Gut«, sagt eine Stimme, der virtuelle Teppich unter Ihnen fängt zu flattern an, und Sie jagen in Windeseile zum nächsten Friedhof. Nach der Landung wollen Sie möglichst unauffällig herausfinden, wer Ihr Reisepartner mit den Schnabelschuhen ist. Inmitten von orientalischen Ornamenten ist in den Teppich das Wort »Wesir« eingestickt. »Aha«, kombinieren Sie stolz, »ich bin also mit dem Dienstteppich eines Ministers gekommen. Das ist ja …« »Wo sein Verweser?« fragt der Wesir in gebrochenem Deutsch und läßt Sie erschaudern. »Verweser? Ah, Sie meinen den Totengräber!« Da erscheint eine Pudelmütze aus einem Grab, der türkische Totengräber wirft die Schaufel fort und umarmt den mysteriösen Fremden – einen Cousin zweiten Grades. »Ah, Wesir, Wesir«, ruft er – und Sie merken sich am besten den Teppich mit dem eingestickten »Wesir« inmitten der Verzierungen. Der gesuchte Fluß ist die **Weser**.

Der ansonsten ruhige Friedhof wird zum Schauplatz einer lauten und herzlichen Wiedersehensszene; die Suche nach einem lauschigen Plätzchen geht weiter. Ganz in der Nähe werden Sie fündig: eine Waldlichtung, die mit herrlichem Moos bedeckt ist. Sie setzen sich vorsichtig auf die weichen, grünen Polster und machen ein Picknick: Ein rot und weiß kariertes Tischtuch, darauf Brot und Käse. Irgend etwas fehlt noch. Der Wein! Sie haben extra eine gute Flasche Moselwein eingepackt und schlürfen ihn genüßlich bis zur Neige. Stellen Sie sich die grüne Weinflasche zwischen dicken, grünen Moospolstern vor, und schon haben Sie die **Mosel** vor Augen.

Sie denken langsam an Aufbruch, da landet ein Fallschirmspringer auf der karierten Picknickdecke. Bevor Sie ihn zu Gesicht bekommen, verheddern Sie sich erst einmal in den Stoffbahnen und Schnüren des Fallschirms. Während Sie noch überlegen, ob er Ihr Tischtuch zum Zielspringen benutzt hat, pflanzt er sich entschlossen vor Ihnen auf: »Hey man, this is mine!« Sie verstehen nicht, was gemeint ist. »Hey man, this rucksack's mine!« Dummerweise haben Sie sich in einem US-Shop einen ausgedienten olivgrünen Armee-Rucksack gekauft, und Sie wollen das Mißverständnis aus dem Weg räumen. »Sorry, aber der Rucksack ist meiner.« »It's mine«, schallt es drohend zurück. Stellen Sie sich den Soldaten in voller Montur vor, wie er zehn Zentimeter vor Ihrer Nase auf seinem Recht beharrt. Der Fluß **Main** stellt sich ein.

Sie haben keine andere Wahl, als zum Stützpunkt mitzukommen. Dort erhalten Sie neue Anweisungen. Der Kommandant will Sie um vierzehn Uhr im »**minni**e's **Inn**« treffen. Das Gespräch verläuft freundlich; Sie erklären ihm, in Deutschland seien solche Rucksäcke gerade ungeheuer »in« und darin befänden sich nur persönliche, auch intime Dinge. Die Verabschiedung verläuft fast innig, und als Souvenir nehmen Sie sich noch einen Bierdeckel mit. Behalten Sie diesen Bier-

deckel in guter Erinnerung; es ist eine Intarsienarbeit, die
Minnie Mouse vor ihrem Inn porträtiert. Der entsprechende
Fluß ist der **Inn**.

Am Kasernentor tritt Ihnen der Fallschirmspringer noch einmal in den Weg. Doch diesmal lädt er Sie – als Wiedergutma-
chung für die Unannehmlichkeiten im Wald – zum Deutsch-
Amerikanischen Freundschaftstag ein. Sie lesen die VIP-Ein-
trittskarte: Messegelände, Saal E. Der Saal E macht seinem
Namen alle Ehre. Die Tische sind in Form eines großen E auf
das Podium hin geordnet, über dem Podium hängt ein blau-
weiß-rotes Spruchband »we leve ye«, darunter ein E in Ei-
chenlaub auf schwarz-rot-goldenem Grund. So eklektizistisch
hätten Sie sich Saal E nicht vorgestellt. Der Fluß ist, eh klar,
die **Saale**.

Nach der dreiundzwanzigsten Rede machen Sie sich davon.
Genau vor Ihrer Saaltür steuert eine Techno-Party gerade auf
ihren Höhepunkt zu. Irgendwie hält man Sie dort für jünger,
als Sie eigentlich sind, und Sie bekommen Ecstasy – E – angeboten. Als unbedarfter Mensch geraten Sie schon durch den
Gedanken an Drogen in Trance; Sie haben Horrorvisionen
und kehren schweißgebadet in die Wirklichkeit zurück. Panisch laufen Sie davon und wollen sich unauffällig verdrücken,
aber Ihr Schweißgeruch ist so stark, daß Sie vom Aufsichtsper-
sonal ein Deospray in die Hand gedrückt bekommen und gezwungen werden, die ganze Dose leer zu sprühen. Die Dose
dürfen Sie behalten: »Deo-Spree. Frisch wie Berlin.« Merken
Sie sich den Spruch oder das Aussehen der Dose (mit Graffi-
ti-Motiven der Berliner Mauer zum Sammeln). Der gesuchte
Fluß ist die **Spree**.

Jetzt an die frische Luft. Sie wollen noch Freunde besuchen
und nehmen den Weg durch den Park. Die Natur steht in voller Blüte, es schwirrt und brummt, duftet und summt. Sie bekommen richtiggehend Frühlingsgefühle und bedauern es,

den Park schon wieder verlassen zu müssen. Aber seltsam: Im Wohngebiet wird das Summen lauter statt leiser. Ein Bienenschwarm folgt Ihnen und wird immer aufdringlicher, bis die Bienen in Trauben an Ihren Kleidern hängen. So etwas ist Ihnen noch nie passiert! Plötzlich ein Gedanke: das Deospray! Sie holen die Flasche hervor und sehen sich die Rückseite an: »Duftrichtung Nektar« steht da in honiggelb fließender Schrift. Prägen Sie sich den Schriftzug auf der Metalldose genau ein; der zugehörige Fluß ist der **Neckar**.

Die Rettung naht in Form eines Taxis. Sie ziehen die Jacke aus und stürzen sich verzweifelt in den Wagen. Geschafft! Aber wohin fährt das Taxi? Der Fahrer erklärt gelassen, die genannte Straße sei seit Monaten aufgerissen, und so fahre er lieber zum Staatsbesuch; der sei ohnehin interessanter als Ihre langweiligen Freunde. Zähneknirschend, aber immer noch dankbar für die Rettung, fahren Sie mit und steigen ebenfalls aus. Nein, schon wieder die Bienen! Doch diesmal drehen Sie ab und stürzen sich auf den Staatsgast. Die Mikrophone werden von dem Schwarm eingehüllt, und der Redner am Pult kann sein eigenes Manuskript nicht mehr lesen. So improvisiert er: »Wie der Fleiß der Bienen den Honig fließen läßt, muß der Fleiß der Völker Osteuropas die Wirtschaft beflügeln.« Sie wundern sich über die erstaunliche literarische Ader des Politikers, aber ein Blick auf das Plakat räumt alle Zweifel aus: Vaclav Havel. Prägen Sie sich das gutmütige Gesicht des tschechischen Präsidenten ein, und Sie behalten auch noch den elften Fluß: die **Havel**.

Deutsche Bundespräsidenten seit dem Zweiten Weltkrieg

Theodor **Heuss**, Heinrich **Lübke**, Gustav **Heinemann**, Walter **Scheel**, Karl **Carstens**, Richard von **Weizsäcker**, Roman **Herzog**.

Auch hier geht es zunächst darum, die abstrakten Namen zu griffigem Material für eine Geschichte zu machen. Überlegen Sie sich, welche Bilder und Assoziationen in den Namen stecken.

Heuss   Das Heu, wenn möglich im Genitiv »Heus«; eine andere Idee wäre vielleicht der Plural von Haus (Häuser).

Lübke   Die Stadt Lübeck mit den entsprechenden Wahrzeichen (Holstentor, Marzipan).

Heinemann   Am nächsten kommt der Heinzelmann; alles erledigt sich von selbst.

Scheel   Das Adjektiv »scheel« (= schief, neidisch), dazu das Lied »Hoch auf dem gelben Wagen«.

Carstens   Ein naheliegender Gedanke ist die Sektmarke Carstens SC; möglich wäre auch Carstens' Hobby Wandern.

von **Weizsäcker** Der Weizensack; dazu der (erfundene) ausgestorbene Beruf des »Weizsäckers«, der Weizensäcke transportiert.

Herzog   Hier ist der Titel Herzog die beste Assoziation; verstärken läßt sie sich durch eine Wortkombination mit »her zog«.

Ein stimmiger Ausgangspunkt für die Geschichte ist sicherlich der Bonner Amtssitz des Bundespräsidenten, die Villa Hammerschmidt. Prägen Sie sich die folgende Szenerie gut ein. Sie sitzen mittags im weitläufigen Garten der Villa auf einer Bank; es ist Juli, und jeder leidet unter der extremen Hitze der Hundstage. Sie lassen den Blick über das Gelände schweifen – und sind perplex. Moment mal, warum arbeiten hier nicht Gärtner, die auf bulligen Rasenmähern über gepflegtes

Gelände fahren, sondern Bauern, die das erste Heu einbringen? Sie fragen einen Arbeiter und erfahren, daß es sich um die Umsetzung des Morgenthau-Plans handelt, der Deutschland zum Agrarland machen soll. Als erstes Objekt hat man ausgerechnet den Garten der Villa Hammerschmidt gewählt. Ein Mähdrescher kurvt lautstark um das Haus. »Aha, der Wintervorrat für hohe Tiere«, schmunzeln Sie, als Sie die vielen Heuballen vor der herrschaftlichen Einfahrt entdecken. Sie wollen schon weitergehen – der Lärm wird für eine Mittagspause unerträglich –, da fällt Ihr Blick auf das Bettlaken, das ein Witzbold am Balkon der Villa aufgehängt hat. In roter Farbe liest man: »Hier präsidiert der Herr des Heus.« Prägen Sie sich das Bettlaken genau ein, denn der erste Präsident hieß **Heuss**.

Dummerweise bekommen Sie ziemlich leicht Heuschnupfen. Ihre Nase schwillt an, Sie müssen unentwegt niesen, und die Tränen schießen Ihnen förmlich in die Augen. Derartig außer Gefecht gesetzt, geraten Sie zwischen die Heuballen, werden irgendwie aufgegabelt, verladen und auf die Reise geschickt. Am nächsten Morgen weckt Sie ein stoppelbärtiger Arbeiter unsanft auf und drängt Sie, gefälligst mit anzupacken. Um Sie herum stehen LKWs und Wohnwagen im Kreis – ein Wanderzirkus! Sie müssen ganz allein die Heuballen aus dem Garten der Villa Hammerschmidt aufstapeln, aber nicht irgendwie, sondern nach einem genauen Plan: erst zwei gedrungene, runde Türme mit kegelförmigem Dach, dann eine vielfach gegliederte Renaissancefassade dazwischen. Schweißüberströmt setzen Sie den letzten Heuballen auf Ihr Werk und gehen zum Chef, aber anstelle von Bier bekommen Sie Marzipan in Schokolade, die in der Hitze sofort schmilzt. Jetzt fällt es Ihnen wie Schuppen von den Augen. Sie haben das Holstentor nachgebaut, und das Marzipan ist von der Stadt gestiftet! Mit klebrigen Fingern und trockener Kehle begutachten Sie Ihr Holstentor aus Heu; ein seltsames – und einprägsames! – Bild. Sie sind in Lübeck; der Präsident heißt **Lübke**.

Ihnen fällt nichts Besseres ein, als erst einmal beim Wanderzirkus zu bleiben, doch bevor es weitergeht, stecken Sie noch ein paar Marzipanriegel ein. Der Name der nächsten Station hat sogar eine entfernte Ähnlichkeit mit Marzipan: Mainz. Ihnen graut schon vor der Aufgabe, bei der Hitze und dazu mit Heuschnupfen wieder alle Ballen aufstapeln zu müssen, zu allem Überfluß nach einem neuen Plan. Als besondere Attraktion sollen in Mainz nämlich die sechs Mainzelmännchen nachgebaut werden, von Conny bis Det. Sie suchen gerade Ihre Handschuhe – da machen sich die Ballen selbständig. Wie von Geisterhand entstehen nach und nach sechs Mainzelmännchen vor dem Zirkuszelt. Fast glauben Sie schon an ein Wunder, da spüren Sie, wie ein winziges Kuvert in Ihre Jackentasche gesteckt wird. Sie reißen es auf und müssen sehr genau hinschauen, um die in Kinderschrift gemalte Nachricht lesen zu können: »Die Heinzelmänner waren es. Ihr Hein Heinzelmann.« Behalten Sie diese Mitteilung im Gedächtnis – und damit auch den Präsidenten **Heinemann**.

Die letzte Arbeit ging Ihnen zwar mehr als locker von der Hand, aber Sie haben trotzdem genug vom Zirkusleben. Nach einer Abendvorstellung laden Sie alle Artisten und Arbeiter zum Essen ein, seilen sich unbemerkt ab und beschaffen sich vom Zirkus eine gelbe Postkutsche, vier Schimmel, ein paar Heuballen, Wasserkanister – und ab geht die Post. Sie treiben die Pferde an und donnern mit der alten Kutsche über die Landstraße, daß es eine wahre Freude ist. Noch auffälliger wäre es allerdings nicht gegangen. Die Passanten springen zur Seite, wenn Sie durch die Dörfer jagen, und irgendwann bemerken Sie, daß die Bevölkerung in allen Orten gleich reagiert. Die Bewohner rechts von der Straße singen alle lauthals »Hoch auf dem gelben Wagen« und jubeln Ihnen zu, während die Menschen zur linken stumm bleiben und Sie nur scheel anschauen. Ein seltsames Bild, und deshalb gut zu merken. Der nächste Präsident heißt **Scheel**.

Das Reisen mit der Kutsche ist zwar ganz bequem, aber Sie haben Angst vor der Rache der Zirkusreiter und lassen die Kutsche samt Pferden an einem kleinen Bachlauf zurück. Sie beschließen, von nun an unauffälliger weiterzuziehen – zu Fuß. Nach einer Weile wird der Durst immer größer, die heiße Luft flimmert vor Ihren Augen, die Kehle ist ausgetrocknet, und Sie bekommen Halluzinationen. Vor Ihnen erscheint eine Fata Morgana: eine palmenbestandene Oase mit ein paar Kamelen und einem Kiosk. Sie schleppen sich auf die Kamele zu – und bekommen einen Huftritt auf Ihr Hinterteil. Schlagartig (!) sind Sie wieder voll bei Sinnen und kommen aus dem Staunen nicht mehr heraus. Die Kamele torkeln hin und her, ausgelassen glucksend und wiehernd. Seltsam. Doch ein Schluck, und alles ist klar: eine Sektoase! Sie suchen erst einmal Schatten neben dem Kiosk und sehen, daß der Sekt aus der Oase hier sogar abgefüllt wird. Ungläubig starren Sie auf das elegante Etikett: Carstens SC. **Carstens** ist auch der nächste Präsident.

Beschwipst und fröhlich geht es weiter. Die Gegend wirkt immer einsamer und archaischer, und Sie glauben fast, eine Zeitreise zu machen. Nein, wahrscheinlich liegt es noch am Alkohol. Die – berechtigten – Zweifel wachsen erst wieder, als der Asphalt verschwindet, die Wege immer holpriger werden und weit und breit kein Strom- oder Telefonmast mehr zu sehen ist. Endlich ein Zeichen der Zivilisation, eine Mühle! Als Sie näher kommen, erkennen Sie einen zerlumpten Mann, der auf seinem Ochsenkarren ein paar Weizensäcke geladen hat. Sie sprechen ihn an, aber der zahnlose Alte antwortet so altertümlich und undeutlich, daß Sie ihn kaum verstehen. Nur soviel: Er ist zwar arm, aber stolz auf seinen Beruf, denn er ist ein ehrbarer Weizsäcker, der Weizensäcke von den Bauern zur Mühle karrt. Sie sind im Mittelalter! Der Kontrast könnte nicht größer sein: der zerlumpte, zahnlose Weizsäcker und der aristokratische Richard von **Weizsäcker**.

In der Mühle versorgen Sie sich mit dem Nötigsten – Wasser und Weizenschrot – und ziehen weiter. Sie sind schon verzweifelt genug, da Sie nichts und niemanden mehr kennen, aber es kommt noch schlimmer: Eine Horde von Kriegern reitet ausgerechnet auf Sie zu, voran ein aufgeputzter Reiter mit einem Banner, dahinter finstere Gestalten auf klapprigen Mähren. Der Anführer will Sie anscheinend zur Rede stellen, aber der zeitliche Abstand wird immer größer, die Verständigung immer schwieriger. Panisch versuchen Sie, den Krieger zu besänftigen, und bieten Ihre Quarzuhr an, doch als sie gerade in diesem Augenblick zu piepsen beginnt, ist er so beeindruckt, daß er Ihnen – Ihnen! – magische Kräfte zuschreibt, die beim nächsten Gefecht mehr als nötig werden könnten. Er ernennt Sie auf der Stelle zum Herzog, und auch die Truppe, die hinter ihm herzog, huldigt Ihnen. Stellen Sie sich vor: Sie als Herzog hoch zu Roß, der Anführer eines Reitertrupps. Leider ist über Ihr weiteres Schicksal nichts bekannt ... aber der amtierende Präsident heißt **Herzog**.

Haben Sie sich die Geschichten durch den Kopf gehen lassen? Gehen Sie beide noch ein paarmal durch, um sich alle wichtigen Elemente einzuprägen. Solche Geschichten zu erfinden mag etwas mehr Zeit in Anspruch nehmen, als Sie normalerweise für Ihr Gedächtnis aufwenden, aber die Zeit ist gut angelegt. Sie werden bald merken, wie Sie immer schneller werden, sobald Ihnen die Techniken etwas vertrauter sind.

Ich kann zweiundfünfzig Spielkarten in Elemente einer Geschichte verwandeln und sie in weniger als fünfundvierzig Sekunden miteinander verknüpfen. Mit ein wenig Übung werden Sie feststellen, daß Sie jede Information beliebig lange im Gedächtnis behalten können.

Routen zur Erinnerung

Wenn ich mir sehr viele Informationen einpräge, benutze ich zur Zeitersparnis häufig vorbereitete Abläufe. Damit erspare ich mir die Arbeit, einzelne Elemente verbinden zu müssen; die Verknüpfungen sind bereits da, und die Informationen müssen nur noch konkret und faßbar gemacht werden, damit sie in die »Schlitze« passen.

Die Passagen, die ich mir ausgedacht habe, basieren alle auf Routen, die ich aus der Realität gut kenne – Wege durch Zimmer, Städte oder sogar Länder – und die sich die Vorliebe des Gedächtnisses für bestimmte Muster und Orte zunutze machen.

Stellen Sie sich vor, Sie hätten eine tragbare, weiße Schreibtafel und einen Satz Stifte. Die Tafel wäre in zehn Zeilen gegliedert, und vor jeder Zeile stünde links eine Zahl. Immer wenn Sie Informationen erhielten, die Sie behalten müßten, könnten Sie diese auf die Tafel schreiben und auf jede Linie ein oder mehrere Dinge setzen. Diese Informationen blieben dann so lange gespeichert, bis man sie wieder auswischt und neue Elemente einsetzt.

Das ist der Effekt, den ich mit meinen Routen erziele. Jeder Weg ist einfach eine Liste mit zehn »Stellen«, die darauf warten, mit Informationen gefüllt zu werden, wobei sie stets in einer bestimmten Reihenfolge miteinander verknüpft sind. Wenn die Leerstellen mit Informationen bestückt werden, erhalten auch diese ein Muster, eine Ordnung. Anders als die bereits beschriebenen Techniken des Geschichtenerzählens sind die Routen räumlich beschränkt: Wenn alle zehn Stellen belegt sind, muß ich auf eine andere Route ausweichen, um mir noch mehr zu merken, und wenn ich einen Weg ein zweites Mal benutze, muß ich alles löschen, was dort noch geschrieben steht. Für nur wenige Informationen – und der Einfachheit und Geschwindigkeit halber – ist der Einsatz von Routen ein unschätzbares Element meiner Memotechnik.

Der erste Schritt besteht darin, sich einen Weg auszudenken – wenn Sie so wollen, auf Ihrer »Tafel« die Zeilen zu ziehen. Suchen Sie sich einen Ort aus, den Sie gut kennen: das könnte Ihre Wohnung sein, Ihr Arbeitsplatz, vielleicht auch Ihr Elternhaus.

Möglicherweise ist es auch eine ganze Stadt, ein Spazierweg, den Sie gut kennen, sogar ein einziges Zimmer – solange sich der Ort in zehn deutlich unterscheidbare Bereiche unterteilen läßt.

Der Charakter dieser Bereiche hängt von dem gewählten Ort ab. Das deutlichste Beispiel sind vielleicht die einzelnen Zimmer eines Hauses. Auf einem Spazierweg sind es die einprägsamsten Stellen, in einer Stadt abwechselnd Geschäfte, Parks und Straßen. Es kommt vor allem darauf an, den Raum so gut wie möglich zu nutzen.

Wenn Ihr Haus mehr als zehn Zimmer hat, fassen Sie ein paar davon zu einem einzigen Bereich zusammen. Anstatt nur zehn Zimmer zu benutzen und weiteren Platz zu verschwenden, könnten Sie mehrere Kinderzimmer oder die Garage und die Werkstatt zu einem Bereich zusammenfassen. Möglich ist auch, ein ganzes Land einzusetzen, wenn Sie als Ihre zehn Bereiche Grafschaften, Bundesländer oder sogar Regionen hernehmen. Je mehr Raum Sie einem Gebiet zuweisen, desto mehr Möglichkeiten haben Sie, wenn es darum geht, sie mit Inhalten zu füllen.

Große Gebiete werden allerdings leicht ein wenig vage; nach meiner Erfahrung ist ein einzelnes Haus der geeignetste Ort.

Man hat genügend Bewegungsfreiheit, aber die Bereiche sind trotzdem ausreichend miteinander verknüpft.

Auch größere oder kleinere Orte lassen sich sinnvoll einsetzen. Wenn Sie eine ganze Stadt gewählt haben, sollten Sie die Bereiche so logisch wie möglich einteilen und sich gut einprägen, wo ein Bereich aufhört und der nächste anfängt. Wenn Sie im umgekehrten Extrem nur ein einziges Zimmer wählen, sollten Sie soviel Abwechslung wie möglich hineinbringen. Eine Schublade in einem Schrank könnte ein separater Bereich sein, aber mehr als eine Schublade zu nehmen wäre verwirrend.

Gestalten Sie jeden Bereich anders, je nach Lage und Art des Raums, und gebrauchen Sie Ihre Phantasie. Auch wenn diese Bereiche mit Gegenständen bestückt werden müssen, müssen Sie sich dabei an keine Gesetze der Physik halten – bereits die Vorstellung, einen Elefanten in Ihre Schreibtischschublade zu quetschen, wäre ja ziemlich einprägsam!

Haben Sie Ihre Bereiche eingeteilt, so müssen Sie sich als nächstes eine Reihenfolge ausdenken. Wenn das passiert ist, wird es gefährlich, noch irgendwelche Änderungen vorzunehmen; man muß also ein bißchen Zeit darauf verwenden, sich alles richtig einzuprägen.

Um sich die Vorliebe des Gedächtnisses für Muster und Verknüpfungen zunutze zu machen, suchen Sie zunächst am besten nach Teilbereichen, die bereits existieren. Einer der Vorteile eines Spazierweges liegt darin, daß die Reihenfolge der verschiedenen Bereiche bereits vorgegeben ist, aber auch in den meisten Gebäuden stellt sich zumindest ein vages Gefühl für die Laufrichtung ein.

Stellen Sie sich vor, der von Ihnen gewählte Ort sei ein Haus. Der Gartenweg könnte den ersten Bereich bilden, der Eingang den zweiten. Von dort aus gehen Sie in die Diele und weiter in die Küche, die direkt in den Wirtschaftsraum übergeht. Es gibt zwar keine Tür zum Eßzimmer, aber da es direkt hinter der Wand liegt, ist es trotzdem der nächste Bereich. Dieser Raum führt zum Wohnzimmer, und von dort aus gelangen Sie ins Treppenhaus, zum nächsten Bereich auf Ihrem Rundgang. Die Treppen führen ins Bad, und Ihr letzter Bereich könnten die Schlafzimmer oder vielleicht sogar der Speicher sein.

Wenn es sich bei Ihrem selbstgewählten Ort um ein einzelnes Zimmer handelt, bietet es sich an, im wesentlichen im Uhrzeigersinn durch den Raum zu gehen. Der erste Bereich könnte der Eingang sein, der zweite ein Tisch an der Tür, der dritte ein Kleiderschrank usw. Wenn Sie eine Stadt wählen, gibt es mit Sicherheit bekannte Wege durch die Stadt oder um sie herum, die sich als Ausgangsbasis für die Reihenfolge Ihrer Bereiche eignen.

Setzen Sie die Phantasie ein, um Ihr Revier abzustecken. Gehen Sie in Gedanken vom ersten bis zum zehnten Bereich, und prägen Sie sich gut die Grenzen ein.

Notieren Sie auf Ihrem Weg die Dinge, die den jeweiligen Bereich einzigartig machen: den Herd in der Küche, die Duschkabine im Badezimmer und die Waschmaschine in der Garage. Vielleicht gibt es auf Ihrem Spaziergang in einem Bereich einen besonders hohen Baum, oder Sie kommen an einem Garten vorbei, in dem ein extrem bissiger Hund angekettet ist. Diese Einzelheiten sind wichtig, denn der nächste Schritt besteht darin, die zehn Bereiche mit den Informationen zu füllen, die Sie sich merken müssen, wobei die unveränderlichen Details jeweils als Anhaltspunkte dienen.

Wie immer muß abstraktes Material konkret gemacht und so präpariert werden, daß es unterwegs verankert werden kann. Als nächstes gilt es, die Information so aufzuteilen, daß Sie den verfügbaren Platz effizient nutzen können. Zehn Punkte wären ideal, einer für jeden Bereich, aber es ist auch möglich, jeweils mehr als ein Element einzusetzen. Wichtig ist vor allem, daß in jedem Bereich dieselbe Anzahl von Gegenständen enthalten ist, denn sonst kann es allzuleicht passieren, daß man ein paar davon vergißt.

Ich würde vorschlagen, daß Sie zwei Routen ausarbeiten, auf die Sie blind vertrauen können. Wenn Sie an jede Stelle zwei Dinge plazieren, können Sie bereits die Liste aus vierzig Wörtern lernen, die am Anfang des Buches abgedruckt war.

Zu diesem Zweck müssen die Dinge fest verankert sein. Alle Methoden meiner Memotechnik lassen sich hier äußerst sinnvoll einsetzen: Binden Sie beispielsweise Ihre fünf Sinne ein und denken Sie daran, die Charakteristiken jeder Szene zu betonen und zu verstärken.

Außerdem können Sie so herumferkeln, wie Sie wollen, wenn Sie mit Ihrem Material auf ungewöhnliche und einprägsame Weise umgehen. Anstatt einfach einen Fußball in die Badewanne zu legen, könnten Sie sich vorstellen, ihn zwischen die beiden Wasserhähne zu klemmen und zuzusehen, wie er sich löst, herausschießt, den nassen Wannenrand entlangläuft und dabei den Teppich vollspritzt. Nageln Sie einen Brotlaib an die Wand Ihres Büros, kippen Sie Tomatenketchup auf Ihr Nachtkästchen, oder gießen Sie Vanillesoße über die Fassade des Rathauses. Über Verknüpfungen müssen Sie nun nicht mehr nachdenken; wenden Sie also all Ihre Phantasie dazu auf, die Dinge an Ort und Stelle zu plazieren.

Je erfahrener Sie werden, desto mehr Dinge können Sie an einem einzigen Ort unterbringen. Auch zwei Elemente in einem Bereich sind noch kein Problem, solange Sie immer das erste nach links und das zweite nach rechts setzen. Verbinden Sie die beiden Dinge nach Möglichkeit so, daß das linke irgendwie das rechte beeinflußt und immer als erstes erscheint.

Wenn Sie viele Informationen behalten müssen, können Sie Ihr Routensystem mit allen Methoden des Geschichtenerzählens verbinden. Machen Sie jeden Bereich zum Ausgangspunkt einer Geschichte, und eine ganz normale Doppelhaushälfte in einem Vorort wird zum Schauplatz von zehn langen, phantasievollen Geschichten, die jeweils etwa zwanzig Informationen enthalten! Die Möglichkeiten sind unendlich.

Haben Sie Ihre Route »bestückt«, dann unternehmen Sie einen weiteren kurzen Spaziergang durch die verschiedenen Bereiche und überprüfen dabei, ob alle Gegenstände noch gut sichtbar und am rechten Ort sind.

Sobald Sie mit Ihren Wegen vertrauter werden, ist es für Sie ein Kinderspiel, sich vorwärts wie rückwärts rasch zurechtzufinden – Sie finden sogar einen numerierten Gegenstand auf der Liste, indem Sie einfach bis zu dem entsprechenden Ort durchzählen. Vergessen Sie nicht: Jedes Material – Namen, Wörter, Zahlen – läßt sich am Weg plazieren, sobald es konkret und faßbar gemacht worden ist. Es wird eine Weile dortbleiben, und obwohl Sie es länger dort behalten können, indem Sie sich an den Inhalt des Weges erinnern, ist dieses »begrenzte Leben« in der Regel nützlich. Das Material bleibt lange genug dort, um eingesetzt zu werden, aber die »Tafel im Gehirn« ist wieder frei, wenn Sie neue Informationen lernen müssen.

Machen Sie die Probe aufs Exempel

Wenn Sie mit Ihren beiden Routen zufrieden sind und sich entschieden haben, welche von beiden zuerst an der Reihe ist, können Sie zum Anfang des Buches zurückkehren und versuchen, sich die Liste mit den vierzig Gegenständen zu merken. Wahrscheinlich gelingt es Ihnen nicht auf Anhieb, aber Sie erinnern sich bestimmt an mehr Elemente als beim ersten Mal.

Wenn Sie tatsächlich ein paar Fehler machen, sollten Sie herausfinden, welche Elemente fehlen, und sich neue Möglichkeiten ausdenken, sie auf Ihrer Route zu verankern.

Sobald Sie sich die ganze Liste in der richtigen Reihenfolge merken können, dürfen Sie mit vollem Recht stolz auf sich sein – das ist schon eine reife Leistung.

Sie haben sogar die abstraktesten Wörter – **Geruch**, **heiß**, **acht** – in konkrete Gegenstände verwandelt, die für Sie greifbar sind. Sie haben Ihrer Phantasie freien Lauf gelassen und den Elementen jeweils paarweise einen bestimmten Platz auf Ihrer Route zugewiesen. Sie haben sich den zentralen Gedanken jedes Bildes gut eingeprägt, was es Ihnen ermöglicht, die Bilder an entsprechender Stelle in Wörter zurückzuverwandeln.

Vor allem aber: Sie haben das Material Ihrer Kontrolle unterworfen.

Der erste Schritt ist die Erkenntnis, daß das Gehirn – wie das Auto, das nicht allein fährt – Ihnen so lange nicht gehorcht, wie Sie es nicht richtig zu gebrauchen wissen. Ein guter Fahrer wird man nur durch Praxis, wenn die grundlegenden Techniken in immer neuen Alltagssituationen angewendet werden – und dasselbe gilt für das Gedächtnis. Die Methoden wirken zu Beginn vielleicht etwas seltsam, aber schon bald werden sie Ihnen in Fleisch und Blut übergehen.

Übung macht den Meister, und die folgenden Kapitel zeigen, wie sich die Methoden in zahllosen Alltagssituationen *anwenden* lassen. Die in Teil 1 gelernten Prinzipien sind die Grundlagen, auf denen man ausgefeiltere Techniken aufbauen kann. Besitzen Sie Phantasie? Dann haben Sie bereits alles für den Weg zum Gedächtnis der Sieger!

Teil 2
Meine Memotechnik für Wörter

Bei meiner Memotechnik kommt es entscheidend darauf an, trockene Wörter in lebendige, bewegte und farbige Bilder zu verwandeln. Gleichzeitig wurde in Teil 1 an vielen Beispielen deutlich, wie wichtig es ist, die Wörter selbst aufzugreifen – ihre Schreibweise und Aussprache so zu manipulieren, daß Bilder und Merkhilfen für das Gedächtnis entstehen. Mein System entfernt sich nicht von den Wörtern, ganz im Gegenteil: Es konzentriert sich auf die Sprache als seine eigentliche Grundlage. Was ersetzt werden soll, ist der Rückgriff *allein* auf Wörter.

Ein gutes Gedächtnis *benutzt* Wörter, ergreift Besitz von ihnen, formt sie zu individuellen Merkhilfen und bedient sich ihres gesamten Potentials zur Anregung der Phantasie.

Es ist eigenartig, daß sich viele Menschen so schwer mit dem Lernen von Wörtern tun und krampfhaft versuchen, sie irgendwie zu behalten, anstatt ihren Wert als Basis der Erinnerung zu erkennen. Viele Informationen, die wir lernen müssen, haben die Form von Wörtern, und so liegt einer der Schlüssel zu meinem System darin, sich ihres Potentials bewußt zu werden.

Wir müssen uns die Namen von Personen, Orten, Firmen und Büchern merken. Jeden Tag bringen wir Zeit damit zu, Adreß- und Wörterbücher durchzusuchen, und zwar häufig auf der Suche nach Informationen, die wir schon oft nachgeschlagen haben und in Zukunft sicherlich wieder brauchen werden.

Neben den Wörtern, die wir unbedingt wissen müssen, gibt es jene, die uns einmal nützlich werden könnten – Fremdwörter, hilfreiche neue Wörter in unserer eigenen Sprache, die Wörter, aus denen sich Essays, Zitate, Artikel und Notizen zusammensetzen. Wörter können einfach, kompliziert, unlogisch und verwirrend sein – doch mit meiner Memotechnik lassen sich in den Wörtern selbst die effektivsten Mittel zu ihrer Erinnerung finden.

Die Sprache ist oft unlogisch und zweideutig; warum sollte man sich ihre Vielseitigkeit also nicht zunutze machen?

Werbeleute tun dies ständig. Sie formulieren Slogans, die mehr als eine Bedeutung transportieren und deshalb auf mehr als eine Weise in Erinnerung bleiben: »… und ab geht die Post. Da haben Sie den Salat.« Sie wissen, wie Abkürzungen, Reime und Wortspiele unsere Aufmerksamkeit erregen und auf bestimmte Markennamen lenken: »AEG – aus Erfahrung gut.« – Ehrmann – keiner macht mich mehr an.« – Mann, sind die Dickmann.«

George Eastman mußte beispielsweise ein einprägsames Wort erfinden, um sein neues Verfahren der Photographie zu benennen und zu vermarkten. Er benutzte ungewöhnliche Buchstaben, eine einfache, aber klar unterscheidbare Konstruktion – selbst das »Klicken« einer Kamera –, und kam so auf seine Lösung: Kodak!

Das Lernen von Wörtern wird einfacher, wenn Sie gewöhnt sind, sich auf sie zu konzentrieren, sorgfältig ihre Struktur zu analysieren und genau auf ihren Klang zu hören. Die deutsche Sprache, wie sie heute gesprochen wird, war verschiedenen Einflüssen ausgesetzt, darunter dem Griechischen, Lateinischen, Englischen und Französischen, und mit ein wenig Übung werden Sie feststellen, wie die Wörter durch die Energie ihrer Herkunft und Komponenten lebendig werden.

Es gibt Wörter innerhalb von Wörtern, Verbindungen zwischen Wörtern, ungewöhnliche Konstruktionen, einprägsame Buchstabenkombinationen. Wie in Teil 1 bereits an vielen Beispielen gesehen, läßt sich ein Wort desto besser als Teil einer Liste oder als Element einer Geschichte erinnern, je mehr Bilder es evoziert. Wenn Sie Ihre Phantasie mit einem Blick für das Detail verbinden, können Sie sich jedes Wort einprägen.

Sehen Sie die Möglichkeiten

Mitunter beruht diese Fähigkeit vor allem auf dem Sehsinn. Nehmen Sie als Beispiel die drei Wörter **Korrosion, Minister, Garage**. In allen drei Fällen gibt es Wörter mit einer ähnlichen Schreibweise, Aussprache oder Bedeutung, was zu Verwirrung führen könnte, wenn Sie versuchten, sie als Merkhilfe heranzuziehen.

Die Dinge werden aber schon klarer, sobald Sie den Ster in **Minister** bemerken. Sie können sich nun einen kleinen Ster Holz in einem Bauernhof für Kinder vorstellen, einen Raumdezimeter statt eines Raummeters Holz, und Ihr Gedächtnis hat eine neue Merkhilfe – sowie die Bestätigung, daß Sie das richtige Wort gelernt haben.

In der Phantasie sehen Sie Rosi Mittermeier vor ihren berühmten Skiern von 1976, deren Kanten schon völlig von **Korrosion** zerfressen sind – und warum denken Sie nicht an einen großen, grünen Ara mitten in Ihrer **Garage**? Mit einem Mal sind die Wörter lebendiger.

Hören Sie die Hinweise

In anderen Fällen können Sie durch das *Hören* der Möglichkeiten neue Dimensionen hinzufügen.

Manchmal lassen sich alternative Bedeutungen für das gesamte Wort oder einen Teil davon entdecken. Die beiden Buchstaben des akademischen Titels M. A. ließen sich auch als Emma lesen; ein einprägsames Bild hierfür wäre sicherlich Alice Schwarzer auf der Titelseite ihres Journals, zumal mit schwarzer Robe, Urkunde und Doktorhut.

Vielleicht lernen Sie gerade einige Bundesstaaten der USA und müssen sich das Wort **Mississippi** merken. Sie könnten an eine Mißwahl im amerikanischen Süden denken, die innerhalb einer riesengroßen Sippe ausgetragen wird. Wer gewählt ist, darf sich der ganzen Verwandtschaft auf der weißen Holzveranda zeigen: Miss Sippe, mit Seidenschärpe über der Brust und Krönchen auf dem Kopf. Als Ehrengast ist eine andere Miß geladen, Miss Uri (**Missouri**) aus der Schweiz. Bei **Michigan** ließe sich daran denken, daß Sie eine oder einen Michi gern haben. Und **Washington** ist vielleicht ein Staat ganz aus Waschbeton … Kenn' S'es (**Kansas**) jetzt?

Versuchen Sie es selbst

Wandeln Sie zur Übung die folgende Wortliste ab; schauen – und hören – Sie dabei auf Bilder und Merkhilfen. Nutzen Sie alle Ihnen zur Verfügung stehenden Methoden, um abstrakte Wörter in einprägsame Bilder zu verwandeln.

Demonstrant, Kalifornien, Frankreich, Minnesota, Schreinerei, Fraktion, Spekulant, Baden-Württemberg, Magnet, Bariton.

Dieser Ansatz erlaubt nicht nur, Wörtern eine neue »Bedeutung« zu unterlegen, sondern er kann mitunter auch den wirklichen Inhalt ans Tageslicht bringen. Wenn Sie den Ursprung oder die Zusammensetzung eines Worts kennen, läßt sich seine Bedeutung und vor allem seine Schreibweise viel einfacher merken. Solche Entdeckungen ergeben sich vor allem, wenn man ein Wort trennt.

Wer Deutsch lernt, könnte sich die Bedeutung und Schreibweise von **gemeinnützig** beispielsweise viel besser merken, wenn er das »gemein« von »nützig« trennt und sich den Zusammenhang mit »allgemein« bzw. »Nutzen« bewußtmacht. In gleicher Weise läßt sich **Mundschenk** in »Mund« und »schenk« trennen, wobei die zweite Silbe am »einschenken« zu merken ist. Selbst Muttersprachlern kann dieser einfache Schritt helfen, sich schwierige Schreibweisen einzuprägen und komplizierte neue Wörter leichter zu lernen.

Das Lernen von Fremdsprachen

Mit ein wenig Phantasie können Sie auch einige der tatsächlich vorhandenen Zusammenhänge zwischen Wörtern in verschiedenen Sprachen besser erkennen. Auch hier gilt, daß manchmal der Blick auf das geschriebene Wort genügt, in anderen Fällen aber die Konzentration auf den Klang erforderlich ist. Es läßt sich auf Anhieb sehen, daß das englische Wort **pupil** im Deutschen auch »Pupille« bedeutet, aber **good** muß man wahrscheinlich schon laut aussprechen, um zu merken, daß es »gut« heißt.

Die Phantasie erweist sich als noch wichtiger, wenn es einen zusätzlichen »Schritt« zwischen Wörtern verschiedener

Sprachen gibt. Wir erinnern uns an Informationen viel eher, wenn wir das Gefühl haben, sie zu verstehen; es kann sich also als sehr nützlich erweisen, einen Augenblick über ein Wort nachzudenken. Ich werde nie vergessen, daß das englische Wort für Zufluchtsort »haven« heißt – aber nur, weil ein Lehrer einmal auf die Verbindung zum deutschen »Hafen« hingewiesen hat.

In ähnlicher Weise läßt sich das französische »tapis« mit »Teppich« oder »Läufer« übersetzen – durchaus verständlich, wenn man sich überlegt, daß die ersten Teppiche ursprünglich wie *Tap*eten an der Wand hingen! Existieren solche Verknüpfungen, so lohnt es sich, sie einzusetzen. Und wenn sich keine Verbindung erkennen läßt? Bemächtigen Sie sich der Information und *erfinden* Sie eine. Sie können sich selbst einen Grund dafür schaffen, daß ein deutsches Wort im Englischen so und nicht anders heißt, und genauso steht es Ihnen frei, sich bei einer schwierigen Schreibweise eine Logik zurechtzulegen, die es scheinbar gar nicht gibt.

Gedächtnishilfen sind dann besonders wichtig, wenn man eine Fremdsprache erlernt, denn oft genügen selbst die dürftigsten Indizien, um sich instinktiv an etwas zu erinnern. Anhand meiner Memotechniken können Sie ein Wort lernen, es einige Male wiederholen – bevorzugt aus dem Gedächtnis und nicht aus dem Vokabelheft – und schließlich merken, daß Sie das Wort auch dann noch problemlos im Gedächtnis haben, wenn Sie nicht mehr wissen, *warum*.

Beim Lernen von Fremdsprachen mit Hilfe meines Systems gibt es drei wichtige Schritte.

In einem ersten Schritt ist der Grund dafür anzugeben, weshalb ein unbekanntes Wort eine bestimmte deutsche Übersetzung hat. Wie bereits erklärt, sollte dies dadurch geschehen, daß man sich auf das Wort konzentriert und es auf alle Möglichkeiten der Schreibweise, des Klangs und der Bedeutung abklopft.

Manchmal, und zwar vor allem bei häufiger verwendeten Wörtern, braucht man nur ein einziges Bild der Verknüpfung, um das Gedächtnis zu aktivieren. Dieses Bild muß zwei Elemente enthalten: das Bild, das man sich durch die Manipulation des Fremdworts schafft, und die tatsächliche Definition im Deutschen. Das Bild wird zum Grund, sich zu merken, weshalb ein Wort einem anderen entspricht – eine gewisse Logik als Grundlage der Erinnerung.

Im folgenden finden Sie zwei Listen mit Beispielen – die erste aus dem Französischen, die zweite aus dem Englischen. Gehen Sie jeweils so vor, daß Sie zunächst die zehn Fremdwörter, dann die vorgeschlagenen Merkhilfen lesen und anschließend versuchen, die Bilder vor Ihrem geistigen Auge entstehen zu lassen. Kehren Sie dann zu den ursprünglichen Wörtern zurück und prüfen Sie, bei welchen Sie die Bedeutung im Gedächtnis behalten haben. Dies ist besonders sinnvoll, wenn Sie die Wörter zum ersten Mal lernen – aber auch, wenn sie Ihnen bereits geläufig sind, ist es nützlich, sich an die Bilder zu erinnern und die Macht der Phantasie zu erleben.

Französisch
  porte, maison, livre, lit, sœur, main,
  sud, pain, matin, vent.

Porte bedeutet **Tür**.

Stellen Sie sich vor, Sie wollen gepflegt essen gehen und entscheiden sich für das Lokal »La *Porte*«. Das Haus ist sehr vornehm; es leistet sich am Eingang drei Türen hintereinander mit je einem *Port*ier. Sie machen anscheinend einen guten Eindruck und dürfen alle drei Türen passieren. Der Ober nimmt Ihre Bestellung auf: eine große *Port*ion Porree mit einem Glas *Port*wein. Es schmeckt vorzüglich. Nach einer Weile denken Sie ans Bezahlen und greifen in die Tasche. O Gott, das *Port*emonnaie ist weg!

Dieses Bild ist eine gute Merkhilfe, wenn Sie sich an das französische Wort für »Tür« erinnern müssen. Es ist immer nützlich, eine Szene mit einer Entdeckung oder einer plötzlichen Erkenntnis auszustatten, denn es geht vor allem darum, sich rasch erinnern zu können. Hier gehen Sie zunächst durch die Türen, um zu sehen, wie es dahinter aussieht – so wie Sie diese Techniken der Erinnerung auch benutzen, um herauszufinden, welche Übersetzung hinter einem bestimmten Wort liegt. Aus Erfahrung weiß ich, daß ein geistige Auslöser viel eher zum Erfolg führt, wenn die damit verknüpften Bilder selbst eine Entdeckung beinhalten.

Natürlich müssen sich diese Türen in beide Richtungen öffnen lassen. Die oben beschriebene Szene wird Sie an das französische Wort erinnern, aber ein weiterer Augenblick des Nachdenkens ist notwendig, damit Sie aus dem Französischen wieder ins Deutsche zurückübersetzen können.

Nachdem Sie sich auf die Türen und die Ereignisse dahinter konzentriert haben, sollten Sie besonders auf die Türen selbst achten. Ist eine Flucht durch alle drei Türen möglich? Sie nehmen Anlauf, doch der vormals freundliche *Port*ier wird zum bulligen *Tür*steher, der Sie ohne Mühe zurückhält und so lange gegen die *Tür* drückt, bis Sie sich bereit erklären, die Rechnung als Tellerwäscher abzuarbeiten.

Durch die Schaffung einprägsamer und aufeinander bezogener Bilder für die beiden Schlüsselelemente – **Tür** und **Porte** – bleibt diese Szene eine gute Merkhilfe, in welche Richtung Sie auch zu übersetzen haben: Wenn Sie an die Türen denken, erinnern Sie sich sofort an die Portion Porree, den Portwein und vor allem das fehlende Portemonnaie, und wenn Sie das Wort »Porte« sehen, denken Sie einfach daran, warum das fehlende Portemonnaie so verhängnisvoll war: wegen der drei Türen mit den drei Türstehern.

Maison bedeutet **Haus**.

Ihr kleines Häuschen wird Ihnen zu eng, und so suchen Sie eine neue Bleibe. Diese Anzeige klingt interessant: »Geräumiger Rundbau in ruhiger Umgebung günstig zu vermieten.« Sie können sich nicht recht vorstellen, was für ein Haus sich dahinter verbergen mag, aber da die Adresse angegeben ist, fahren Sie sofort los.

Sie sind baff: der »geräumige Rundbau« ist ein *Mais*silo! Da kommt auch schon die alte Bäuerin um die Ecke und will Ihnen alles haarklein erklären. Sie haben nicht einmal Zeit, sich vorzustellen, und so werden Sie kurzerhand – in jedem Satz – mit »*mei Sohn*« angeredet.

Auch hier sollten Sie sich einen Augenblick auf die andere »Seite« des Bildes konzentrieren. Kopfschüttelnd fahren Sie zurück und denken sich, zu Hause angekommen: »So schlecht ist es gar nicht, mein *Haus*.«

Livre bedeutet **Buch**.

Sie haben manchmal Probleme mit Ihrem Gedächtnis und gehen deshalb in eine Buchhandlung, um sich Jonathan Hancocks *Das Gedächtnis der Sieger* zu besorgen. Beim Eintreten werden Sie aber von Scheinwerfern geblendet, und zwei elegante Bücher (mit Goldschnitt, sogar in *Livree*) kommen auf

Sie zu und erklären, hier werde für das Fernsehen *live* die Verleihung eines Literaturpreises aufgezeichnet, der Sie aber gerne beiwohnen dürften.

Da die Kasse nicht besetzt und die Szene Ihnen ohnehin leicht suspekt ist, lehnen Sie dankend ab, gehen nach Hause und beschließen, statt dessen etwas anderes zu lesen. Wie wäre es mit dem *Buch* der *Bücher*?

Lit bedeutet **Bett.**

Ein neues Bett ist dringend fällig. Sie gehen in ein Fachgeschäft und lassen sich ein paar französische Modelle zeigen. Zunächst das sogenannte *Lit*erbett, ein Wasserbett, das, sofern es an die Wasserleitung angeschlossen ist, auf eine bestimmte Füllmenge eingestellt werden kann. Dann fällt Ihr Blick auf das *Lit*eraturbett, inklusive Leselampe und Buchklemme, dessen vier Pfosten aus alten Büchern bestehen. Danach sehen Sie sich ein besonders interessantes Model an: das vor allem als Gästebett gerne benutzte *Lit*faßbett. Tagsüber läßt es sich platzsparend als Litfaßsäule aufstellen (und mit Postern dekorieren), während sich der Zylinder für die Nacht so aufklappen und umlegen läßt, daß in jeder Hälfte jemand liegen kann.

So ganz überzeugt sind Sie von keiner dieser Varianten, da sehen Sie etwas versteckt im Eck eine typisch deutsche Lösung: Das einfache und recht günstige Bretter-*Bett*. Jawohl, *Brett* und *Bett* passen doch am besten zusammen.

Sœur bedeutet **Schwester.**

Ihre Schwester hat sich vielleicht verändert; mit dunkelblauem Anzug, klassischer Bluse, Krawatte, Kurzhaarfrisur und Aktentasche ist sie kaum wiederzuerkennen. In diesem Outfit sieht sie nicht nur maskulin aus, sondern bewegt sich sogar ungeheuer männlich. Kein Wunder, daß sie auf ihrem Wochen-

endtrip nach London überall mit *Sir* angesprochen wird. *Sir*
hier, *Sir* da, selbst der Fri*seur* erkennt sie erst auf den zweiten
Blick als Frau! Zuletzt reagiert Ihre Schwester ausgesprochen
sauer!
Beim nächsten Trip, beschließt sie, werde sie vorsichtshalber
als Kranken- oder Ordens*schwester* gehen, um nicht dauernd
für einen Mann gehalten zu werden.

Main bedeutet **Hand**.
Sehen Sie sich Ihre Hand an, und versuchen Sie, Ihre Lebens-
linien zu entdecken. Was sehen Sie? Die Form der Linie
kommt Ihnen irgendwie bekannt vor. Richtig: es ist der *Main*!
Sie entdecken alle Parallelen. Die Wölbung rechts ist das
Fichtelgebirge, dann kommt eine kleine Blase (Bamberg), das
*Main*dreieck, das *Main*viereck, eine größere Blase (Würz-
burg), und die kleine Verletzung, die Sie sich beim Ausbau des
Dachbodens zugezogen haben, ist die Stadt Frankfurt!
Noch einmal vergleichen Sie ungläubig Ihre *Hand*fläche mit
dem Atlas. Es stimmt: Ihre *Hand*karte ist eine Landkarte!

Sud bedeutet **Süden**.
Sie besichtigen eine Brauerei. Da es hier kräftig nach Würze
riecht, müssen Sie im *Sud*haus sein, wo Ihnen der Braumeister
anhand einer Deutschlandkarte den Vertrieb des Biers erklären will. Er entrollt die Karte aber so ungeschickt, daß ihr un-
teres Drittel in die *Sud*pfanne fällt! Bayern und Baden-Württemberg, die beiden südlichsten Bundesländer, hängen voll im
Sud, aber auch das Saarland, Rheinland-Pfalz, Hessen, Thü-
ringen und Sachsen sind noch ganz schön be*sud*elt!
Eine schöne Bescherung, aber Sie stellen sich vor, was erst mit
einer Karte von Afrika passiert wäre. Wo, um Himmels willen,
wäre der *Sud*an tief im *Süden* von uns!
Pain bedeutet **Brot**.

Das Mittelalter konnte schon grausam sein! Wenn ein Bäcker zu kleine Brötchen backte, gab es eine »Bäckertaufe«, das heißt, er wurde in einen Metallkorb gesteckt und ins Wasser getaucht. Eine andere denkbare *Pein*igung sieht so aus: Der Bäcker wird auf dem Marktplatz angekettet und darf mit dem gesamten Brot aus seiner Bäckerei beworfen werden. Zuerst die Brötchen und die Brezeln, dann die großen Bauernlaibe, die richtig weh tun. »Oh, welche *Pein*«, mag er geschrien haben, aber geholfen hat es nichts. Erst wenn der Laden leer war, wurde aufgehört.

Dem Bäcker war die öffentliche Aufmerksamkeit für seinen Schwindel sicher *pein*lich; so schnell wollte er keine zu kleinen *Brote* mehr backen.

Matin bedeutet **Morgen**.

Stellen Sie sich folgenden Brauch auf der französischen Antilleninsel *Martin*ique vor: Am *Martin*stag, dem 11. November, stehen alle Kinder ganz früh – noch lange vor dem Morgengrauen – auf und laufen zu jedem Haus, in dem jemand namens *Martin* wohnt. Dort wecken sie alle Bewohner und rufen im Chor: »*Ma-tin*, *Ma-tin*, auf-stehn und an-ziehn.«

Die Älteren, die mit diesem Brauch nichts mehr anfangen können, gehen statt dessen in eine *Matin*ee – eine künstlerische Veranstaltung am *Morgen*.

Vent bedeutet **Wind**.

Lange hat es gedauert, aber endlich, es ist ein sonniger Samstag im Mai, putzen und reparieren Sie Ihr Fahrrad. Plötzlich kommt – sprichwörtlich aus heiterem Himmel – ein kräftiger Wind auf. Sie überprüfen sofort die *Vent*ile, um zu sehen, ob die Luft aus den Fahrradreifen entweicht, aber daran kann es nicht liegen. So etwas ist Ihnen ja noch passiert. Sie sind ratlos. Aber Sie können des Rätsels Lösung gar nicht kennen. Gott hat nämlich aus Versehen den himmlischen *Vent*ilator auf 5 gestellt (statt auf 0,5), und daraus erklärt sich der unverhoffte *Wind*!

Englisch
  hole, leg, hat, roll, stairs, quarter
  judge, holiday, cup, picture.

Hole bedeutet **Loch.**
Sie befinden sich auf einer Fahrt durch die schottischen Highlands. Der Nebel wird immer dichter, und plötzlich stirbt der Motor des Wagens ab. Sie vermuten zunächst einen technischen Defekt, aber als ein Schaf im Seidenumhang sich plötzlich auf die Hinterbeine stellt, einen spitzen Hut aufsetzt und einen Stab in den rechten Vorderhuf klemmt, ahnen Sie den wahren Grund. Das Zauberschaf tritt Ihnen gegenüber: »*Hole* das *Loch*, oder das *Loch* holt *dich*!« blökt es geheimnisvoll. Was mag gemeint sein? Panisch holen Sie den Klappspaten aus dem Kofferraum und graben ein Loch, um Ihren guten Willen zu demonstrieren, doch noch einmal blökt es: »*Hole* das *Loch*, oder das *Loch* holt *dich*!« Jetzt kapieren Sie: Die Schafe haben Angst vor Nessie, dem Ungeheuer von *Loch* Ness, das immer wieder Tiere (aus ihrer Mitte) reißt, und Sie sollen einen Durchstich zum *Loch* Ness schaffen, um den See abfließen zu lassen. Sie machen sich an die Arbeit, beenden noch vor Einbruch der Dunkelheit Ihr Werk, und das Wasser schießt ins Nachbartal. Sie drohen zu ertrinken, da werden Sie auf den Grund des ausgetrockneten »*Loch* Ness« gezaubert – eine »ungeheuer« geeignete Stelle, um sich zu er*hol*en!

Leg bedeutet **Bein**.

Stellen Sie sich vor, Sie liegen nach einem Skiunfall mit einem komplizierten und schmerzhaften Beinbruch im Krankenhaus. Glücklicherweise geht die Heilung relativ rasch vonstatten, und nach drei Wochen hält Sie nichts mehr im Bett. Sie wollen gerade das erste Mal aufstehen, da kommt die Krankenschwester herein und fordert Sie auf: »*Leg* das *Bein* hoch!« Am nächsten Tag das gleiche Spiel; Sie wollen gerade aufstehen, da werden Sie schon wieder angeherrscht: »*Leg* das *Bein* hoch!« Beim dritten Versuch folgt die Strafe: Sie werden stramm an das Bett geschnallt, und was schreibt die Krankenschwester mit rotem Filzstift auf den Gips, damit Sie ja nicht vergessen, warum? Richtig: »*Leg* das *Bein* hoch!«

Hat bedeutet **Hut**.

Sie wollen sich einen alten Herzenswunsch erfüllen und endlich einen Hut kaufen. »Mut zum Hut«, sagen Sie sich, gehen in das Geschäft und erstehen ein englisches Modell der Firma »*Hat*s and Tropenhelms« (*H. A. T.*). Um sich daran zu gewöhnen, tragen Sie den Hut nicht in Ihrem Heimatdorf, sondern erst mal beim Einkauf in der Stadt, wo man Sie nicht kennt. Wo man Sie nicht kennt? Von wegen! »Ah, Frau H. *hat Hut*«, »Oh, Frau H. *hat Hut*«, »So so, Frau H. *hat Hut*«, schallt es Ihnen von überall her entgegen. Errötend nehmen Sie den Hut ab und lesen nun erst den Aufdruck auf dem überdimensionalen Hutband: »Frau H. *hat Hut*.« Englische Werbung!

Roll bedeutet **Brötchen**.

Aufruhr beim Bäcker Altmann! Am Samstag morgen wurden so viele *Brötchen* gebacken, daß sie gar nicht alle in die Körbe passen. Leider sind viele glatte *Brötchen* dabei, die in alle Richtungen davon*roll*en, sogar auf die Straße, wo es zu mehreren Unfällen kommt. Die Verkäuferinnen sind nur noch damit beschäftigt, die Brötchen einzusammeln, aber die sind so rund und glatt, daß sie immer wieder entgleiten. Einer Verkäuferin fällt schließlich die Lösung ein: Die glatten Brötchen werden verkaufsfördernd als »*Rollbrötchen*« angeboten (besonders Kinder verlangen danach), während man auf die anderen Mohn streut. So wurden die *Rollbrötchen* und die Mohnbrötchen erfunden.

Stairs bedeutet **Treppe**.
Bei Ihrem Aufenthalt in Österreich kommen Sie auch in die *Steier*mark. Sie sind überrascht, wie steil das Land ist – die Tauern sind recht imposant –, aber für den Massentourismus ist den *Steier*märkern nichts zuviel. Alle Berggipfel sind über bequeme, in den Fels gehauene *Treppen* erreichbar, sogar Überhänge werden mit Wendel*treppen* überbrückt, und allerorts sind als Mitbringsel kleine *Treppen* zu erstehen. Ein Blick in das Schaufenster des Grazer Fremdenverkehrsamts zeigt Ihnen, daß die Arbeit Methode hat. Slogans wie »Alpinismus für alle« oder »*Treppen*land *Steier*mark« werben für den Urlaub im »Land der tausend *Treppen*«.

Quarter bedeutet **Viertel**.
Es ist nach Feierabend. Sie sitzen allein in der Kneipe, trinken in einem schönen Stadt*viertel* ein, zwei, drei, vier ... *Viertel* Wein, bis der Viert – Pardon: Wirt – Sie irgendwann vor die Tür setzt. Sie finden den Rückweg nach Hause beim besten Willen nicht mehr und machen sich langsam mit dem Gedanken vertraut, ein *Quartier* für die Nacht zu suchen. »*Quartier Quartier*« lesen Sie schließlich auf einem Schild. Doppelt?
Zweimal *Quartier* ist ja schon die halbe Miete, sinnieren Sie sturzbetrunken und torkeln zur Tür. Der Portier erklärt Ihnen, ein *Viertel* der Übernachtungskosten müßten Sie sofort

zahlen – das sei in diesem *Quartier* so üblich. Sie fragen nach: »In diesem Quarvier, äh Quartel, äh Viertier ...«

Judge bedeutet **Richter**.
Sie wohnen als Zeuge einer Gerichtsverhandlung bei, in der die Sache »Rosenzweig gegen Meier« verhandelt wird. Der vorsitzende *Richter*, ein älterer Herr in schwarzer Robe, wirkt so lange souverän, bis der Name Rosenzweig fällt – und die Szene gespenstisch wird. Um seinen Arm legt sich eine Binde mit dem Hakenkreuz, ein kleiner Schnurrbart wächst, die Haare scheiteln sich, und Schaum tritt vor den Mund. Der *Richter* entpuppt sich als fürchterlicher Antisemit und kann nur noch stammeln: »*Jud, geh* mir aus den Augen.« Rosenzweig behält die Fassung, *richtet* sich auf, *richtet* seinen Kragen und geht.

Holiday bedeutet **Feiertag**.
Sie machen gerade Sommerurlaub in Bayern. Es ist Mitte August, genauer der 15., doch als Protestantin aus Bremen war Ihnen nicht bekannt, daß in Bayern heute *Feiertag* ist: Mariä Himmelfahrt. Ihre Zimmerwirtin weiß dies aber um so besser, und Sie werden ungefragt zum Kirchgang verdonnert. »Jetzt *hol i dei* Jackn, jetzt *hol i dei* Taschn, jetzt *hol i dei* Gsangbuch ...« Sie können sich der diensteifrigen Dame beim besten Willen nicht entziehen und fügen sich in Ihr Schicksal. Als Sie sich gerade vorstellen, daß das ausgeprägte »dei« (Sie werden geduzt!) in Bayern bestimmt mit *ay* geschrieben wird, werden Sie auch schon abgeholt und untergehakt. Ein *Feiertag* ist in Bayern eben ein *heiliger Tag*!

Cup bedeutet **Becher**.
Davis-*Cup*-Finale im Jahr 2000. Im entscheidenden Spiel der Finalisten USA und Deutschland kämpft Boris *Becker* gegen

Andre Agassi. Nach fünf Stunden und fünf Sätzen gewinnt schließlich *Becker* und soll sofort zur Siegerehrung kommen. Doch *Becker* ist schrecklich erschöpft und hat nach dem anstrengenden Spiel vor allem so großen Durst, daß er den Davis-*Cup* mit Mineralwasser füllt und in einem Zug austrinkt. Ein Skandal! Dieses Bild geht am nächsten Tag durch die Presse: Boris *Becker* nach dem Finale, doch statt seinem Kopf sieht man nur den Davis-*Cup* von unten.

Picture bedeutet **Bild**.
Sie lesen morgens gemütlich die Zeitung, zunächst einen Bericht von der Erfindermesse in Nürnberg. Daneben ist eine höchst kuriose Erfindung abge*bild*et: eine *Picktüre* für Vögel. Eine *Picktüre* besteht aus einem festen Metallrahmen, der von einem engmaschigen Drahtgitter eingefaßt ist. In den Rahmen kann man Platten aus gepreßtem Vogelfutter einschieben, die eine große Ähnlichkeit mit Müsliriegeln haben. Sobald der Vogel ein Loch in die Türe gepickt hat, sieht er dahinter einen Spiegel. Doch da der Vogel das Spiegel-Prinzip nicht kennt, vermutet er ein *Bild* von einem Artgenossen. »Eine komische Erfindung«, denken Sie noch – da wird das *Bild* in der Zeitung aufgepickt, und ein Wellensittich pickt an Ihrem Ohr.

Ähnlichkeiten und Verwechslungen

All diese Beispiele setzen starke Bilder ein, um das Gedächtnis zu aktivieren, und sie schaffen neue Verbindungen zwischen Wörtern in verschiedenen Sprachen. Doch manchmal ist es sogar schwieriger, sich an Wörter zu erinnern, die bereits miteinander verknüpft sind – Wörter etwa, die in zwei Sprachen fast identisch lauten.

Die Schwierigkeit liegt nun nicht darin, sich ein völlig neues Wort zu merken, sondern die genauen Unterschiede in der Schreibung zu behalten. Das Erinnerungsvermögen muß sich weniger auf allgemeine Anhaltspunkte konzentrieren als auf einzelne Buchstaben.

Am besten überlegen Sie sich zunächst, was Sie sich genau merken müssen. Ein Fremdwort unterscheidet sich oft nur in wenigen Buchstaben von der deutschen Schreibweise. Wenn Sie sich Merkhilfen zurechtlegen, um sich an diese zu erinnern, stellt sich das übrige Wort automatisch ein.

Im Französischen lautet das Wort für »Schokolade« **Chocolat**. Sie müssen sich also merken, daß das S am Anfang und das E am Ende wegfallen sowie das K zu C und das D zu T wird. Stellen Sie sich vor, Sie wollten Schokolade nach Frankreich exportieren und suchten nach der idealen Bezeichnung dafür. Als erstes radieren Sie das S aus. Warum? Die ersten beiden Buchstaben sind dann CH, CH läßt den potentiellen Konsumenten an die Schweiz denken, und die Schweiz produziert nach allgemeinem Urteil die beste Schokolade der Welt. Das ist Verkaufspsychologie, was! Kurz entschlossen tilgen Sie auch das deutsche K – K läßt an Karies denken – und setzen dafür ein elegantes C ein. Als nächstes überlegen Sie, daß das D viel zu weich wirkt. Wer möchte denn weiche Schokolade kaufen, zumal im sonnigen Süden Frankreichs, wo sie sofort schmelzen würde. Sie entschließen sich zu einem dritten Schritt, radieren das D aus und ersetzen es unauffällig durch ein T.

So ganz zufrieden sind Sie allerdings noch nicht; irgendwie stört das E. Sie lesen sich auf der Originalverpackung die Inhaltsstoffe durch und wissen, warum. Es sind Hunderte von E-Nummern, die Sie mühsam alle einzeln ausradieren, um die Schokolade gesünder wirken zu lassen. Am Schluß greifen Sie noch einmal zum Radiergummi und radieren auch das große

E in Schokolade aus: **Chocolat**. Jetzt haben Sie eine hochwertige, zahnschonende, harte und gesunde Schokolade, die in allen Supermärkten Frankreichs liegt. Dieser letzte Akt – das Ausradieren des Buchstabens – ist einprägsamer als die bloße Vorstellung, daß er von vornherein fehlt; auch hier bemächtigen Sie sich des Wortes und klären eine zuvor ungewisse Schreibweise.

Im Englischen lautet das Wort für Jacke und Jackett **Jacket**. Der entscheidende Punkt ist hier das eine T.

In gewisser Weise, denken Sie, sind die Engländer gar nicht so schrecklich korrekt, sondern eher unkompliziert. Sie konnten sich nicht dazu durchringen, Jacke und Jackett zu unterscheiden, und haben sich für eine Mischform entschieden: **Jacket**. Jetzt stellen Sie sich noch vor, Sie würden in England eine Jacke oder ein Jackett kaufen. Sie probieren das gute Stück an und fühlen sich sofort wohl darin. Kein Wunder; es ist schließlich aus Tweed, das (wie **Jacket**) ein T hat. Sie freuen sich über den Kauf und gehen erst einmal in einen Tea-Room. Und was bestellen Sie? »Einen Tee« (T.) Typisch!

Nachfolgend finden Sie zwei weitere Listen mit Wörtern, deren französische bzw. englische Schreibweise sich nur wenig von der deutschen unterscheidet.

Lesen Sie auch hier die vorgeschlagenen Merkhilfen durch, und kehren Sie dann zur ursprünglichen Liste zurück, um das Ergebnis zu testen.

Französisch
parc, avril, thé, feu, banque, migraine, guitare.

Park/parc
Änderung: *k* wird zu *c*.
Stellen Sie sich folgende Szene vor: Sie gehen in Paris im *Park* spazieren, den Eiffelturm vor Augen, doch langsam werden

Sie müde und möchten sich ausruhen. Sie suchen nach einem freien Plätzchen auf einer Bank oder auf dem Rasen, doch scheinbar ist im ganzen Park kein einziger Quadratmeter mehr frei; es ist wie bei einem Open-air-Festival. Sie sehen genauer hin und entdecken den Grund: Sie befinden sich in Quadrat *C* des Parks, wo nur Speisen und Getränke mit *C* eingenommen werden dürfen. Tausende von Franzosen schlürfen aus Thermoskannen ihren *C*afé, essen *C*roissants dazu, und wenn sie sich eigentlich wieder erheben könnten, gibt es erst einmal eine Runde *C*alvados. Sie wollen schon aufgeben, da fällt Ihnen der Ausweg ein: Quadrat *K*! Hier sitzen nur ein paar vereinzelte Grüppchen aus Deutschland bei *K*affee und *K*uchen oder trinken einen *K*orn.

April/avril
Änderung: *p* wird zu *v*.
Es ist *April*, und der Blick von Ihrem Wohnzimmerfenster fällt auf eine wunderschöne Frühlingswiese. Aber, Moment mal: »Das ist ja eine *Pril*wiese!« entfährt es Ihnen. Tatsächlich – der Geruch von Spülmittel dringt nach oben, der kleine Bach schäumt erst stark und trocknet dann von selbst aus, und überall wachsen je drei Prilblumen an blauen Plastikflaschen. Sie wollen sich sofort einen Prilstrauß pflücken, doch das Schild an der Wiese klärt Sie auf, daß die Prilblumen unter Naturschutz stehen, weil sie so selten geworden sind. Also gehen Sie zur – westlich gelegenen – Nachbarwiese, und was sehen Sie da: *V*eilchen, *V*ergißmeinnicht und dazu schon die entsprechenden *V*asen!

Tee/Thé
Änderung: *ee* wird zu *hé*.
Kennen Sie den? Sie sind in Frankreich, und der Ober fragt, ob Sie einen Kaffee möchten. Sie antworten: »Lieber Tee«,

daraufhin stürzt er auf Sie zu, umarmt Sie heftig und ruft laut: »Égalite, Fraternité.«

Damit sind wir schon beim *Thé*ma: Wie bestellt man *Tee* in Frankreich? Normalerweise bekommt man Tee ja ziemlich schnell: Teebeutel ins Glas, heißes Wasser drüber, fertig. Fast so schnell wie der gute alte *TEE*, der Trans-Europa-Express ... Wenn es einmal nicht so schnell gehen sollte, rufen Sie einfach laut: »Hé, wo bleibt mein *Thé* ?«, das »Hé« ruhig mit (deutschem) Akzent. Dann werden Sie bestimmt schnell und zuvorkommend bedient ...

Feuer/feu
Änderung: Das *er* fällt weg.

Die Rechtschreibreform ist endlich durch, aber eine radikal feministische! Zunächst werden die Wörter, die mit F (wie Frau oder Feminismus) beginnen, von allen männlichen Elementen gesäubert. Ein typisch männliches Element ist natürlich ER, das in Ausnahmefällen (Steigerung!) zu SIE wird und ansonsten ganz wegfällt. Sollten Sie bislang also Peter Meier geheißen haben, lautet Ihr Name künftig Pet Mei. Klingt vietnamesisch, meinen Sie? Na ja, ein Hauch von Exotik tut dem Namen ganz gut. Zurück zu unserem Beispiel. Als erstes Wort wurde das emotional ansprechende *Feuer* ausgewählt. Also: frau hat sich zu einem Hexensabbat mit großem Lagerfeu eingefunden, und damit die Reinigung d Sprache etwas lustvollsie ausfällt, wurde beschlossen, jedes Wort entsprechend sein Bedeutung umzuformen. So hat frau aus Holzlatten ein großes **Feuer** gezimmert, davon das ER abgesägt und die beiden Buchstaben unt lautem Johlen dem richtigen *Feu* übgeben. Es lodte wundbar!

105

Bank/banque
Änderung: *k* wird zu *que*.
Ihre Bank, bei der Sie seit Jahren Kunde sind, ist zu Spekula-tionsgeschäften an die Börse gegangen. Dabei hat sie ausge-rechnet das K verloren, das in so wichtigen Worte wie Kunde, Kasse, Kredit und Konto vorkommt. Und was wurde dafür ge-wonnen? Die Buchstabenkombination QUE! Da ist der Queue, der Billardstock, nicht mehr weit …
Die *Banque* (vormals Bank) ist nicht wiederzuerkennen; wo vorher die Schalterhalle war, ist jetzt ein Billardsaal mit sechs Tischen; Geld kann man hier nicht mehr einzahlen oder ab-heben, sondern nur im Spiel gewinnen oder verlieren! Durch den Zigarettenrauch erkennen Sie Ihren Kundenbetreuer und fordern ihn zu einem Spiel heraus. Sie erweisen sich als außer-ordentlich geschickt, versenken die schwarze 8 im richtigen Loch – und bekommen von Ihrer *Banque* als Preis den golde-nen Queue!

Migräne/migraine
Änderung: *ä* wird zu *ai*.
Der Wetterumschwung macht Ihnen zu schaffen. Es herrscht Föhn, mitten im November klettert das Thermometer auf sechzehn Grad; das richtige Wetter für *Migräne*. Sie liegen mit Kopfschmerzen im Bett, doch gerade heute müssen Sie als Bürgermeisterin den neuen Kindergarten eröffnen, und alle Eltern, Kinder und Erzieher sind anwesend. Sie kennen das Phänomen ja gut: Immer, wenn Sie Migräne haben, beginnen Sie jeden Satz mit »Äh …« Da fällt Ihnen eine Lösung ein. Sie ersetzen das Ä in Migräne durch AI. Das klingt zwar etwas in-fantil, aber im Kindergarten ist es schon in Ordnung. Statt »Äh, liebe Kinder« sagen Sie »Ai, liebe Kinder«, und genau mit dieser Rede erobern Sie die Herzen der Waihlerinnen und Waihler trotz *Migraine* im Sturm!

Gitarre/guitare

Änderung: Ein *u* wird eingefügt, ein *r* entfällt.

Sie bekommen ein umwerfendes Geschenk von Ihrem reichen Onkel aus Amerika: die *Gitarre*, auf der Eric Clapton sein erstes Konzert gegeben hat! Leider ist es jedoch eine *R*-Gitarre, eine Gitarre für Rechtshänder, mit der Sie nichts anfangen können. Was Sie brauchen, ist eine *U*-Gitarre (für Linkshänder), bei der die Saiten *u*mgekehrt aufgezogen sind. Kaltblütig geben Sie Claptons *R*-Gitarre bei einem Hardrock-Café in Zahlung und kaufen sich statt dessen eine neue *U*-Gitarre, tauschen also das *R* gegen ein *U* und sind – *UI* – mächtig erstaunt, wie die neue *Guitare* jetzt klingt!

Englisch

Grass, Doctor, Field, Address, Jockey, Alley, Fish.

Gras/grass

Änderung: Ein *s* kommt dazu.

Wer sitzt denn hier im *Gras*? Es ist der Günter *Grass*! Nachdem sein letzter Roman von der deutschen Kritik recht negativ aufgenommen wurde, hat *Grass* beschlossen, nach England auszuwandern und sich auf dem *Gras* des Hydeparks niederzulassen. Wenn er nicht gerade in der Speaker's Corner redet oder zuhört, kümmert er sich um seinen Streichelzoo, mit dem er jetzt seinen Lebensunterhalt verdient. Sie zahlen ein Pfund Eintritt und sehen seine Lieblingstiere: Katz und Maus, die gerade Katz und Maus spielen, die Schnecke, die an ihrem Tagebuch schreibt, den Butt, der sich manchmal vor der Rättin retten muß, die Unke, die unentwegt ruft, und – als Höhepunkt – den Chef selbst als Walroß verkleidet! Der rote *Grass* im grünen *Gras*!

Doktor/doctor
Änderung: Das *k* wird zum *c*.

Sie sind in der Praxis des neuen Hausarztes und haben schreckliche Kopfschmerzen, und zu allem Überfluß macht Ihnen auch noch ein verschleppter *K*atarrh zu schaffen. Sie schildern dem Arzt Ihr Leid und rechnen damit, daß er Ihnen in den Rachen schaut und etwas verschreibt. Aber weit gefehlt; nicht der *K*opf wird untersucht, sondern der große Zeh (sprich: *C*)! Der Arzt reibt gezielt, fragt nach Ihrem Befinden – und mit einem Mal sind die Schmerzen verschwunden. Sie sind Patient eines Spezialisten für Fußreflexzonenmassage. Als Sie sich verabschieden, rät er Ihnen noch, viel Vitamin C zu sich zu nehmen. »Vitamin C sollte jeder Arzt geben«, lautet sein *C*redo.

Feld/field
Änderung: *e* wird zu *ie*.

Eigentlich wollten Sie sich im Frankfurter Waldstadion nur das Länderspiel gegen England ansehen, aber ausgerechnet Sie hat es erwischt: Unter allen zahlenden Zuschauern sind *Sie* per Los dazu bestimmt worden, das Spiel für das Fernsehen zu kommentieren. Natürlich sind Sie schrecklich aufgeregt, als das Spiel beginnt. Der Sportredakteur neben Ihnen läßt Ihnen praktisch freie Hand, doch eine Macke hat er: Jedesmal, wenn Sie von *Feld* reden, zischt er »Spielfeld«. Das ist dann doch zu blöd; anstatt immer dieses umständliche Wort – Spielfeld – zu verwenden, kreieren Sie aus *Spiel* und *Feld* einfach ein neues Wort: *Field*. Der Redakteur bricht zusammen, aber die englischen Fans liegen Ihnen zu Füßen. Endlich jemand, der wirklich ihre Sprache spricht!

Adresse/Address

Änderung: Ein *d* kommt dazu, ein *e* entfällt.

Sie sind Chefeinkäuferin eines großen deutschen Bekleidungshauses und besuchen gerade eine Modenschau in New York, wo Models die neue Kollektion präsentieren: eine absolute Top-*Adresse*! Sie machen sich Notizen über Farben, Schnitte und Kombinationen und trauen plötzlich Ihren Augen nicht: Ein offensichtlich seit Tagen ungewaschenes Model latscht in Jesus-Sandalen und einem naturfarbenen Sack über den Laufsteg, und das einzige »Accessoire« ist eine braune Kordel um die Taille. Soll das ein Witz sein? Der Designer erklärt, das sei der neue Anno-Domini-Dress, in Fachkreisen kurz **AD-Dress** genannt, dem Stil der Zeit um Christi Geburt nachempfunden. In Manhattan der Renner der Saison, auch aus Kalifornien seien schon Bestellungen da, der Mittlere Westen zögere noch. »**AD-Dress**«, murmeln Sie, und um sich den Namen besser merken zu können, legen Sie sich folgenden Spruch zurecht: Top-Adresse – ein D dazu, ein E entfällt.

Jockei/jockey

Änderung: *i* wird zu *y*.

Sie sind leider etwas klein geraten, aber dadurch immerhin ein erfolgreicher *Jockei* geworden. Das Geheimnis Ihres Erfolges – schließlich wird nicht jeder Mensch unter einem Meter fünfzig gleich ein guter Jockei – haben Sie noch niemandem verraten: Sie essen jeden Morgen zum Frühstück ein Ei! Aber damit nicht genug. Schließlich müssen Pferd und Reiter eine Einheit (ei, ei) bilden, und so beginnen Sie jeden Wettkampf mit einem festgelegten Ritual im Rennstall. Sie rufen E, das Pferd wiehert I, und das gemeinsame EI bringt Ihnen Erfolg. Eines Morgens vor einem wichtigen Derby hat Ihnen ein Konkurrent jedoch ein *Ey*, eine Art dreieckiges Ei, zum Frühstück untergeschmuggelt, und so nahm das Unglück seinen

Lauf. Geschmeckt hat es noch ganz ordentlich, das E klappt auch wie immer, aber beim Versuch, ein Y zu wiehern, dreht Ihr Pferd völlig durch. Als *Jockei* waren Sie immer erfolgreich, aber als *Jockey* haben Sie keine Chance!

Allee/alley
Änderung: *ee* wird zu *ey*.
Sie fahren durch eine ländliche Gegend in Mecklenburg-Vorpommern und sind begeistert. So viele *Alleen* gibt es hier noch! Das einzige, was sich in den letzten Jahren mancherorts geändert hat, sind die Bezeichnungen der Straßen, Plätze und Alleen. Was früher nach Otto Grotewohl oder Wilhelm Pieck benannt war, trägt jetzt die Namen von Künstlern. Sie durchfahren gerade eine wunderschöne Eichenallee, links Eichen (*E*), rechts Eichen (*E*), da fällt Ihr Blick auf das Straßenschild: *Paul-Klee-Allee*. Klee und Allee, das reimt sich schön, denken Sie. Hinter dem nächsten Ort wirkt die Szene auf einmal recht exotisch. Auf der linken Straßenseite säumen noch immer Eichen (*E*) den Weg, doch auf der rechten? Yucca-Palmen (*Y*), so weit das Auge reicht. Sie überlegen noch, wie diese Allee wohl heißen mag, da sehen Sie vor sich eine Menschentraube und einen bekannten Opernsänger, der die Straße gerade ihrer Bestimmung übergibt. *Hermann Prey* weiht die nach ihm benannte *Alley* ein und schmettert dazu ein englisches Lied!

Fisch/fish
Änderung: Das *c* fällt weg.
Sie sitzen in einem kleinen, aber feinen Fischlokal in Cornwall. Der Tisch ist weiß gedeckt, der Kellner am Nachbartisch empfiehlt gerade einen französischen Wein, und die Kerzen schaffen eine wunderbar warme Atmosphäre. Man hat Ihnen ausgiebig Zeit gelassen, um die Karte zu studieren, und nun schickt sich der Kellner an, Ihre Bestellung aufzunehmen. Sie

bestellen: *Fish* 'n' *C*hips und eine *C*ola. Der Kellner entfernt sich mit Todesverachtung und bringt nach einer halben Stunde das Gewünschte. Sie haben schon mächtig Hunger und wollen sich gierig auf Ihr Essen stürzen, da stürzt noch schneller der Chef herein und reißt Ihnen den Teller unter dem Silberbesteck weg. »No *C*hips here« schreit er, dann kippt er Ihnen die *C*ola über die Hose und brüllt »No *C*oke here«, wobei er das *C* jeweils laut zischen läßt. Den Fisch knallt er Ihnen aufs Tischtuch. Nur *Fisch*, aber ohne *C*hips und *C*ola – *C* paßt hier einfach nicht zu *Fish*.

Schritt 2

Nachdem Sie sich als Grundlage diese Bilder zurechtgelegt haben, entweder als Merkhilfe für das Fremdwort oder für die besondere Schreibweise, besteht der zweite Schritt darin, das grammatische **Geschlecht** festzulegen.

Im Englischen stellt sich dieses Problem nicht, aber im Französischen und in vielen anderen Sprachen gibt es die grammatische Kategorie des männlichen, weiblichen und, wie im Lateinischen, neutralen Geschlechts.

Das Geschlecht eines Wortes ist wichtig, da ein Großteil der Grammatik in einem Satz davon abhängt, und wer eine Sprache lernt, hat oft am meisten Schwierigkeiten damit, sich das entsprechende Geschlecht zu merken.

Wenn Sie es sich aber zur Gewohnheit gemacht haben, Bilder in den Lernprozeß zu integrieren, gibt es eine einfache Möglichkeit, sich von jedem Wort das Geschlecht zu merken.

In Teil 1 lautete die erste Regel: Sie erinnern sich an Dinge, die *Ihnen* passieren. Da wir alle entweder männlich oder weiblich sind, läßt sich unsere eigene Rolle in einer Bilderfolge dazu verwenden, das Geschlecht eines Worts zu betonen.

Wenn Sie ein Mann sind, sollten Sie darauf achten, daß in jeder Szene, die Sie sich zur Erinnerung an ein männliches Wort ausdenken, *Sie* im Mittelpunkt stehen, auf die Handlung Einfluß nehmen und bestimmen, was weiter passiert. Wenn Sie es mit einem weiblichen Wort zu tun haben, entwerfen Sie die Szene so, daß die Ereignisse eine andere Person direkt betreffen, während Sie nur distanzierter Beobachter sind.

Sind Sie eine Frau, tun Sie einfach das Gegenteil: Machen Sie sich zum Dreh- und Angelpunkt von Szenen, die für weibliche Wörter ausgedacht wurden, und bleiben Sie in Hintergrund, wenn es um männliche Wörter geht. Auch wenn Sie eine Szene nur beobachten, können Sie sich durch Gefühle und Reaktionen einbringen – vermeiden Sie die Vorstellung, physisch involviert zu sein.

Wenn es in der Sprache, die Sie lernen, auch Wörter im Neutrum gibt, denken Sie sich einfach eine Szene aus, in der ein Tier oder ein Gegenstand im Mittelpunkt der Handlung steht.

Vergleichen Sie nun die beiden folgenden Beispiele:

La porte

Das französische Wort für »Tür« ist weiblich. Wenn Sie selbst weiblich sind, funktioniert die oben beschriebene Szenerie. *Sie* passieren die drei Türen, *Sie* haben kein Portemonnaie, *Sie* werden vom Türsteher gegen die Tür gedrückt ... Die gesamte Szene konzentriert sich auf Ihre Rolle im Mittelpunkt der Handlung und bekräftigt damit, daß sich das Geschlecht des Worts mit Ihrem eigenen deckt: weiblich.

Sind Sie dagegen männlich, müssen ein paar Veränderungen vorgenommen werden. Erfinden Sie eine andere Figur, die für den Fortgang der Handlung sorgt, während Sie nur unbeteiligt zusehen.

Übertragen Sie die Hauptrolle des Gastes ohne Portemonnaie meinetwegen Ihrer Lieblingsschauspielerin oder Ihrer Frau; überlassen Sie ihr den Besuch des Restaurants. Stellen Sie sich ihre Reaktion vor, wenn der Türsteher sie packt, und überlegen Sie, was Sie *als Zuschauer* empfinden würden. Konzentrieren Sie sich auf Ihre eigene Perspektive, und achten Sie immer darauf, daß Sie zwar alles sehen können, beim Fortgang der Handlung aber selbst nicht aktiv eingreifen.

Le poisson

Im Französischen ist das Wort für »Fisch« männlich. Die oben skizzierte Geschichte mit dem (englischen) Fisch hat Sie zum Mittelpunkt der Szene gemacht; Sie haben bestellt, wollten gerade zu essen beginnen und bekamen es dann mit dem Chef zu tun. Das ist alles wunderbar, solange Sie selbst männlich sind; die Geschichte legt Ihre Rolle im Mittelpunkt der Handlung fest und betont zugleich, daß das Wort ebenfalls männlich ist.

Sind Sie aber weiblich, müssen Sie zur Zuschauerin werden. Denken Sie an einen früheren Restaurantbesuch oder einen Filmausschnitt, der in einem Restaurant spielt, und besetzen Sie entsprechend die Hauptrolle. Sehen Sie zu, wie sich der Mann verhält und was ihm alles widerfährt, und stellen Sie sich Ihre Gefühle vor, wenn das Fischgericht vom wütenden Chef zerlegt wird! Sie haben keine Chance einzugreifen; das Wort für Fisch muß also männlich sein.

Schritt 3

Der letzte Schritt besteht darin, jedes Wort der entsprechenden Sprache zuzuordnen.
Viele von uns lernen in der Schule oder später eine Fremdsprache, und immer mehr Menschen lernen mehrere Fremd-

sprachen gleichzeitig. Sie mögen sich ja einprägsame Situationen ausgedacht haben, aber wie können Sie ein Bild für »Haus«, »Hund« oder »Auto« von einem anderen unterscheiden, wenn Sie Englisch und Französisch oder Italienisch und Spanisch gleichzeitig lernen?

Sie sehen beispielsweise das Wort »Tür« und denken unwillkürlich an ein Glas Portwein – aber vielleicht ist das Ihr Auslöser für das englische Wort …

Des Rätsels Lösung liegt in der Einbeziehung des *Ortes* – was sich bereits in Teil 1 bei der Zusammenstellung einer festen Route als sehr hilfreich erwiesen hat.

Wählen Sie für jede Sprache, die Sie lernen, einen bestimmten Ort. Wenn Sie sich in dem betreffenden Land bereits aufgehalten haben, könnte es eine Stadt sein, die Sie relativ gut kennen. Wenn Sie noch in der Schule sind, könnten Sie ein Klassenzimmer, in dem Sie diese Sprache lernen, zum entsprechenden Raum machen. Wählen Sie einen Ort, den Sie sich genau vorstellen können – weil es in diesem letzten Schritt darum geht, jedes Wort dort zu verankern.

Sobald Sie ein Bild erzeugen, um sich ein Wort leichter merken zu können, sollten Sie einen Augenblick darauf verwenden, es mit dem richtigen Ort zu verknüpfen. Lernen Sie beispielsweise Englisch und Französisch, so könnten Sie Paris als Schauplatz für Ihre gesamten französischen und Ihr Klassenzimmer als Ort für alle englischen Wörter wählen. Sobald Sie sich die Handlungselemente der kleinen Geschichte zum Wort »porte« ausgedacht haben, sollten Sie eine Möglichkeit finden, die gesamte Szene in Paris spielen zu lassen. Vielleicht haben Sie in dem Pariser Lokal »La Porte« ja selbst schon gegessen, oder es befindet sich in der Spitze des Eiffelturms!

Wenn Sie sich die Szene ausgedacht haben, die Sie an das englische Wort »leg« erinnern soll, stellen Sie sich vor, wie das Krankenbett im Klassenzimmer steht und Ihre Englischlehrerin die Rolle der Krankenschwester übernimmt! Benutzen Sie dieselben Techniken, als ob Sie eine Szene über einen fiktiven Pfad am entsprechenden Ort verankern. Auf diese Weise schaffen Sie sich eine große Menge sprachlicher Informationen. Jeder Ort kann Tausende von Bildern und Szenen enthalten, die Sie alle an die Bedeutung, die Schreibweise und das Geschlecht eines Fremdworts erinnern.

Zur Wiederholung: Wenn Sie ein Fremdwort lernen müssen, sollten Sie die drei Grundregeln beachten:
1. Überlegen Sie genau, woran Sie sich bei einem Wort erinnern müssen – an die Bedeutung, die Schreibweise oder beides –, und erfinden Sie eine fiktive Szene als »Auslöser«. Setzen Sie alle Methoden meines Systems ein, um das Bild so deutlich und einprägsam wie möglich zu machen.
2. Finden Sie von jedem Wort das grammatische Geschlecht heraus, und konstruieren Sie die Szene entsprechend – entweder mit Ihnen in der Hauptrolle, wenn Sie dasselbe Geschlecht haben wie das Wort, oder mit Ihnen als Zuschauer, falls nicht. Wählen Sie Tiere oder Gegenstände als Mittelpunkt der Szene, wenn Sie sich an ein Wort im Neutrum erinnern.
3. Verankern Sie die gesamte Szene an einem Ihrer Lieblingsorte, damit Sie die Wörter der einen Sprache nicht mit denen einer anderen verwechseln.

Wortlisten

Sobald Fremdwörter mit meiner Memotechnik bearbeitet wurden, Leben und Form erhalten haben und in einprägsame Szenen verwandelt worden sind, kann man fiktive Geschichten und Routen ausarbeiten, um sie in Form von Listen im

Gedächtnis zu behalten. Es kann recht nützlich sein, die Wochentage oder die Monate herunterspulen zu können – und dennoch verschwenden viele Leute ihre Zeit in dem Bemühen, sie wie ein Papagei immer wieder aufzusagen.

Eine viel wirksamere Methode ist es, sie in kurze Geschichten zu verwandeln, die einzelnen Bilder durch eine Kette einprägsamer Ereignisse zu verknüpfen und die Liste dann ein paarmal in Gedanken durchzugehen, bis sie »sitzt« – wie zum Beispiel die Reihenfolge der Planeten.

Zur Abrundung dieses Abschnitts über Fremdsprachen folgen nun die Wochentage auf Französisch und auf Englisch sowie exemplarische Geschichten, wie man sie im Gedächtnis behalten kann.

Französisch

**dimanche, lundi, mardi, mercredi,
jeudi, vendredi, samedi**

Wie immer besteht der erste Schritt darin, die Wörter in lebendige, dreidimensionale Bilder zu verwandeln. Da es darauf ankommt, die Liste laut aus dem Gedächtnis aufsagen zu können, sollten Sie sich auf Bilder konzentrieren, die Ihnen helfen, sich an den Klang der Wörter zu erinnern. Oft genügen die ersten beiden Silben, um sich das ganze Wort ins Gedächtnis zu rufen.

dimanche   Die erste Silbe läßt beispielsweise an Lady Di denken, das »manche« entweder an den Ärmelkanal (frz.: La Manche) oder an das deutsche »manche«.

lundi   Wiederum – und wie bei allen Wochentagen – ist Lady Di enthalten. Ansonsten: Die erste Silbe ist identisch mit Lunte, und vor allem

Leser in mittleren Jahren dürften die Schauspielerin Monika Lundi kennen.

mardi Im Zusammenhang mit Frankreich und Paris könnte das Marsfeld in Paris nützlich sein, in dem die erste Silbe von »mardi« steckt. Ein deutlicherer Hinweis auf das französische Wort wäre allerdings der Marder, vielleicht in der Koseform »Mardi«.

mercredi Das Wort sieht aus wie ein Akronym von Mercedes; verstärkend – um sowohl ein einprägsameres Bild als auch fast die komplette Buchstabenfolge zu erhalten – könnte man noch das englische »red« (ein roter Mercedes) oder gar das bayerische »red i« (rede ich) in die Geschichte einbauen.

jeudi Wer das französische Wort »jeu« (Spiel) nicht kennt, hat es hier relativ schwer. Am nächsten kommt der Name Judy, der vielleicht am einprägsamsten durch Tarzans gleichnamigen Schimpansen verkörpert werden kann. Um die Aussprache zu betonen, ließe sich ein deutsches »schön« voranstellen.

vendredi Die erste Silbe läßt vage an ein Ventil oder einen Ventilator denken; einen Schritt weiter ist man, wenn ein roter (red) Ventilator in die Geschichte integriert wird. Wer bereits etwas Französisch kann, ist mit dem Wort »vendre« (verkaufen) gut beraten.

samedi Hier ist das englische »same« wie in »same day« denkbar, daneben auch der Name Sam. Unter dem Aspekt der größtmöglichen Ähnlichkeit bietet sich vor allem aber Sammy D an – Sammy Davis junior.

Wie in allen englischen Wochentagen das »day« und in den meisten deutschen Wochentagen das »tag«, so steckt in den sieben französischen Wochentagen die Silbe »di«, und zwar bei »dimanche« am Anfang, bei allen anderen am Schluß. Um sich diesen Umstand zunutze zu machen – und einzuprägen –, kann man als roten Faden der Geschichte Lady Di wählen. Am zweckmäßigsten schickt man sie zu einem Staatsbesuch nach Frankreich, um die Verbindung zwischen der Erzählung und der betreffenden Sprache zu betonen.

Lady **Di** macht sich also zu einem einwöchigen (!) Staatsbesuch nach Frankreich auf, um sich für die Ehre zu revanchieren, daß in jedem Tag der Woche ihr Name steckt. Zu diesem Zweck muß sie natürlich erst einmal durch den Ärmelkanal (frz.: La **Manche**) fahren. Durch den Euro-Tunnel ist die Fahrzeit zwischen London und Paris erheblich verkürzt; bei ihrer Ankunft in Paris ist sie deshalb so überrascht, daß sie mehrmals den Ärmel verfehlt, als sie überhastet in ihre Jacke schlüpft. Aber damit nicht genug: In dieser Woche sollte Lady **Di manche** Überraschung ins Haus stehen!

So gleich am Montag. An diesem Tag, dem ersten ihres umfangreichen Besuchsprogramms, ist ein großer Empfang mit Persönlichkeiten aus Politik, Wirtschaft und Kultur anberaumt. Lady Di riecht **Lunte**; sie ahnt, was auf sie zukommt. Der Höhepunkt des Abends ist die Ankündigung, ihr Leben solle verfilmt werden, woraufhin sie mit der Schauspielerin bekannt gemacht wird, die für die Rolle der Lady Di vorgesehen ist: Monika **Lundi**. **Di** und **Lundi** verstehen sich prächtig und verabreden, die für den folgenden Tag geplante Autoparade gemeinsam abzunehmen.

Tags darauf treffen sich die beiden Damen auf dem **Marsfeld**, wo der Autokorso stattfinden soll. Von den alljährlich zelebrierten Feierlichkeiten zum 14. Juli ist ja bekannt, daß die Franzosen Paraden lieben, und so scheint ganz Paris auf den

Beinen, besser gesagt, auf den Rädern zu sein. Citroëns, Renaults und Peugeots finden sich bereits seit dem Vorabend ein, um eine gute Startposition zu bekommen. Eine solche Konzentration von Bremsschläuchen, Benzinleitungen und Verteilerkappen konnte auch den **Mardern** nicht verborgen bleiben, die zahlreich erschienen sind und an allen Autos die Gummiteile zerbissen haben. Kein einziger Wagen läßt sich flottkriegen; die Parade fällt aus, und das **Marsfeld** gleicht einem riesigen Autofriedhof!

Am nächsten Tag, einem Mittwoch, bemühen sich die Gastgeber verzweifelt, einen intakten Wagen aufzutreiben – und stoßen bei ihren Bemühungen auf einen roten **Mercedes**, der gerade erst in Paris angekommen ist. Die als Fan dieser Marke bekannte Di ist entzückt. »Oh, a **Mercedes**, and red!«

Lady Di ist von dem Wagen so überwältigt, daß sie verlangt, Tag und Nacht durch Paris gefahren zu werden. Die Nachricht von Di im roten Mercedes verbreitet sich wie ein Lauffeuer durch die Metropole; Menschenmassen säumen die Straßen von Paris und hoffen, der Wagen möge wenigstens einmal bei ihnen vorbeikommen. Der Fahrer ist schon hoffnungslos übermüdet und glaubt, seinen Ohren nicht zu trauen, als er am nächsten Morgen aus dem Kofferraum einen seltsamen Laut dringen hört. Er hält an, öffnet den Kofferraumdeckel und entdeckt – **Judy**. Die alternde Schimpansendame aus den Tarzan-Filmen ist eifersüchtig auf das Medieninteresse an Lady Di; sie schreit immer wieder verzweifelt »**schöne Judy, schöne Judy**« und beißt Lady Di in den Arm.

Am nächsten Tag – Lady Di hat ein großes Schlafdefizit – findet kein offizielles Programm statt, dafür müssen die Müllberge irgendwie von der Straße geräumt werden. Die Spuren des Jubels und Trubels vom Donnerstag sind so übermächtig, daß sogar die Stadtreinigung von Paris mit ihrem Fuhrpark an Kehrmaschinen überfordert ist. Der Bürgermeister weiß die

Lösung: Die Stadt kauft riesige rote **Ventilatoren**, verteilt sie auf alle zentralen Plätze der Stadt und läßt den gesamten Müll in Netze blasen, die am anderen Ende der großen Boulevards aufgespannt wurden. Kurzzeitig stinkt es zwar fürchterlich, aber der Erfolg ist »umwerfend«. Doch wohin mit den Geräten? In den Depots ist kein Platz, also beschließt man, sie zu verkaufen. An jedes Gerät wird ein Pappschild mit der Aufschrift »**A vendre: Ventilator**« gehängt.

Die Straßen sind wieder blitzblank, als der Staatsbesuch seinem Höhepunkt zustrebt, der großen Gala am Samstag. Der Samstag ist wirklich Sams Tag. Uncle Sam hat seinen Botschafter in Frankreich geschickt, und als Kulturbotschafter tritt kein Geringerer auf als **Sam D** – der große **Sammy Davis junior**! Am Ende der Veranstaltung und ihres Besuchs wird Lady Di gefragt, ob der Besuch ihr Leben nachhaltig verändert habe. Die Worte, die damals fielen, haben sie unsterblich gemacht: »It's **samedi**, and I'm still the **same Di**.«

Nachdem Sie sich den Handlungsstrang der Geschichte ausgedacht haben, sollten Sie alles noch einmal Revue passieren lassen, um sich die wichtigsten Punkte einzuprägen. Bei jedem zentralen Bild sollten Sie das entsprechende französische Wort laut aussprechen.

Am Sonntag beginnt Lady Di ihren Staatsbesuch und fährt dazu durch den Ärmelkanal (Manche) – **dimanche**. Ihr stehen manche Abenteuer bevor. Am Montag riecht sie bereits Lunte – **lundi** – und trifft am Abend die Schauspielerin Monika Lundi. Um Dienstag will sie auf dem Marsfeld – **mardi** – eine Parade abnehmen, aber Marder haben alle Wagen außer Gefecht gesetzt. Am Mittwoch wird ein roter Mercedes – **mercredi** – aufgetrieben, mit dem Lady Di Tag und Nacht durch Paris gefahren wird. Am nächsten Morgen, Donnerstag, wird sie von Judy – **jeudi** – überrascht, die eifersüchtig im Kofferraum sitzt und sie anschließend beißt. Am Freitag wird die im Müll schier erstickende Stadt mit roten Ventilatoren – **vendredi** – gereinigt, die man anschließend verkauft (A vendre). Am Samstag schließlich ist Sams Tag: Sammy Davis junior – **samedi** – tritt auf, bevor Lady Di im Interview erklärt, sie sei immer noch dieselbe.

Wenn Sie diese Geschichte mehrmals wiederholen, werden sie dabei immer schneller, und bald wissen Sie die französischen Wochentage so sicher und instinktiv wie die deutschen!

Englisch
  sunday, monday, tuesday, wednesday, thursday, friday, saturday

sunday   Die Ähnlichkeit zum deutschen Sonntag ist
                nicht zu übersehen, weshalb sich die Sonne als
                Merkhilfe anbietet. Denkbar wäre aber auch der
                Sohn (engl.: son) oder Sunil.

monday   Hier gilt dasselbe. Man sollte sich ruhig die
                Ähnlichkeit zum deutschen Montag zunutze
                machen und sich als Erinnerungshilfe den
                Mond merken. Weitere Möglichkeiten wären
                etwa der Mohn oder die Moon-Sekte.

tuesday   Oberflächlich betrachtet haben die Ähnlich-
                keiten zum Deutschen hier ein Ende. Auf den
                zweiten Blick läßt sich der Tag zum »Tu es day«
                aufspalten, dem Tag, an dem die Aufforderung
                ergeht, etwas zu tun. Dann ist auch der deutsche
                »Dienst(t)ag« nicht mehr …

wednesday   Auf den ersten Blick fällt vielleicht nichts auf,
                doch mit ein wenig Phantasie läßt sich
                Wednesday als »Wende Day« interpretieren,
                der Tag, an dem die Woche sich zum Ende hin-

	wendet – und der »Mitt-woch« ist wieder im Spiel.
thursday	Hier dürften die Parallelen endgültig aufhören. Assoziationen zu Thursday sind wohl am ehesten das Wort Tour, vielleicht auch Winterthur oder Durst.
friday	Das deutsche Freitag ist hier wieder ganz nah; alles andere als »frei« würde hier unnötig vom Friday wegführen.
saturday	Trotz der ersten zwei Buchstaben, die im Englischen und im Deutschen identisch sind, bietet sich eine andere Merkhilfe an, die dem Wochentag auch seinen Namen gegeben hat: der Planet Saturn.

Stellen Sie sich als Ausgangspunkt die ehemalige Sternwarte im Londoner Stadtbezirk Greenwich vor, die nicht nur Sterne beobachtet, sondern auch nach außerirdischer Intelligenz Ausschau hält. Plötzlich werden die Astronomen an ihren Bildschirmen ganz aufgeregt: ein Raumschiff! Wir beamen uns jetzt ganz einfach in das Raumschiff – es ist die Enterprise – und begleiten die Crew eine Woche lang (!) bei ihrem Besuch im Sonnensystem.

Von Beginn der Reise an war der Orientierungspunkt die Sonne – **sunday** –, die am Sonntag endlich planmäßig erreicht wird. Captain Kirk läßt die Sonnensegel aufklappen, um die zur Neige gehenden Energievorräte des Raumschiffs wieder aufzustocken.

Ihm liegt besonders ein Besuch des Erdtrabanten Mond – **monday** – am Herzen, denn ein kosmisches Gerücht besagt, die Menschen hätten es geschafft, dort zu landen. Die Enterprise sucht die Oberfläche mit Teleskopen ab, entdeckt tatsächlich Reifenspuren, überdimensionale Fußabdrücke sowie einen gestreiften Lappen an einer Stange und beschließt, den Montag an diesem einsamen und unwirtlichen Ort zu verbringen. Die nächsten Tage versprechen genug Abwechslung.

Am Dienstag landet das Raumschiff dann tatsächlich im Südosten einer Insel, die England heißt, und zwar mitten in einem Ort, der so ähnlich wie »Lowdown« (tief unten) ausgesprochen wird. Der Aufruhr unter den Bewohnern ist groß, um das Raumschiff herum herrscht ein geschäftiges Treiben. Kein Wunder, denkt sich die Besatzung, schließlich schreiben wir »Dienst Tag« oder, wie die hiesigen Einwohner ihn nennen, »Tu es day« – **tuesday** –, also den Tag, an dem man etwas tun soll.

Am nächsten Tag – die Woche ist bereits zur Hälfte um – soll erst einmal die nähere Umgebung erkundet werden. Passanten, mit denen zum ersten Mal Kontakt aufgenommen wird, erklären den Tag zum »**wednesday**«. Der clevere Mr. Spock dechiffriert sofort die Bedeutung dieses Wortes: **wednesday** kommt von Wende, markiert also den Eintritt in die zweite Wochenhälfte, die ja eine Wende darstellt. Wenn man, wie Spock, d und n vertauscht, ergibt sich nd – das Ende, das bereits auf das Wochenende verweist. Das eingefügte s hat keine besondere Bedeutung, sondern dient lediglich der besseren Sprechbarkeit des Wortes. Spock freut sich an den Wortspielen der Engländer und vergißt darüber völlig, sich Lowdown genauer anzusehen.

Am Donnerstag bricht die Crew schließlich auf, sich das weitere Umland anzusehen – vor allem den alten und inzwischen aufgegebenen Landeplatz Stonehenge. Man überlegt, ob der Tag tatsächlich so günstig gewählt ist: Am Donnerstag herrscht in Deutschland oft schlechtes Wetter, mit Gewittern (Blitz und Donner) und heftigen Regenschauern. Doch immer, wenn das Tief von den Britischen Inseln gerade Mitteleuropa erreicht hat, herrscht dort schönstes Wetter. Aus diesem Grund hat man den Tag für Touren – **thursday** – reserviert und fährt nicht schlecht damit. Kirk, Spock und die anderen schwingen sich auf geklaute Räder, bekommen aber bald riesigen Durst. Scotty muß einen Mineraldrink mixen, damit alle die Tour heil überstehen.

Am Freitag nimmt sich die Besatzung erst noch einmal frei – **friday** – und begibt sich dann nach Freiburg im Südwesten Deutschlands. Dort ist sogar Spock verwirrt von den sprachlichen Querverbindungen zwischen Lowdown und Freiburg. Freiburg wird von seinen Einwohnern Friburg genannt, ähnelt daher in der Lautschrift dem englischen **friday**, das aber wiederum »Freidäi« ausgesprochen wird. Da soll einer noch durchblicken! Doch man muß diesen wundersamen Planeten ohnehin verlassen, und dafür bietet sich der benachbarte Kaiserstuhl an. Er ist nämlich einerseits terrassiert, so daß das Raumschiff beim schwierigen Startmanöver nicht kippt, andererseits ist dies der wärmste Ort Deutschlands und entzieht dem Raumschiff somit wenig Energie.

Ein letzter Programmpunkt steht am nächsten Tag auf dem Plan: der Saturn – **saturday**. Die wunderschönen Ringe des Saturn sind in jedem intergalaktischen Reiseführer mit mindestens drei Sternchen versehen, sind also ein Muß für jeden Reisenden. Wehmütig nimmt die Mannschaft Abschied vom Sonnensystem: ein Tag Sonne, ein Tag Mond, vier Tage Erde und ein Tag Saturn, lautet die Bilanz. Die Raketen werden gezündet – und sie verschwinden in der Weite des Alls.

Wiederholen Sie die wichtigsten Elemente dieser Geschichte, und versuchen Sie dabei, sich an die englischen Wörter zu erinnern.

Der Ausgangspunkt ist das Observatorium von Greenwich, von dem aus Sie in das Raumschiff Enterprise gebeamt werden. Die Enterprise ist gerade zu einem einwöchigen Besuch des Sonnensystems unterwegs und erreicht am Sonntag die Sonne – **sunday**. Am Montag landet man auf dem Mond – **monday** –, um sich die Spuren genauer anzusehen, die der Mensch dort hinterlassen hat. Am Dienstag schließlich erreicht man die Erde. Dort herrscht geschäftiges Treiben, was auf die an diesem Tag gültige Aufforderung »Tu es« – **tuesday** – zurückzuführen ist. Spock nimmt mit Passanten Kontakt auf und entschlüsselt anhand von deren Angaben, der Mittwoch werde in England als Tag der Wochenwende – **wednesday** – bezeichnet und verweise bereits auf das Wochenende. Am Donnerstag macht man sich zu einer Fahrradtour – **thursday** – auf, weil im Gegensatz zu Mitteleuropa (Donner!) auf den Britischen Inseln an diesem Tag meist schönes Wetter herrscht. Am Freitag schließlich hat die Besatzung zunächst frei – **friday** – und begibt sich dann ins badische Freiburg, um vom Kaiserstuhl aus den Rückflug anzutreten. Ein letzter Programmpunkt innerhalb des Sonnensystems ist am folgenden Tag der Besuch des Saturns – **saturday** –, bevor das Raumschiff wieder in den Kosmos entschwindet.

Das Schöne an diesen Geschichten ist, daß man die Notizen beiseite legen und die Wortlisten überall üben kann, sobald man die Wörter visualisiert, das heißt, in Bilder verwandelt hat. Den Großteil der Fremdwörter habe ich morgens auf dem Schulweg gelernt!

Deutsche Wörter merkbar gemacht

Meine Memotechnik hilft Ihnen nicht nur beim Lernen von Fremdwörtern, sondern läßt sich auch dazu einsetzen, die eine oder andere schwierige Schreibweise im Deutschen zu behalten. Auch hier geht es darum, sich die Details bewußt zu machen und herauszuarbeiten, an welchen Bestandteil eines Worts man sich erinnern muß, um sich dann mit Hilfe der Phantasie Auslöser und Eselsbrücken zu bauen.

Sie sollten es sich zur Gewohnheit machen, jedes im Lexikon nachgeschlagene Wort auswendig zu lernen, damit Sie später keine Zeit damit verschwenden, es erneut überprüfen zu müssen. Wörter, die häufig falsch geschrieben werden, lassen sich in verschiedene Kategorien einteilen.

Die Überraschungen

Auch im Deutschen gibt es Wörter, bei denen man immer wieder in die Falle geht. Hier sind einige Beispiele.

Billard

Dieses Wort wird häufig Billiard geschrieben; schließlich spricht man nach dem l ein j, und die genauso ausgesprochene Million oder Milliarde hat an dieser Stelle auch ein i.

Stellen Sie sich einen richtigen alten Billardsaal vor; wer noch keinen gesehen hat, dem mag die Erinnerung an den Film »Die Farbe des Geldes« mit Paul Newman und Tom Cruise weiterhelfen. Es ist – zumindest als Klischee – ein verrauchter Ort für richtige Männer. Kinder haben dort gewiß nichts verloren; das gilt auch für den kleinen Billi. Etwas anderes ist es schon beim großen Bill, Bill Clinton etwa. Wieder einmal gibt es zwischen Präsident Clinton und seinen republikanischen Widersachern Streit um den amerikanischen Staatshaushalt. Stellen Sie sich also Bill Clinton in einer Partie gegen Bob Dole oder Newt Gingrich vor, bei der es mit jedem Ball um Sieg oder Niederlage bei der nächsten Abstimmung im Senat geht. Natürlich übertragen alle Fernsehsender dieses Politspektakel live, auch das ZDF und die ARD. Damit haben wir eine weitere Merkhilfe: **Bill** in der **ARD**; für ein i *zwischen* dem Präsidenten und der Fernsehanstalt ist da kein Platz mehr ... Dieses Beispiel demonstriert einen sehr wirkungsvollen Ansatz. Konzentrieren Sie sich nach Möglichkeit auf ein oder zwei Elemente im Wort – in diesem Fall **Bill** und **ARD** –, die nur dann stehenbleiben oder zusammenpassen, wenn die Schreibweise richtig ist. Das Gedächtnis bekommt damit ein positives Ziel und nicht nur eine Falle, die es zu umgehen gilt; die richtige Schreibweise wird bestätigt. Aber welche Technik Sie auch anwenden, Sie sollten auf jeden Fall darauf achten, daß die Bilder zu dem betreffenden Wort passen und somit der bloße Anblick des Wortes bei Ihnen künftig die Merkhilfen auslöst, die Sie sich ausgedacht haben.

Lava

Bei Lava kann man sich auch eine Schreibung mit w vorstellen, da sich aufgrund der Aussprache nicht unterscheiden läßt, ob das Wort ein v oder ein w enthält und das w in der deutschen Sprache zudem häufiger ist. Sie müssen sich also auf das v konzentrieren.

Die Lösung ist in diesem Fall höchst einfach. Wo Lava fließt, ist auch ein Vulkan als Ursprung der Lavaströme, und da der Vulkan mit V beginnt, ist dieser Buchstabe auch in Lava enthalten. Sie können sich das V auch ganz konkret als großen, feuerspeienden Schlot auf Ihrer Veranda vorstellen, aber so weit müssen Sie wahrscheinlich gar nicht gehen.

Eine weitere Möglichkeit, sich die Schreibweise von Lava zu merken, ist ihre Ähnlichkeit mit der Lawine: Beide schieben sich unaufhaltsam den Berg hinunter, und beide bringen Tod und Verderben. Aber: die Lawine ist aus Schnee (eigentlich aus Wasser) und damit eiskalt, ganz im Gegenteil zum glühenden Lavastrom! Wenn Lawine also mit w geschrieben wird (und da gibt es keinen Zweifel), dann Lava mit v!

Schlämmkreide

Konzentrieren Sie sich hier ganz auf das ä. In der gesprochenen Sprache lassen sich ä und e oft nur schwer unterscheiden, doch während sich ein »Gertner« von selbst verbietet, gibt es auch weniger eindeutige Fälle. Wer nicht genau weiß, was Schlämmkreide ist, der könnte spontan an »schlemmen« denken, denn wissen wir nicht seit frühester Kindheit, daß man Kreide – zumindest bei Rotkäppchen – auch essen kann …

Folgendes Bild dürfte Klarheit verschaffen: Sie haben einen Sack feingemahlener Schlämmkreide bestellt, aber die einzige Stelle, wo in Ihrer Wohnung noch Platz ist, ist die Badewanne. Der Nachwuchs freut sich: Man braucht nur den Wasserhahn aufzudrehen, und schon erhält man eine wunderbare Kreidepampe zum Spielen! Sie gehen ahnungslos ins Badezimmer, und schlagartig wird Ihnen auch die Schreibung klar: Hat diese Schweinerei eher mit Schlamm oder eher mit Schlemmen zu tun? Richtig, und jetzt Schwamm drüber …

nämlich

Im Deutschen besitzen lang ausgesprochene Vokale oft ein h – manchmal aber auch nicht. Ob dies auch bei nämlich der Fall ist, haben Sie vielleicht schon in der Schule gelernt: »Wer nämlich mit h schreibt, ist dämlich«, mag es auch bei Ihnen geheißen haben.

Eine andere Möglichkeit, sich die richtige Schreibweise einzuprägen, ist die Konzentration auf den Ursprung des Ortes. Nämlich kommt von Name, und damit sind alle Unklarheiten beseitigt.

Double

Unter »Double« findet man im Lexikon folgenden Eintrag: »Schauspieler oder Artist, der dem Hauptdarsteller ähnelt und ihn bei Proben und Aufnahmen ersetzt, wenn dieser die vorgeschriebenen Aufgaben (artist. Übungen) nicht selbst lösen kann.« Soweit die Definition. Doch schreibt man das Wort, das aus dem Französischen kommt, nun Double, Doubel oder Doubl? Es kommt also vor allem auf das »ble« an. Stellen Sie sich folgende Szene vor: Ein etwas unbedarfter Mensch ist Zaungast bei den Dreharbeiten zu einer Komödie, in der der Hauptdarsteller – es ist Woody Allen – verzweifelt versucht, abends in Manhattan ein Taxi zu bekommen. Er rennt kreuz und quer über den Broadway, doch alle Mühe ist umsonst; zuletzt wird er sogar von dem Taxi (!) erfaßt, in dem just die Frau (Diane Keaton) sitzt, zu der er fahren wollte. Natürlich rennt in dieser Szene nicht Woody Allen selbst über die Straße, sondern eben ein Double. Als unser Zuschauer dies bemerkt, will er anscheinend die ganze Nation aufklären. Er ruft empört und lauthals: Dou**ble**, **Ble**ndung, Dou**ble**, **Ble**ndung, Dou**ble** ... Die Szene muß wiederholt werden, Sicherheitskräfte entfernen den Zaungast ... und Sie wissen, daß im Double das **Ble** von Blendung steckt!

Die »Alternativen«

Hierbei handelt es sich um sehr ähnliche Wörter, die in der »alternativen« Schreibweise allerdings eine ganz andere Bedeutung annehmen; in diese Kategorie fallen einige der am häufigsten verwechselten Wörter. Wie im vorangegangenen Beispiel ist es eine sinnvolle Methode, das Wortpaar in einer einzigen fiktiven Szene zusammenzubringen – vor allem, weil dadurch die Unterschiede betont und Sie daran erinnert werden, daß Sie sich zwischen den beiden *entscheiden* müssen.

Leib/Laib
Der Leib ist ein Synonym für Körper; man klagt mitunter

über Leibschmerzen oder beugt ihnen durch Leibesübungen (wie es einmal hieß) vor. Der Laib dagegen ist normalerweise ein Laib Brot.

Wenn Sie sich diesen Unterschied bewußt gemacht haben, können Sie darangehen, einer künftigen Verwechslung vorzubeugen. Der einzige Unterschied ist das ei in Leib gegenüber dem ai in Laib; hier liegt zwangsläufig der Ansatzpunkt.

Vielleicht hilft Ihnen zunächst der Rückgriff auf die Symbolik oder die Biologie. Das Ei, aus dem neues Leben entsteht, ist ein altes Fruchtbarkeitssymbol; nicht umsonst wird Ostern, an dem der »Leib Christi« in den Himmel aufgefahren ist, mit Eiern gefeiert! Wem dies eher liegt, der kann sich auch auf die Biologie beziehen: Aus der befruchteten Eizelle wird ein neuer Leib.

Wie armselig nimmt sich dagegen das Fingertier aus. Das Ai, das ja mit dem Ei konkurriert, wird immer wieder nur ein Fingertier, aber fünf Finger machen noch keinen Leib! Es bleibt immer hinter dem Ei zurück und wird, wenn es Pech hat, sogar zu einer sprachlichen Delikatesse gebacken: Ai im Brotlaib.

Narziß/Narzisse

Der Ausdruck Narziß geht auf den Jüngling Narcissus in der griechischen Sage zurück, der in sein Spiegelbild verliebt war. Der Narziß ist somit ein eitler Mensch, der sich selbst bewundert. Die Narzisse dagegen ist eine Blumenfamilie, zu der die Osterglocke oder der Märzenbecher gehören.

Hier liegt der entscheidende Unterschied nicht in der Mitte des Wortes, sondern in der Endung; dem ß steht das sse gegenüber.

Der Narziß endet auf ß, was man entweder als »scharfes s« oder als »Eszett« bezeichnet. Hieraus läßt sich schon etwas machen. Stellen Sie sich einen schönen Jüngling vor, der –

vielleicht sogar in Ihrem Schlafzimmer – vor dem Spiegel steht und heftigst in sein Spiegelbild verliebt ist. Er ist schon ganz **scharf** auf sich, verzehrt sich geradezu nach seinem Ebenbild, aber da er mit diesem nun einmal nichts anfangen kann, verzehrt er als Ersatz eben Schokolade – **Eszet**-Schnitten, die seine Oma ihm am Tag zuvor geschenkt hat. Auf dem Nachttischchen steht ein großer Strauß vergleichsweise keuscher, weißer Narzissen, die nur nach einem dürstet: Wa**sser**, damit Sie bis zum Ende von Narzi**sse** frisch bleiben.

kneipen/kneippen

Hier geht es um zwei Verben der Umgangssprache, die zwar gleich klingen, inhaltlich aber nichts miteinander zu tun haben. Wer kneipt, der zieht von Kneipe zu Kneipe, wer aber kneippt, der unterzieht sich einer Kneippkur. Einziger (sprachlicher) Unterschied: das zweite p.

Sie sind mit Ihrer Clique in der Stammkneipe. Wie immer fühlen Sie sich sauwohl, die Stimmung ist gut, und einer von Ihnen (stellen Sie sich jemanden vor!) ist besonders gut drauf, führt das große Wort und reißt einen Witz nach dem anderen. Sogar die Bestellung wird zum Witz: Anstatt, wie seit Jahren, »ein Pils« zu verlangen, ruft er dem Zapfer »ein P« zu. Der kapiert sofort, schenkt ein gepflegtes Pils ein und muß an diesem Abend noch häufig »ein P« hören.

Anders die Stimmung im Kurort. Sie fühlen sich eigentlich zu jung dafür, doch der Anblick eines erstaunlich jungen und knackigen potentiellen Kurschattens entlohnt für das viele Wassertreten. Sie überlegen, ob Sie eine Affäre riskieren sollen, und entscheiden sich dann dagegen: »Erst Popo, dann Pippi und dann Papa«, schießt es ihnen (in dieser Reihenfolge!) durch den Kopf. »Nein, lieber nicht.« Durch diesen infantil-ordinären Spruch sollte das Kneippen ein für allemal mit pp verknüpft sein.

Sole/Sohle

Sole wird im Lexikon definiert als »kochsalzhaltiges Wasser aus natürlicher Heilquelle«, die Sohle dürfte allgemein bekannt sein. Der einzige Unterschied ist das fehlende bzw. vorhandene h, und auf dieses Unterscheidungskriterium muß die Merkhilfe abzielen.

Stellen Sie sich Ihre eigene Hochzeit vor: Die Musikkapelle heizt die Stimmung immer stärker an, und Sie wollen zusammen mit Ihrer Braut eine kesse Sohle aufs Parkett legen. Wochenlang haben Sie geübt, vor allem natürlich Walzer, und jetzt ist die Stunde der Wahrheit gekommen. Sie nehmen Aufstellung, der Dreivierteltakt setzt ein, und Sie legen los. Sie vielleicht, aber nicht Ihre neuen Schuhe! Die Sohle bleibt so auf dem Parkett liegen, wie Sie Aufstellung genommen haben. Ist das peinlich: Das Schuhwerk (das, was davon übrig ist) baumelt lose um den Knöchel, und die Socken rutschen fürchterlich. Die Gäste lachen lauthals: Ha, ha, ha (h, h, h), schallt es von allen Seiten, wie um Sie auf das h in Ihrer **Sohle** hinzuweisen.

Das »kochsalzhaltige Wasser aus natürlicher Heilquelle« ist dagegen furchtbar langweilig. Nicht einmal die anfeuernden Rufe der anwesenden Spanier – olé, olé – lassen die trübe **Sole** auch nur ein bißchen lustiger erscheinen.

Pedant/Pendant

Ein Pedant ist ein extrem penibler Mensch, das – französisch auszusprechende – Pendant so etwas wie das »Gegenstück«. Der Renault 4 war also das französische Pendant zum deutschen VW Käfer. Wiederum ist ein einziger Buchstabe dafür verantwortlich, daß ein Wort mit einer ganz anderen Bedeutung entsteht, doch diesmal ändert sich die Aussprache: Pendant spricht man wie »Pondo« mit einem offenen und nasalen o.

Diesen Unterschied in der Sprechweise kann man als Merkhilfe einbauen. Der einzige Unterschied ist, wie gesagt, das n, das bekanntlich zu den sogenannten »Nasalen« gehört. Und jetzt stellen Sie sich vor, was Sie tun, um möglichst französisch zu klingen. Richtig: Sie näseln, was das Zeug hält; das n steht also für die französische Aussprache und damit für das ursprünglich französische Wort Pendant.

Doch auch auf inhaltlicher Ebene lassen sich die beiden Wörter merken. Greifen wir dazu einmal auf nationale Klischees zurück. Sie sehen links einen deutschen Autofahrer, rechts einen französischen. Der linke fährt Mercedes, ist korrekt gekleidet, frisiert und angeschnallt, raucht nicht und benutzt nur ab und zu das neue Handy. Der Fahrer rechts dagegen fährt einen 2 CV, ist lässig gekleidet, trägt Schnurrbart und eine Baskenmütze und genießt ansonsten das Leben wie auch seine Gitane in vollen Zügen. Wer ist der Pedant? Der Deutsche (D). Der Nicht-Deutsche (ND) ist höchstens ein Pendant.

Doppelkonsonanten

Zu dieser Kategorie gehören einige der schwierigsten Wörter überhaupt – solche, bei denen man leicht verwechselt, ob sie mit einfachem oder mit doppelten Konsonanten geschrieben werden. Es ist eine nützliche Methode, bei allen Doppelkonsonanten nach berühmten Initialen oder Abkürzungen Ausschau zu halten.

Komitee

Bei diesem Wort gibt es keine Doppelkonsonanten – weder das m noch das t –, doch auch dies muß man sich irgendwie merken. Stellen Sie sich also ein richtiges Komitee vor, beispielsweise das Nobelpreiskomitee, das alljährlich darüber zu entscheiden hat, an wen die Nobelpreise verliehen werden sollen. Dieses Komitee ist so mit Preisen beschäftigt, daß man von allem die Preise kennt, auch die enorm hohen Teepreise. Da man aber nicht ganz ohne Erfrischungen tagen kann, wird in den Pausen sogenannter **Ko-Mi-Tee** serviert, im Verwaltungsdeutsch »**kostenmi**nimierender **Tee**«. Was sich hinter diesem Wort verbirgt, ist ganz einfach der zweite Aufguß bei einem gebrauchten Teebeutel. Damit läßt sich der Preis des Nobelpreiskomitees enorm drücken! Stellen Sie sich bei Komitee künftig also das knickerige Komitee vor, das sogar am Tee spart; die Schreibweise dürfte sich von selbst einstellen.

Kommission

Eine Kommission ist so etwas Ähnliches wie ein Komitee, wird aber mit je zwei m und zwei s geschrieben; die Aufmerksamkeit muß also diesen beiden Doppelkonsonanten gelten. Was ist das A und O einer Ko**mmiss**ion? Die Fähigkeit zur Ko**mm**unikation im Dienste einer bestimmten **Miss**ion. Bleiben wir beim Thema Ko**mmiss**ion, Ko**mm**unikation und **Miss**ion. Aus Anlaß des hundertjährigen Bestehens des Kinos wurde eine hochrangig besetzte Kommission gegründet, deren Ziel es ist, die hundert besten Filme aller Zeiten auszuwählen. Diese Filmrollen sollen anschließend mit einer Rakete ins Universum geschickt werden, damit sich außerirdische Intelligenzen eine Vorstellung vom Kino auf der Erde machen können. Jedes der Mitglieder durfte den Anfangsbuchstaben seines Nachnamens beisteuern – Buster Keaton das K, Laurence Olivier das O etc., doch zwei Filmlegenden hatten die Ehre, beide Initialen einzubringen: **M**arilyn **M**onroe und Ste-ven **S**pielberg, die beiden gleichberechtigten Vorsitzenden!

Kollision

Noch ein Wort, das mit K beginnt und dessen Schreibung

Schwierigkeiten bereiten könnte. Eine Kollision ist nichts anderes als ein Zusammenstoß. Vielleicht ist dieses Synonym auch schon eine Hilfe bei der Schreibung, denn in beiden – bedeutungsgleichen – Wörtern gibt es je einen Doppelkonsonanten, l bzw. m. Rein zufällig deckt sich das genau mit der Kollision, in die Sie letzte Woche verwickelt waren! Sie mußten auf der Fahrt zur Arbeit wegen einer Radfahrerin abbremsen, doch der Fahrer hinter Ihnen hat geschlafen, und so kam es zu dem Auffahrunfall. Damit nicht genug: Zwei Pferde, Unfallbeteiligte Nr. 3 und 4, konnten ebenfalls nicht mehr anhalten und knallten auf das Fahrzeug. Die Aufnahme der Personalien gestaltete sich für die Polizei als gefährlich, denn die unglückseligen Reiter waren keine anderen als Lucky und Luke. Als die beiden Beamten sie wegen Alkohol am Zügel und unerlaubtem Waffenbesitz in Gewahrsam nehmen wollten, schossen sie sich den Weg frei und galoppierten davon.

Kolibri

Ein letztes »Ko-Wort«. Kolibri erinnert entfernt an Kollision, aber dennoch schreibt es sich mit nur einem l. Wie merkt man sich das? Ganz einfach: Stellen Sie sich einen Kolibri vor, der mit seiner langen Zunge Nektar aus einer Blüte saugt, während er mit unglaublich schnellem Flügelschlag auf der Stelle schwirrt. So ein kleiner Kolibri ist manchmal nur zwei Gramm schwer; entsprechend zerbrechlich sieht er aus. Da ist jeder unnötige Ballast – wie etwa zwei l – zuviel. Ein Kolibri mit einem Doppelkonsonanten würde unweigerlich nach unten gezogen und müßte elend eingehen. Stellen Sie sich dieses feingliedrige, schutzbedürftige kleine Tier vor, und jeder Gedanke an einen überschweren Kolibri verbietet sich von selbst.

parallel

Parallel ist ein sehr schwieriges Wort, denn hier gibt es gleich mehrere Verwechslungsmöglichkeiten. Paralel? Parallell? Paralell? Parallel? Auf das l kommt es jedenfalls an.

Auch hier bietet das Wort selbst einen guten Ansatzpunkt. Haben Sie schon einmal davon gehört, daß sich unendlich lange Parallelen irgendwann schneiden? Dies jedenfalls behauptet die Mathematik. Und jetzt stellen Sie sich das bildlich vor – mit dem Wort parallel. Das genau parallele Doppel-l wird länger und länger, schießt über den Blattrand hinaus, streckt sich durch das Zimmer, dringt schnurgerade durch den Wald und verschwindet im nächsten Häuserblock. Ein spannendes Experiment. Werden sich die beiden parallelen ls irgendwann tatsächlich schneiden? Sie haben keine Möglichkeit, dies zu überprüfen, und überlegen, was zu tun ist. Die Lösung: Sie schicken den Kollegen nach, der allein am Wortende steht; er soll nachsehen, was mit den anderen beiden los ist. Auch dieses l wird zusehends länger, erstreckt sich bis … Das l ist bis heute nicht zurück, aber ein Ergebnis steht jetzt schon fest: **Parallel** wird so geschrieben und nicht anders.

Seltsame Schreibweisen

Manche Wörter sind schwierig zu buchstabieren. Sie müssen nur daran denken und wissen bereits, daß Sie ein Wörterbuch brauchen. Wahrscheinlich bereiten sie Ihnen schon Schwierigkeiten, seit Sie Lesen und Schreiben gelernt haben – warum nehmen Sie sich also jetzt nicht einen Moment Zeit, um ihre Schreibung ein für allemal zu behalten?

Ich werde nie vergessen, wie man das Wort »beautiful« schreibt, weil mir jemand einmal den folgenden Satz beigebracht hat: *Big Elephants Are Useful To Indians For Unloading Logs.* Es macht Spaß, sich solche Merksätze auszudenken; besonders wirkungsvoll sind sie, wenn Sie selbst darauf kommen. Vielleicht dauert es ein paar Minuten, bis Ihnen ein guter Satz einfällt – einer, der möglichst einen Zusammenhang mit dem jeweiligen Wort besitzt und ungewöhnliche Elemente beinhaltet. Wenn Sie es richtig machen, werden Sie die korrekte Schreibweise nie mehr vergessen.

Es folgen fünf berüchtigt schwierige Wörter sowie fünf Sätze, die mir dazu eingefallen sind. Sie können es mit Sicherheit besser …

Rhythmus

Hier suchte ich zunächst nach einem Buchstaben, der sich zu einem Wort machen läßt, das mit dem Thema »Rhythmus« zu tun hat. So kam ich auf »hm« für »Heavy Metal« und das »s« für »Swing«. Danach fiel mir »tanzen« als passendes Verb ein, bei »y« ist die Auswahl beschränkt, und so fehlte nur noch der Anfang des Merksatzes.

*R*ichtig *h*eiße *Y*uppies *t*anzen *H*eavy *M*etal *u*nd *S*wing.

Katarrh

Auch diesmal versuchte ich, möglichst mehrere Elemente einzuführen, die man mit Katarrh in Verbindung bringt: »r« für »Rachen«, »h« für »Husten« und »Kat« zu Beginn für das allgemeine Wohlbefinden.

*K*ein *a*ngenehmer *T*ag: *A*lle *r*oten *R*achen *h*usten.

Queue

Queue ist die Fachbezeichnung für einen Billardstock. Hier ging die Überlegung dahin, was einen guten Queue auszeichnet. »Qualität« und »Eleganz« kamen mir in den Sinn; der Rest sind Füllwörter.

*Q*ualität *u*nd *e*ine *u*ngeheure *E*leganz

Potpourri

Ein Potpourri ist ein aus verschiedenen Melodien zusammengesetztes Musikstück. Potpourris sind beliebt als Hintergrundmusik am Telefon, in Kaufhäusern oder Fernsehshows. Die eingängige Musik ist hier vor allem Untermalung, die eine bestimmte Stimmung erzeugen soll. Davon ausgehend wurde auch der Merksatz zusammengestellt. »Pop« und »Tanzmusik« als typisches Rohmaterial für Potpourris sind ebenso vertreten wie das Fehlen von »Unterbrechungen« und echtem »Interesse« an der Musik.

Pop oder Tanzmusik: Plätschern ohne Unterbrechung reduziert richtiges Interesse.

Odyssee

Die Irrfahrt des Odysseus, die heute in den allgemeinen Sprachgebrauch Eingang gefunden hat. »Y« ist wieder am schwierigsten; diesmal habe ich mich für die »Yacht« entschieden, da sie zur Irrfahrt über das Meer am besten paßt. Im bekanntesten Abschnitt der Odyssee hat Odysseus seinen Gefährten Wachs in die Ohren gestopft, damit sie den lockenden Gesang der Sirenen nicht hörten. Entsprechend wurde »ss« zu »singen« und »Sirenen«.

Ohne die Yacht singen Sirenen ewig entfernt.

Das Merken von Bedeutungen

Memotechniken helfen nicht nur, schwierige Schreibweisen zu behalten, sondern auch die Bedeutung von seltenen und wenig bekannten Wörtern. Es handelt sich dabei in der Regel um Wörter, die wenig Ähnlichkeiten mit gängigen deutschen Konstruktionen aufweisen; sie sind normalerweise noch schwieriger zu lernen als Fremdwörter, da ihr Ursprung meist im Dunkeln liegt und ihre Bedeutung kaum zu erraten ist. Auch hier geht man am besten so vor, daß man Gründe dafür erfindet, warum ein Wort genau diese Bedeutung hat. Versuchen Sie, den Klang und die Schreibweise zum Leben zu erwecken, und trainieren Sie Ihre Phantasie.

Das Lernen der Bedeutung seltener Wörter kann für Kreuzworträtsel und andere Sprachspiele sehr nützlich sein und darüber hinaus die gesprochene wie die geschriebene Sprache farbig und interessant gestalten.

Als Test folgt zunächst ein Spiel. Lesen Sie die folgenden Fragen durch, und versuchen Sie jeweils herauszufinden, welche der drei möglichen Bedeutungen – a, b oder c – die richtige ist. Wenn Sie damit fertig sind, prüfen Sie Ihr Ergebnis anhand der Auflösung. Anschließend gehen Sie daran, die Bedeutungen zu lernen, damit Sie sich nie wieder darin täuschen. Lesen Sie die Vorschläge durch, nehmen Sie Verbesserungen daran vor, und erfinden Sie eigene, bevor Sie noch einmal zurückblättern und die zehn Fragen erneut durcharbeiten. Sie sollten alle richtig haben.

Fragen
Was bedeuten die folgenden Wörter:

1) **Zarge**
a) alte Bezeichnung für Stemmeisen
b) Einfassung einer Tür oder eines Fensters
c) Folterinstrument mit je zwei dornenbestückten Hand- und Fußschellen

2) **Vollkerf**
a) voll entwickeltes, geschlechtsreifes Insekt
b) Gesamtheit des holländischen Parlaments (beide Kammern)
c) Silo innerhalb einer Getreidemühle

3) **Volapük**
a) Steppengürtel in Zentralafrika
b) künstliche Welthilfssprache, vor allem Ende des 19. Jhs. verbreitet
c) gebundene norwegische Fischsuppe (traditionelles Weihnachtsgericht)

4) **Kolatsche**
a) Kiefernart, vor allem in den höheren Regionen der Alpen beheimatet
b) landwirtschaftliche Produktionsgenossenschaft in Tschechien und der Slowakei
c) kleiner, runder, gefüllter Hefekuchen (österreichische Spezialität)

5) **Marlpfriem**
a) Raffhaken zum Einholen von Segeln
b) Eisendorn zum Spleißen
c) Metallstift zur Justierung des Webrahmens

6) **Kartätsche**
a) dünnwandiges Hohlgeschoß, das, mit Bleikugeln gefüllt, aus Geschützen gefeuert wurde
b) Belagerungsgerät; auf Leonardo da Vinci zurückgehende Schleuder, die mittels einer Seilwinde gespannt wurde
c) vor allem in der Lithographie (Steindruck) verwendete Presse

7) **Stele**
a) in den Grund gerammter Balken zur Uferbefestigung
b) die Fußpedale einer Orgel
c) frei stehender Pfeiler als Gedenk- oder Grabstein

8) **Hechel**

a) kammartiges Gerät zum Spalten der Fasern bei der Hanf- und Flachsbearbeitung

b) Feile zum Entgraten im Spritzgußverfahren hergestellter Formteile

c) Handharke mit drei gebogenen Dornen

9) **Fünfpaß**

a) Baseball: ein kompletter Umlauf

b) Ornament der gotischen Baukunst; fünf Dreiviertelkreise

c) alte Norm für die Breite von Webteppichen

10) **Daube**

a) (meist nicht zu öffnendes) Giebelfenster

b) Tragegestell für die Weinlese

c) gebogenes Längsbrett des Fasses

Auflösung

1) b   2) a   3) b   4) c   5) b   6) a   7) c   8) a   9) b   10) c

Vorschläge

1) **Zarge**: Einfassung einer Tür oder eines Fensters

Beim Wort Zarge stellt sich unwillkürlich die Assoziation zu »Zange« ein, vielleicht auch der »Sarg«. Mit diesen beiden konkreten Wörtern läßt sich etwas anfangen. Stellen Sie sich einen Anbau vor – den Anbau an Ihrem Haus! –, in den zwei Türen eingesetzt werden sollen. Die Vorbereitungen auf der Baustelle laufen, aber Sie hatten sich die Arbeiter eigentlich anders vorgestellt. Zwei Herren im schwarzen Anzug und mit Zylinder setzen Sarghälften in die Türöffnungen ein! Das geht doch nicht, denken Sie, doch die Herren lassen sich nicht beirren. Nachdem sie einen Sargdeckel eingepaßt haben, ziehen sie mit einer Spezialzange die Nägel heraus, und der Einsatz läßt sich entfernen. Die übrigen Teile, so wird Ihnen erklärt, könnten Sie entweder als Pflanzkübel verwenden oder einfach für später aufheben ... Zange + Sarg = Zarge!

2) Vollkerf: voll entwickeltes, geschlechtsreifes Insekt
Hierfür sollten Sie am besten jemanden namens Volker kennen, ideal wäre natürlich Volker F.! Wenn Ihnen kein Volker einfällt, denken Sie sich jemanden aus Ihrer Umgebung, und taufen Sie ihn feierlich auf den Namen Volker F.
Ist Ihnen nicht schon immer das etwas Insektenhafte an Volker aufgefallen? Jetzt wird es überdeutlich, die charakteristische Dreiteilung trifft auch Volker: die Taille (Wespentaille!) extrem dünn, ebenso der Hals. Die Haut verhärtet sich zusehends und wird zum Chitinpanzer. Ein Besuch in seiner Wohnung räumt letzte Zweifel aus: ein Terrarium mit Sandfußboden! Volkers ebenfalls voll entwickelte, geschlechtsreife Freundin sitzt bereits erwartungsvoll auf einem Baumstamm ...

3) Volapük: künstliche Welthilfssprache
Volapük ist eine künstliche Welthilfssprache (wie das Esperanto), um die Verständigung zwischen den Völkern zu erleichtern, etwa bei internationalen Zusammenkünften. Denken Sie sich eine solche Zusammenkunft – ein Eishockeyspiel. Sie sind der Schiedsrichter, aber da Sie das Volapük noch nicht richtig gelernt haben, mischen Sie einfach deutsche und französische Brocken durcheinander und halten dies für international. Sie bitten zum Bully und eröffnen das Spiel mit den Worten »Voilà, Pück«, doch als dieser ins Publikum fliegt und nicht mehr herausgegeben wird, rufen Sie erzürnt: »Wo la Pück? Wo la Pück?« Niemand blickt mehr durch, und so bekommen Sie den Puck von einem wütenden Zuschauer an den Kopf geworfen. Mit Volapük wäre das nicht passiert!

4) **Kolatsche**: kleiner, runder, gefüllter Hefekuchen

Hier könnte man beispielsweise an »Kohl-Latsche« denken, was frei übersetzt mit »Schuhwerk des Kanzlers« wiederzugeben wäre. Da es sich zudem um eine österreichische Spezialität handelt, lassen wir unsere kleine Geschichte ruhig in Österreich spielen.

Es ist Ostern; wie immer fastet Helmut Kohl am Wolfgangsee. Eines Mittags bekommt er wunderbar frische gefüllte Hefekuchen angeboten, die aber so gar nicht in seinen Diätplan passen. Was tun? Kohl bleibt standhaft und beschließt, die herrlich duftenden Kolatschen zu dem zu machen, was sie zu sein vorgeben: Kohl-Latschen. Er tritt in sie hinein (die Füllung sorgt dafür, daß sie gut halten) und benutzt sie in den letzten Tagen seines Aufenthalts als Hausschuhe.

5) **Marlpfriem**: Eisendorn zum Spleißen

Die zweite Silbe läßt sich relativ einfach merken; pfriemeln bedeutet, mit den Fingerspitzen an etwas herumzuspielen. Die erste Silbe, das Marl, bietet dagegen keine eindeutigen Assoziationen, und so begreift man diesen Teil am besten als Zusammenziehung von *Ma*nn und K*erl*. Ein Marlpfriem ist also ein Pfriem für Männer und Kerle.

Stellen Sie sich Pfrieme, also Eisendorne, in allen möglichen Größen an der Kasse Ihres Baumarkts vor. Da gibt es kleine Mädchenpfrieme, Jungenpfrieme, Frauenpfrieme, Männerpfrieme – und eben Zwischengrößen, wie den für Männer und Kerle geeigneten Marlpfriem. Sie kaufen einen solchen, aber der an sich unscheinbare Dorn ist so mit Klebeband, Schnüren und Folie verpackt, daß Sie ewig pfriemeln müssen, bevor Sie ihn benutzen können.

6) **Kartätsche**: dünnwandiges Hohlgeschoß

Auch hier sollte man das Wort wieder in zwei (bzw. drei) Elemente aufspalten. Das »Kart« kommt in Kartoffel vor, das »ätsch« steht für sich. Denken Sie sich also eine Geschichte mit »Kartoffel« und »ätsch« aus, in der auch noch ein Hohlgeschoß vorkommt!

Ihre Mutter liebt Kartoffeln, denn Kartoffeln sind vielseitig verwendbar, gesund und preiswert. Sie sind jedoch gerade auf Diät und schätzen Kartoffeln, die etwas hausbacken sind, ohnehin nicht. Doch Ihre Mutter wäre nicht Ihre Mutter, wenn sie so schnell aufgäbe. Mittags gibt es ein Steak mit Karotten, doch plötzlich beißen Sie sich an einer alten Patrone fast die Zähne aus. Ihre Mutter lächelt vielsagend – in dem Hohlgeschoß steckt ein winziger Zettel, auf dem mit wasserfestem Stift geschrieben steht: Kart. ätsch! In Wirklichkeit sind die gelben Rüben nämlich zurechtgeschnitzte und orange gefärbte Kartoffeln. Sie sind gewarnt, doch auch im frischen Apfelkuchen (mit Zimt und Mandeln!) sind Kartoffelscheiben als Apfelschnitze getarnt versteckt – und eine Patrone: Kart. ätsch!

7) **Stele**: frei stehender Pfeiler als Gedenk- oder Grabstein

Bereits die Definition enthält ein Wort, das der Stele ähnelt: stehen. Wenn man nun noch ein l einfügt, ist man bei stehlen, und zumindest die Aussprache stimmt. Damit man bei der Schreibung nicht durcheinandergerät, erfindet man die Geschichte entsprechend.

Zwei Stelen treffen sich und kommen ins Gespräch. Flüstert die eine zur anderen: Du, ich habe ein h gestohlen und bin jetzt eine Stehle. Tatsächlich ist in die Schrift auf dem Steinsockel ein h eingequetscht: S t ehl e. Zum nächsten Plausch ist die Stehle aber nicht mehr erschienen, denn jemand hat die Aufforderung ernstgenommen und die Stehle einfach gestohlen. So blieb nur noch die Stele übrig, ein einsam und frei stehender Pfeiler.

8) Hechel: kammartiges Gerät zum Spalten von Fasern

Endlich ist eine eindeutige Assoziation vorhanden, das »Hecheln« oder »Durchhecheln« von Personen.

Stellen Sie sich vor, Sie sitzen mit drei anderen Frauen in weiten Röcken und Häubchen vor einem Berg Hanf, jede eine Hechel in der Hand, und gehen Ihrer Arbeit nach. Auf die Dauer ist das natürlich langweilig, und so »hecheln« Sie nacheinander alle Bekannten, Verwandten, Nachbarn und Kollegen durch. Sie fangen mit den Schwiegereltern an, danach die Mieter unter Ihnen, die Vermieter usw. Sie alle reden sich so in Rage, daß Sie am Schluß einen ganz trockenen Mund haben und fast keine Luft mehr bekommen. Sie hecheln und hecheln …

9) Fünfpaß: Ornament der gotischen Baukunst

Der Fünfpaß ist natürlich in »fünf« und »Paß« zu unterteilen, doch achten Sie darauf, daß der Bezug zum Ornament erhalten bleibt.

In diesem Zusammenhang könnten Sie sich als Steinmetzlehrling in der Kölner Dombauhütte versuchen. Sie haben in der Gesellenprüfung die Aufgabe gestellt bekommen, einen »Fünfpaß« zu hauen, wissen damit aber beim besten Willen nichts anzufangen. Sie hauen also nicht fünf Dreiviertelkreise um einen Kreis, sondern fünf rechteckige Platten, die wie Reisepässe aussehen. Die Note ist ernüchternd: 5. Sie waren so stolz auf Ihre ebenmäßigen Platten, aber das Urteil der Kommission ist einhellig: »Fünf paßt.«

10) Daube: gebogenes Längsbrett des Fasses

Daube klingt ganz wie das Wort Taube, und wenn Sie die Szene in Nürnberg spielen lassen, ist der Unterschied vollends unkenntlich.

Denken Sie an jenes Erlebnis in Ihrer Kindheit zurück, das Ihnen die Lust an den Wundern dieser Welt geraubt hat. Sie schlendern hinter Ihren Eltern durch die Altstadt und kommen an einem der vielen Lokale vorbei, vor denen – als Symbol für Gemütlichkeit – ein altes Faß aufgestellt wurde. Da springen plötzlich alle Faßreifen auf, die Dauben purzeln auseinander und fügen sich zu einem Vogelkörper mit zwei großen Schwingen zusammen, die sich tosend vom Boden erheben. Sie sind von diesem Schauspiel wie versteinert und können nur noch stammeln: »Die Dauben fliegen, die Dauben fliegen.« Ihre Eltern haben dafür aber nur sehr wenig Verständnis: »Was ner sunst?« (Was denn sonst?) ist die einsilbige Antwort …

Texte merkbar gemacht

Bislang hat sich Teil 2 auf den Einsatz von Memotechniken zum Merken einzelner Wörter konzentriert, bei denen vor allem Details zu beachten sind. Darüber hinaus kommt es auf die Fähigkeit an, Wörter in einzelne Elemente zu gliedern und innerhalb dieser Elemente Ansatzpunkte zu finden. Das Kunststück besteht jeweils darin, *mit* dem Gedächtnis zu arbeiten – die einfachste und schnellste Möglichkeit zu finden, sich ein Wort anzueignen. Dieselben Prinzipien lassen sich aber genauso auf das Lernen von Textteilen anwenden.

Auch hier liegt der Schlüssel in der Vereinfachung. Selbst lange Textpassagen lassen sich auf ein paar zentrale Punkte reduzieren und dann in einer anderen Form wieder zusammensetzen, die viel leichter zu behalten ist. Der erste Schritt ist stets ein praktischer. Entscheiden Sie, was Sie von einem Text behalten müssen, damit Sie die effizientesten Memotechniken einsetzen können und auf die einfachsten Methoden kommen, sich zu erinnern.

Viele Menschen benutzen immer den gleichen Ansatz – egal, was Sie sich merken müssen. In aller Regel ist dies die Versuch-und-Irrtum-Methode der endlosen Wiederholungen, die viel Zeit und Mühe kostet und nur bedingt Erfolg verspricht. Je mehr Sie lernen müssen, desto mehr verschwimmt alles. Sie gaukeln sich vor, Sie hätten das Material jetzt parat, bis der gefürchtete Augenblick kommt, in dem Sie sich erinnern müssen. Doch selbst die Informationen, die Sie tatsächlich noch wissen, werden nicht lange »sitzen«.

Sie können viel Zeit und Energie sparen und viel besser arbeiten, wenn Sie einen Moment innehalten, um sich das sinnvollste Vorgehen zu überlegen. Denken Sie an den Augenblick, da Sie sich die Informationen wieder ins Gedächtnis rufen müssen. Werden Sie alles Wort für Wort brauchen? Wird es – bei einem Artikel – nützlich sein, sich die Reihenfolge der Argumente zu merken? Müssen Sie sich – bei einem Theaterstück – nur den eigenen Text und die Stichwörter merken? Entscheiden Sie sich für eine bestimmte Form der Erinnerung, und passen Sie Ihre Techniken dann entsprechend an.

Vor dem Examen an der Universität habe ich etwa die halbe Zeit das Lernen vorbereitet, bevor ich endlich an das eigentliche Lernen ging. Ich studierte Englische Literatur und mußte mich an ungefähr fünfzig lange Aufsätze erinnern, die ich in den zwei Jahren zuvor geschrieben hatte. Einige davon waren präzis ausgefeilte Darlegungen, bei denen ich mich an die Abfolge aller wichtigen Punkte erinnern mußte.

Andere waren allgemeinere Sammlungen von Daten, zu denen auch Zitate und Quellenangaben gehörten. Ich mußte die Namen von Romanen und Theaterstücken, von Schriftstellern und Dichtern kennen. Auf meinem Schreibtisch stapelte sich das Papier; es waren viele verschiedene Arten von Informationen zu lernen.

Als ich schließlich in die Prüfung ging, fühlte ich mich sehr zuversichtlich. Ich hatte mir alle Informationen angeeignet und in eine Form gebracht, die ich abrufen konnte. Innerhalb von einer Minute konnte ich aus jedem beliebigen Aufsatz alle wichtigen Punkte wiedergeben, wenn nötig in der richtigen Reihenfolge, und mich an alle nützlichen Querverweise oder Zitate erinnern.

Sobald ich an einen bestimmten Informationsabschnitt dachte, neigte mein Gedächtnis dazu, in andere relevante Wissensgebiete überzuwechseln. Sobald ich eine Frage beantwortete, war ich mir sicher, daß ich alle entsprechenden Informationen lieferte, die ich gelernt hatte.

Ich bediente mich aller Memotechniken. Meine Aufsätze waren nun ausnahmslos in eine Reihe von Schlüsselwörtern untergliedert, und die Wörter fügten sich in eine einprägsame Geschichte. Jede Geschichte hatte ihren eigenen Schauplatz, den ich mit allerlei nützlichen Bildern ausstattete, die mich an relevante Zitate und Fakten erinnerten, und jeder Schauplatz lag in der Nähe von anderen Orten, die ähnliche Informationen bereithielten. Ich hatte eine riesige, vielfältig verknüpfte »Datenbank« geschaffen – und genoß es sogar, sie im Examen einzusetzen!

Stellen Sie sich beispielsweise vor, ich hätte eine Frage zu Shakespeare beantworten müssen. All meine Aufsätze zu diesem Thema waren in Geschichten verwandelt worden, deren Schauplätze ausnahmslos im selben Viertel meiner Heimatstadt lagen. Ich konnte jeden Aufsatz genau festmachen, da jeder in einem bestimmten Geschäft begann, und so war es auch kein Problem, Informationen aus anderen Geschichten in der Nähe unterzubringen.

Die Geschäfte enthielten nicht nur die jeweiligen Hauptpunkte der Aufsätze, sondern auch Erinnerungen an Zitate, und ich konnte in Gedanken alle Gebäude ablaufen, um das passende Material zu finden. Wenn ich mich an den Inhalt eines Aufsatzes erinnern mußte, dachte ich einfach an den Ausgangspunkt der Geschichte, notierte auf dem Weg von Bild zu Bild die Wortliste, machte diese Liste dann zur »Schablone« meiner Antwort und ergänzte unterwegs ein paar der »zusätzlichen« Informationen.

Ich benutze ähnliche Techniken, wenn ich Vorträge halten muß, in Vorstellungsgespräche gehe – sogar wenn ich Radiosendungen moderiere. Jede Information läßt sich aufspalten, neu zusammenstellen und dann in eine Form bringen, die ideal an die Art und Weise angepaßt ist, wie Sie sich daran erinnern müssen. Sie können Geschäftssitzungen abhalten, ohne mit verknitterten Notizzetteln herumzufummeln, oder Referate halten, ohne den Blickkontakt zu Ihrem Publikum abzubrechen. Solange Sie am Schluß die notwendigen Informationen liefern, ist es auch recht, wenn Sie sich zu diesem Zweck an phantastische Geschichten erinnern und imaginäre Reisen durch erfundene Länder unternehmen!

Das Lernen von Aufsätzen

Ich habe einen Abschluß in Englischer Literatur erworben, aber das Schöne an meinem System ist, daß seine Techniken auf jeden Aufsatz in jedem Fach und auf jeder Stufe anwendbar sind. Ich konnte mich nur deshalb so effizient auf die Abschlußprüfung vorbereiten, weil ich dieselben Techniken bereits für andere Prüfungen geübt hatte.

Das System mag zunächst ein wenig Mühe bereiten, aber schon bald werden Sie merken, wieviel Zeit Sie sparen können. Sobald Sie sich einen Aufsatz angeeignet und so umgeformt haben, daß er dem Gedächtnis entspricht, können Sie ihn mit anderen verknüpfen oder jederzeit neue Elemente einfügen. Wenn Sie verschiedene Informationsbündel zusammenfügen, werden Sie auch mehr Querverbindungen innerhalb Ihrer Arbeit sehen und überdies aufmerksamer und kreativer vorgehen. Am wichtigsten ist aber, daß Sie Ihre Lernphase in dem Vertrauen abschließen, daß Ihnen das Gelernte jederzeit abrufbereit zur Verfügung steht.

Wenn Sie einen Aufsatz oder eine Textpassage lernen müssen, gilt es als erstes, herauszufinden, um welches Material es sich handelt. Es gibt drei Kategorien, die jeweils einen etwas anderen Ansatz verlangen.

Kategorie 1: Eine Sammlung von Informationen

Dies ist ein Aufsatz, in dem Informationen versammelt sind, deren *Reihenfolge* aber nicht so wichtig ist wie die Einzelheiten selbst. Es handelt sich nicht um eine Erörterung oder eine sorgfältig aufgebaute Erklärung, sondern vielmehr um eine Zusammenstellung wichtiger Punkte zu einem bestimmten Thema. Um die exakte Reihenfolge muß man sich also nicht kümmern; gleichzeitig kommt es aber darauf an, sich *alle* Punkte zu merken, die man zum Material einer Geschichte verarbeiten kann.

Als Beispiel hierfür folgt ein Auszug aus einem Artikel über Atomphysik. Das Thema mag kompliziert klingen, aber meine Memotechniken machen es genauso leicht lernbar wie jede andere Sammlung von Wörtern und Ideen. Auch wenn die hier dargestellten Ereignisse eine bestimmte Reihenfolge haben, ist es wahrscheinlicher, daß ein Student der Naturwissenschaften sich die zentralen Fakten der ersten Atomversuche merken müßte. Der Vorzug meines Systems liegt darin, daß

man den besten Ansatz zur Betonung dieser Punkte selbst herausfinden kann, während man gleichzeitig sein Verständnis
dafür vertieft, indem man an die grobe Reihenfolge der Abläufe erinnert wird.

Ernest Rutherford und das Atom

(Die Abschnitte sind zur späteren Bezugnahme gekennzeichnet.)
1. In dem Bemühen, weiter vorzudringen, als das menschliche Auge reicht, müssen selbst Naturwissenschaftler ihre
Phantasie und ihren Instinkt gebrauchen. Mit Sicherheit
galt dies für die ersten Jahre des 20. Jahrhunderts, als Ernest
Rutherford den Aufbau des Atoms untersuchte. In wenigen
Jahren entwickelte er ein Verständnis der Atomphysik, das
die Grundlage für einen Großteil der modernen Naturwissenschaften legte; die von ihm und seinen Studenten gelei-
stete Arbeit stellt eine der wichtigsten Phasen der Experimente und Entdeckungen dar.
2. Rutherfords früheste Experimente drehten sich um Alphateilchen – die positiv geladenen Emissionen aus radio-
aktiven Materialien wie Radium. Er bemerkte, daß sie eine
dünne Glimmerschicht durchdringen konnten, auch wenn
dies eigentlich unmöglich schien; in dem Material waren
Löcher enthalten, und es wirkte auch dicht genug, um eine
solche Teilchenbewegung zu verhindern. Dennoch drangen
die Teilchen durch – manche auf einer geraden Bahn, während andere unterwegs abgelenkt oder zerstreut wurden.
Genau diese Streuung interessierte den Wissenschaftler am
meisten. Warum wichen die Teilchen nur manchmal von ihrer Bahn ab?
3. Auch wenn Rutherford nur sehr wenige exakte Daten zur
Verfügung standen, die seine Überlegungen stützten, nahm

bei ihm eine neue Idee Gestalt an. Vielleicht besaßen Atome einen einzigen Kern oder Nukleus mit einer elektrischen Ladung, die stark genug war, die Alphateilchen abzulenken – aber nur, wenn sie sehr nahe kamen. Daraus folgte, daß die Elektrizität um diesen Kern herum eine gegensätzliche Ladung haben mußte, durch die Alphateilchen wie durch leeren Raum dringen konnten.

4. Um mit diesen Gedanken weiterzukommen, bediente Rutherford sich der Hilfe zweier seiner Assistenten – H. Geiger und E. Marsden. Ihre Aufgabe sollte darin bestehen, die Streuung von Alphateilchen beim Durchgang durch Metall genauer zu untersuchen, vor allem unter Berücksichtigung der Zahl von Alphateilchen, die ihre Richtung änderten, und des Winkels, in dem sie abgelenkt wurden. Auch hier war die Quelle der Alphateilchen Radium, dessen radioaktive Produkte in einer kleinen Glasröhre festgehalten wurden. Das Experiment selbst fand im Vakuum eines Metallbehälters statt; dabei wurde ein dünner Teilchenstrahl auf eine Metallfolie gerichtet, die manchmal aus Platin und in anderen Fällen aus Gold oder Silber bestand. Ein Mikroskop, das mit einer Zinksulfidplatte ausgestattet war, machte die Teilchen sichtbar, die jeweils einen winzigen Lichtblitz verursachten, wenn sie auf die Platte trafen.

5. Sobald das Experiment gestartet war, zählten die Wissenschaftler die Blitze und maßen jeweils den Winkel der Ablenkung von der ursprünglich geraden Linie.

Wer einen solchen Aufsatz durchliest, erhält bereits ein ungefähres Verständnis für das Textmaterial. Der nächste Schritt besteht darin, den Text in die wichtigsten Punkte aufzugliedern und herauszuarbeiten, welches die zentralen Informationen sind, und diese in wenigen Worten zusammenzufassen. Die Zeit für die *Vorbereitung* des zu lernenden Aufsatzes ist entscheidend; durch die Festlegung auf die beste Methode gestalten Sie den übrigen Prozeß schneller und einfacher.

Denken Sie immer daran, daß Sie sich das Material erst »gefügig« machen müssen. Lassen Sie sich nicht durch die Unterteilung in Absätze verwirren. Manchmal läßt sich ein Absatz in einem einzigen Wort zusammenfassen, während in anderen Fällen vielleicht zehn relevante Punkte enthalten sind. Wenn Sie den Aufsatz erneut durchlesen, werden Sie die Balance halten müssen: Sie können keine zentralen Punkte auslassen, aber es lohnt sich auch nicht, Dinge zu wiederholen oder solche Informationen einzubauen, die Sie niemals wissen müssen. Beschränken Sie sich auf das Notwendige, und vereinfachen Sie es.

Absatz 1. Es handelt sich um eine ganz allgemeine Einleitung, deren Informationen sich rasch zusammenfassen lassen. Der Name **Ernest Rutherford** wird in der Geschichte verankert, wenn Sie den Titel des Aufsatzes mit seinem fiktiven Schauplatz verknüpfen; man kann ihn also erst einmal beiseite lassen. Darüber hinaus läßt sich der einzige wichtige Punkt, der in diesem ersten Abschnitt genannt wird, in einem Wort zusammenfassen: **Phantasie**. Darin verbinden sich alle Gedanken über den »Instinkt« und die Vision dieses großen Wissenschaftlers, und allein dieses Wort wird Sie an die Themen zu Beginn des Aufsatzes erinnern.

Wenn möglich, sollten Sie jedes Schlüsselwort, für das Sie sich entscheiden, im Aufsatz markieren. Benutzen Sie einen Bleistift, wenn sie es später wieder ausradieren müssen, aber bereits der Vorgang des Markierens ist wichtig, da er einen ersten Schritt im Prozeß der Erinnerung darstellt.

Manchmal, wie etwa bei »Phantasie«, steckt das Wort selbst im Text, und Sie können es unterstreichen oder einkringeln. In anderen Fällen müssen Sie das beste Schlüsselwort jedoch erfinden und am Blattrand ergänzen.

Eine dritte Möglichkeit ist, daß das Schlüsselwort bereits im Text steht, aber zu wissenschaftlich oder ungewöhnlich erscheint, um unverändert in die Geschichte einzugehen. Nutzen Sie in diesem Fall all Ihre Fähigkeiten im Umgang mit der Sprache, die Sie sich in Abschnitt 2 bislang angeeignet haben, und versuchen Sie, so lange mit dem Wort herumzuspielen und es umzuformen, bis es sich einfügen läßt.

Einige entsprechende Beispiele hierfür tauchen im zweiten Absatz auf.

Absatz 2. Hier lassen sich vier zentrale Punkte herausfiltern. Der erste, der gleich an mehreren Stellen vorkommt, ist vielleicht der wichtigste im gesamten Aufsatz: **Alphateilchen**. Dies ist einer der Fälle, in denen ein wenig Phantasie gefragt ist.

Vielleicht sollten Sie diese Wörter im Text nicht nur unterstreichen, sondern auch eine zusätzliche Merkhilfe schaffen – warum nicht den liebenswerten **Alf** aus der bekannten Fernsehserie? Diese Figur könnte kleine Sand**teilchen** rieseln lassen oder mit Mehl oder Salz überzogen sein, was Ihnen eine Fülle von Möglichkeiten eröffnet, wenn es an das Erfinden der Geschichte geht. Schreiben Sie erst einmal das Wort »Alf« an den Rand.

Radium ist das zweite Wort, das ich hier unterstreichen würde. Da es ein weiterer Fachausdruck ist, könnten Sie als zusätzliches Bild für Ihre Geschichte vielleicht »Radio« oder »Radiator« notieren.

Der nächste Punkt ist etwas komplizierter, da es hier darum geht, daß Teilchen eine Glimmerschicht durchdringen, aber selbst dies läßt sich durch nur zwei Wörter zusammenfassen: **durch** und **Glimmer**.

Vielleicht kann man Glimmer als »Sprengmeister« wiedergeben – jemand, der die Lunte zum Glimmen bringt. Auch hier sollten Sie nicht nur die beiden Schlüsselwörter unterstreichen, sondern in einer kurzen Notiz das zusätzliche Bild festhalten, das Ihrer Phantasie entsprungen ist.

Der letzte Punkt in diesem Absatz ist die seltsame Streuung der Teilchen. Eine einfache Möglichkeit, diesen Gedanken zusammenzufassen, besteht darin, das Wort **Streuung** zu unterstreichen und mit einem großen Fragezeichen zu versehen. In Ihrer Geschichte mag es entsprechend ein großes Geheimnis sein, was hier eigentlich gestreut wird.

Absatz 3 enthält vier weitere Hauptpunkte. **Nukleus** wird hier als »winziger Kern« beschrieben; das zusätzliche Bild könnte also ein winziger *Apfel*kern sein. Der zweite Punkt, **elektrische Ladung**, könnte auf eine Ladung von Elektrogeräten verweisen.

Der dritte wichtige Punkt bezieht sich darauf, daß Teilchen abgelenkt werden – vielleicht wie ein Fußball- oder Hockeytorhüter einen Schuß ablenkt –, sobald sie dem Kern zu nahe kommen. Wenn Sie die Wörter **nahe** und **Ablenkung** notieren, können Sie diesen Gedanken schön zusammenfassen.

Das Wort **Gegensatz** bilanziert schließlich den Rest des Absatzes: die gegensätzliche elektrische Ladung und die gegensätzliche Wirkung auf die Teilchen.

Absatz 4 enthält eine Reihe wichtiger Punkte, von denen die meisten allerdings nur Ergänzungen Ihrer länger werdenden Wortliste sind.

Die ersten beiden sind Namen: **Geiger** und **Marsden.** Geiger läßt an den *Geigerzähler* denken, dessen Rattern in vielen Science-fiction-Filmen zu hören ist, und Marsden könnte gut für den *Mars* oder *Marsriegel* stehen! Notieren Sie sich alle Stichworte neben den unterstrichenen Wörtern.

Die beiden Dinge, die im Experiment gemessen wurden, waren die **Zahl** und der **Winkel** – zwei einfache Wörter, die in die Geschichte einzubauen sind. Die verwendeten Geräte liefern noch sechs weitere Begriffe: **Röhre**, **Vakuum**, **Platin**, **Silber**, **Gold** und **Mikroskop**.

In diesem Absatz ist schließlich das **Zinksulfid** ein wichtiger Bestandteil des wissenschaftlichen Prozesses. Um diese Wörter an Ihre Geschichte anzupassen, könnten Sie das Zink in eine *Zinkwanne* und das Sulfid in ein *Sauflied* verwandeln …!

In *Absatz 5* werden lediglich die Einzelheiten des Experiments wiederholt. Da die passenden Memotechniken hier bereits zum Einsatz kommen, brauchen Sie eine solche Erinnerung nicht mehr.

Die paar Minuten, die Sie auf die Vereinfachung des Aufsatzes verwenden, sind gut angelegt. Der komplizierere wissenschaftliche Text ist auf die folgende Liste von Wörtern und Bildern reduziert worden:

Phantasie, **Alphateilchen** (Alf), **Radium** (Radio), **durch**, **Glimmer** (Sprengmeister), **Streuung?**, **Nukleus** (Apfelkern), **elektrische Ladung**, **nahe**, **Ablenkung**, **Gegenteil**, **Geiger**(zähler), **Marsden** (den Mars), **Zahl**, **Winkel**, **Röhre**, **Vakuum**, **Platin**, **Silber**, **Gold**, **Mikroskop**, **Zinksulfid** (Zinkwanne/Sauflied).

Diese Liste wirkt komplizierter, als sie ist. Vergessen Sie nicht, daß die Vorschläge in Klammern die Fachausdrücke *ersetzen*, wenn Sie Ihre Geschichte erfinden; es sind damit nur zwanzig Bilder – halb soviel wie in der Liste, die am Ende von Teil 1 des Buches gelernt wurde.

Der erste Schritt beim Erfinden der Geschichte ist die Suche nach einem geeigneten Ausgangspunkt, der irgendwie mit dem Titel des Aufsatzes zusammenhängt. »Atom« läßt mich sofort an eine Atom*bombe* denken; warum läßt man die Geschichte also nicht in einem Atomtestzentrum auf einer einsamen Insel beginnen? Stellen Sie sich die Szene im Detail vor, und erkennen Sie, wie der Wissenschaftler **R. Nestruther** mit seinem **Ford** in einem Schlagloch steckt. Er will sich das Loch näher besehen und fällt hinein; das Loch ist aber so tief, daß nur noch Nestruthers Kopf herausschaut. Die Umwandlung der Liste in eine Geschichte kann beginnen.

Der Wissenschaftler steckt in seinem Schlagloch fest. Man sieht, wie er angestrengt nachdenkt und seine **Phantasie** gebraucht, um den Wagen wieder flottzukriegen; er rollt mit den Augen, und jedesmal sprüht ein Funkenregen und dampft eine Rauchwolke aus seinen Ohren! Der Rauch verschmutzt allmählich den Boden in seiner Nähe, und Sie beschließen, ein wenig sauberzumachen – aber **Alf** ist Ihnen bereits zuvorgekommen. Er ist selbst mit Schmutz**teilchen** übersät, während er den Sand fluchend und grummelnd zusammenkehrt.

Sie sehen ihm bei der Arbeit zu. Plötzlich findet er etwas Ungewöhnliches: ein glühendes Material, das als **Radium** gekennzeichnet ist. Wie um seine Identität zu bestätigen, nimmt dieses Material die Form eines Radios an – und spielt sogar Musik …

Sie beschließen, die maximale Lautstärke auszuprobieren. Da kommt der Sprengmeister (im Fachjargon: **Glimmer**) in feuerfestem Overall und Helm vorbei. Trotz der Schutzkleidung dringt das Radium **durch** ihn hindurch und hinterläßt ein klaffendes Loch in seinem Bauch! Das behindert natürlich die weitere berufliche Karriere des Glimmers; er läßt daher alle Vorsicht fahren und nimmt sofort die nächste Sprengung vor, bei der er selbst tausendfach in alle Richtungen – in breiter **Streuung** – über den Sand verteilt wird.

Diese Streuung irritiert Sie. Warum sind es so viele Teilchen, und warum sind sie so weit geflogen? Das Geheimnis lüftet sich, sobald Sie sich den explodierten Sprengsatz genauer ansehen: es war ein winziger **Apfelkern**, der eine zu starke **elek-**

trische Ladung hatte. Damit sich der Kern nicht wieder auf-
lädt und Sie in tausend Stücke reißt, werfen Sie ihn schnell
weg – aber er springt immer wieder zurück, wobei er von Gegenständen **abgelenkt** wird, denen er zu **nahe** kommt.

Irgendwann lösen Sie das Problem; Sie finden einen offenen
Raum ohne einen einzigen Gegenstand in der Nähe. Tatsächlich passiert nun etwas völlig **Gegensätzliches**: Sie lassen den
Apfelkern los, und sofort fliegt er davon und ist verschwunden.

Um keinen Müll auf der einsamen Insel zu hinterlassen, beschließen Sie, den Kern zu suchen. Ihr einziges Suchgerät ist
ein alter **Geigerzähler**, doch leider funktioniert er nicht richtig. Anstatt Sie auf die Spur des Apfelkerns zu führen, lokali-
siert er **den Mars**, eine große rote Kugel voller Marsriegel.

Ihr Interesse ist geweckt. Sie zählen die Anzahl der Riegel und
messen alle **Winkel** mit einem Winkelmesser.

Alle Riegel sind genau gleich groß – bis auf einen. Dieser Riegel besitzt eher die Form einer hohlen **Röhre**, und Sie stellen
fest, daß es gar kein Schokoriegel ist, sondern vielmehr eine
Saugpumpe, um die Riegel im **Vakuum** zu verpacken! Zum
Schutz überziehen Sie das Gerät mit den drei wertvollsten
Metallen, die Ihnen einfallen: innen mit **Gold**, außen mit **Silber** und an den Kanten mit **Platin**.

Sobald Sie genug vom Abpacken der Riegel haben, leihen Sie
sich ein Mikroskop, um sicherzugehen, daß auch wirklich jeder Riegel absolut luftdicht verschlossen ist. Dieses Mikroskop ist das teuerste Modell auf dem Markt, und Sie würden
es liebend gerne kaufen – so gerne sogar, daß Sie dafür Ihren
letzten Besitz verscherbeln: eine **Zinkwanne**. Sobald Sie
dafür einen Käufer gefunden haben, machen Sie restlos
glücklich eine Flasche Schnaps auf und stimmen ein **Sauflied**
an!

Nachdem Sie sich die Geschichte bildlich vorgestellt haben und in Gedanken einige Male durchgegangen sind, sollten Sie es üben, sich anhand der Ereignisse die Liste von zwanzig Punkten in Erinnerung zu rufen. Noch einmal: dies ist etwas, was Sie überall tun können. Sie können die Zeit, die Sie mit Schlangestehen oder der täglichen Fahrt zur Arbeit verbringen, konsequent nutzen, und schon bald werden Sie in der Lage sein, die Liste in ein paar Sekunden abzuspulen.

Es ist wichtig, mindestens einen »Testlauf« zur Rekonstruktion der Ereignisse des Aufsatzes durchzuführen. Schreiben Sie die Liste zunächst aus dem Gedächtnis nieder, greifen Sie anschließend jeden Punkt einzeln heraus und erklären sich selbst, was er bedeutet und welche Rolle er im Aufsatz spielt. Wenn Sie Zeit haben, können Sie alles aufschreiben, aber ansonsten denken Sie einfach die Punkte durch und kehren Sie immer wieder zum ursprünglichen Aufsatz zurück, um Ihre Fortschritte zu überprüfen.

Phantasie: Rutherford mußte in den Atomversuchen seine Phantasie und seinen Instinkt einsetzen. **Alf – Alphateilchen**: Er benutzte sie in seinen ersten Tests. **Radium**: die Quelle der Teilchen. **Durch** (Sprengmeister) **Glimmer**: Rutherfords Interesse wurde geweckt, als er erkannte, daß die Teilchen durch eine dünne Glimmerschicht dringen konnten. **Streuung?** Er war besonders daran interessiert, herauszufinden, warum einige Teilchen von ihrer geraden Bahn abwichen …

Sie werden feststellen, daß die zentralen Punkte Ihnen helfen, sich an immer mehr Einzelheiten des Aufsatzes zu erinnern, während sie die wichtigsten Abschnitte hervorheben; gleichzeitig werden Sie dadurch an die allgemeineren Themenbereiche erinnert. Sie mögen eine ganze Weile mit der Aufbereitung des Aufsatzes und mit dem Erfinden und Vorstellen der Geschichte zugebracht haben, aber jetzt sitzt sie, und der Aufsatz steht Ihnen ein für allemal zur Verfügung.

Vor einem Test oder einer Prüfung können Sie die Wortliste durchlesen, um sich ihrer ein letztes Mal zu versichern, anstatt seitenweise unvereinfachten Text zu überfliegen, und Sie haben die Gewißheit, daß Sie diesen oder jenen Themenbereich aus dem Handgelenk schütteln können.

In der Prüfung selbst benötigen Sie vielleicht mehrere Aufsätze gleichzeitig. Da Sie jedem seine eigene, unverwechselbare Geschichte zugeordnet haben, können Sie einfach die entsprechenden Wortlisten hinschreiben und dann auswählen, welche Sie in Ihre Antwort einbeziehen. Plötzlich liegen die gesamten Informationen vor Ihnen, und jetzt erst können Sie kreativ sein, Zusammenhänge zwischen den Aufsätzen entdecken und Vergleiche oder Verbindungen ziehen.

Wenn die Schlüsselwörter vor Ihnen liegen, vermittelt dies ein starkes Selbstvertrauen und verschafft Ihnen eine gut strukturierte Arbeitsgrundlage. In Prüfungen konnte ich mit meiner Zeit immer viel besser umgehen, wenn ich genau wußte, wie viele Punkte noch aufzuarbeiten waren.

Kategorie 2:
Unterschiedliche Aspekte eines Themas

Zu dieser Kategorie gehören verschiedene Kurzaufsätze zu einem bestimmten Thema. Außerdem ist dies der Stil, den viele Menschen pflegen, wenn sie sich Notizen machen oder Informationen aus einem Buch zusammenfassen; es ist daher besonders nützlich, auch diese Art Text lernen zu können. Wer den Aufbau eines Aufsatzes erkennt und die richtigen Memotechniken anwendet, der macht es sich viel einfacher, das Material anhand einer Liste von Schlüsselwörtern erneut zu erschließen und sich die Informationen in einer sehr gut handhabbaren Form ins Gedächtnis zurückzurufen.

Im folgenden Aufsatz befaßt sich jeder Absatz mit einem anderen Komponisten und beschreibt dessen jeweilige Verbindung zum Klavier.

Komponisten für Klavier

1. Johann Nepomuk Hummel beeinflußte eine ganze Generation von Pianisten. Er erfuhr breite Anerkennung für seine Kompositionen, und besonders groß war sein Einfluß auf die Weiterentwicklung der Spieltechniken. Seine Etüdenbücher erfreuten sich bei den Schülern ebensogroßer Beliebtheit wie seine Methode für den Fingersatz und das Spielen von Verzierungen. Außerdem veröffentlichte er genau festgelegte Fingerübungen für die tägliche Praxis.

2. John Baptist Cramer wuchs in einem musikalischen Elternhaus auf. Sein Vater, ein bekannter Geiger, beeinflußte seine musikalische Entwicklung, und Cramer erwarb große Fähigkeiten am Klavier. Am bekanntesten war er jedoch als Herausgeber und Komponist. Er verlegte Etüdenbücher für Klavierschüler wie auch eine Vielzahl von »Schaustükken« zur Verbesserung der Spieltechnik. Seine Zeitgenossen rühmten ihn wegen seiner Interpretation der Arbeiten anderer bekannter Komponisten.

3. Adolf Henselt war als Pianist vor allem ein Autodidakt und erreichte als Musiker ein bemerkenswertes Niveau. Er verabscheute jedoch das Spielen in der Öffentlichkeit; statt dessen arbeitete er hart an Klavieretüden und entwickelte Übungen, um die Beweglichkeit der Hand und der Finger zu erhöhen. Die Eleganz des Spiels war stets sein Ziel.

4. Stephen Heller war ein weiterer produktiver Komponist für Klavier. Was seinem Werk an Qualität fehlte, wurde durch Ehrlichkeit und Stilvermögen mehr als wettgemacht, und zeitgenössische Autoren verwiesen auf einen sehr indi-

viduellen Klang. Einer beschrieb das Werk als »die Musik einer guten Erziehung ... überreich an Phantasie und Charme«.

In einem solchen Text sind die einzelnen Absätze oder Abschnitte von größerer Bedeutung. Jeder bezieht sich auf einen bestimmten Komponisten, und so kommt es darauf an, sie als separate Informationseinheiten zu betrachten, wenngleich sie alle durch ein zentrales Thema verbunden sind. Wenn Sie darangehen, das Material zu rekonstruieren, wird es von großem Nutzen sein, die Abschnitte jeweils als eigene »Brocken« zu behandeln.

Wie zuvor gilt es, die wichtigen Punkte hervorzuheben.

Absatz 1. Der erste Punkt ist eindeutig der Name des Komponisten: **Hummel**. Das Wort **Einfluß** faßt Hummels Bedeutung für die Zeit zusammen, woraufhin sich fünf Wörter hervorheben lassen, um die Schlüsselelemente seiner Arbeit zu beschreiben: **Techniken** (er trug zur Weiterentwicklung der Spieltechniken bei); **Etüden** (er veröffentliche Etüdenbücher); **Fingersatz**, **Verzierungen**, **Fingerübungen** (für alle drei entwarf er Systeme).

Absatz 2. Auch dieser Absatz beginnt mit einem Namen, **Cramer**, und die Informationen zu seinem Hintergrund lassen sich auf zwei Wörter reduzieren: **Geiger**, **Vater**. Seine eigenen Fähigkeiten gliedern sich in drei Hauptgebiete – **Musiker**, **Herausgeber**, **Komponist** –, und drei weitere Wörter bilanzieren den Rest dieses Abschnitts: **Etüden**, **Technik**, **Interpretation**.

Absatz 3. Der porträtierte Komponist ist **Henselt**. Seine Ausbildung am Klavier läßt sich mit einem einzigen Wort darlegen, **selbst**, woraufhin vier Schlüsselwörter seine Interessen und Ziele betonen: **Etüden**, **Dehnung**, **Geläufigkeit** und **Eleganz**.

Absatz 4. Der letzte Absatz kreist um **Heller**. Seine Funktion war einfach die eines **Komponisten**, und seine Qualitäten lassen sich mit **Ehrlichkeit**, **Stil** und **individuell** wiedergeben. Das letzte Zitat könnte nützlich sein; die Schlüsselwörter darin sind **Erziehung**, **Phantasie** und **Charme**.

Ein solcher Aufsatz in Form von Notizen steckt voller wichtiger Punkte. Manche von ihnen tauchen mehrfach auf, und oft gibt es zwischen den beschriebenen Komponisten nur feine Unterschiede. Jede Sammlung von Fakten muß separat bleiben, und dennoch gilt es, alle vier zusammenzuführen und mit dem gemeinsamen Thema zu verknüpfen, damit die Unterschiede und Vergleiche sichtbar werden.

Eine wirkungsvolle Methode besteht darin, sich der bereits vorhandenen Personen zu bedienen. Durch die Wahl eines einprägsamen Schauplatzes läßt sich jedem der Komponisten eine eigene Kette von Ereignissen zuschreiben, und Ihre Phantasie kann vier verschiedene Geschichten am selben Ort zum Leben erwecken.

Der Schauplatz muß mit dem Thema verknüpft sein. Denken Sie in diesem Fall an einen Raum, in dem mit Sicherheit ein Klavier steht. Das könnte Ihr Übungsraum sein oder ein Konzertsaal, in dem Sie bereits einen Pianisten gehört haben – selbst eine Kneipe! Das Klavier muß der Dreh- und Angelpunkt der Geschichten aller Komponisten werden.

Nachdem Sie sich den Ort vorgestellt haben, sollten Sie sich als nächstes auf die Personen konzentrieren.

Fangen Sie mit dem Namen an; konzentrieren Sie sich auf die Assoziationen, die sich dabei einstellen, und wandeln Sie die Namen nötigenfalls entsprechend ab: **Hummel** (ein Insekt), **Cramer** (einer, der kramt), **Henselt** (einer, der hänselt) und **Heller** (eine alte Münze).

Bevor Sie die einzelnen Geschichten erfinden, sollten Sie den

Ausgangspunkt und die Wörter notieren, die Sie einbauen müssen.

Hummel
Hummel, Einfluss, Techniken, Etüden,
Fingersatz, Verzierungen, Fingerübungen.

Stellen Sie sich vor, der von Ihnen gewählte Raum sei ein großer Konzertsaal, der bis auf den letzten Platz mit enthusiastischen Musikliebhabern besetzt ist. Die sind natürlich fürchterlich enttäuscht, daß der Star des Abends nicht Klavier spielt, sondern nur ständig einer **Hummel** hinterhersieht und dazu summt! Ihr Nebenmann raunt Ihnen zu, der Pianist stehe unter dem **Einfluß** der Hummel, und wirklich: er sieht nur völlig gebannt der Hummel nach! Dies *beeinflußt* die Entscheidung des Publikums, einfach aufzustehen und zu gehen. Die Konzertbesucher tun dies auf unterschiedliche Weise. Manche von ihnen springen auf und hüpfen dann zur Tür; andere erheben sich mühsam, bevor sie aus dem Saal schlurfen. Staunend beobachten Sie all die verschiedenen **Techniken** und beschließen, sie mit den Fingern nachzuahmen. Sie machen sich als Beobachter detaillierte Notizen und sind entschlossen, Ihre **Etüden** so bald wie möglich zu veröffentlichen.
Dummerweise spielen Sie mit Ihren Zetteln herum und verstreuen sie im weiten Umkreis auf dem Boden. Um Ihre Finger zu trainieren, fluchen Sie nicht laut, sondern bilden mit der Hand einen entsprechenden **Fingersatz** – vor allem, als es kracht und Sie feststellen, daß die Blätter eine Reihe überaus wertvoller **Verzierungen** getroffen und zu Boden geworfen haben. Um die Sache noch schlimmer zu machen, hat eine Pantomimentruppe den Saal betreten. Die Künstler stellen als **Fingerübungen** das Zerspringen des Porzellans und des Gla-

ses dar, während Sie ärgerlich an die Hummel zurückdenken, die am Anfang dieser zerstörerischen Geschichte stand …

Cramer
Cramer, Geiger, Vater, Musiker, Herausgeber, Komponist, Etüden, Technik, Interpretation.

An einem anderen Tag – das Publikum wartet erneut – betritt John Baptist **Cramer** die Bühne. Er hat einen großen Koffer bei ich, in dem er erst eine Viertelstunde herum*kramt*, bis er eine Geige, den Bogen und einige Notenblätter zutage fördert. Sie sind für den **Geiger**, der am heutigen Abend auftritt, der **Vater**. Das ungeduldige Publikum wird zum Schweigen gebracht, und als der Star des Abends schließlich auf die Bühne kommt, wird es nicht enttäuscht.
Der Abend gliedert sich in drei Teile, zwei Hälften mit einer kurzen Pause dazwischen. In der ersten Hälfte zeigt der Mann sein Können als **Musiker**.
In der Pause sitzt er an einem Kopiergerät, auf dem er rasch Hefte zum Verkauf drucken läßt und seine Qualitäten als **Herausgeber** unter Beweis stellt.
In der zweiten Hälfte demonstriert er schließlich seine Kompositionstechniken und gestattet so dem Publikum, einem **Komponisten** bei der Arbeit zuzusehen.
Zum großen Finale zeigt er dem Publikum Bilder von seinem Haus. Unter den vielen Zimmern gibt es auch einige Arbeitszimmer, in denen er in Ruhe seine **Etüden** spielen kann, und er erklärt, daß er in jedem Raum eine andere **Technik** hat.
In einem liegt er auf dem Boden; in einem anderen läuft er lieber umher, lehnt an seinem Schreibtisch oder steht auf dem Kopf! Das einzige, was alle Zimmer gemeinsam haben, ist ein ausgebildeter Analytiker, der an einem kleinen Schreibtisch

sitzt und für jede Art von Musik eine eigene **Interpretation** liefert.

Henselt
Henselt, selbst, Etüden, Dehnung, Geläufigkeit, Eleganz.

Eines Abends war ein Pianist angekündigt, der sein Publikum immer gerne **hänselt**. Das erzürnte einen Bauern unter den Konzertbesuchern so sehr, daß er als Rache einen ganzen Stall voller Hähne in den Konzertsaal mitbrachte. Gott sei Dank konnte dieser Pianist sie alle **selbst** einfangen, was er sich nach eigener Aussage auch selbst beigebracht hatte. Als alle Hähne eingefangen waren, konzentrierte er sich nacheinander auf jeden einzelnen Hahn und widmete allen eine **Etüde**.
Ein Hahn war so groß, daß es ihm nur durch die **Dehnung** seiner beiden Hände gelang, ihn zu fassen zu bekommen. Das Publikum war von seinen Händen fasziniert, und er demonstrierte, daß jede Hand eine eigene Qualität hatte. Seine rechte Hand besaß eine große **Beweglichkeit**; er konnte jeden einzelnen Finger so lange schnell bewegen, daß die Gelenke zu glühen begannen. Seine linke Hand besaß dagegen eine solche **Eleganz**, daß das Publikum begeistert Seidenhandschuhe auf die Bühne warf!

Heller
Heller, Komponist, Ehrlichkeit, Stil, individuell, Erziehung, Phantasie, Charme.

Für diesen Abend hat man sich etwas Besonderes einfallen lassen: Der Pianist geht vor dem Konzert mit dem Hut herum und erbittet von jedem Zuschauer einen roten **Heller** als Eintritt. Der einzige, der einen in der Tasche hat, ist aber der österreichische **Komponist** aus dem 19. Jahrhundert. Dieser kann nicht glauben, daß wirklich nur er einen roten Heller besitzen soll, und appelliert an die **Ehrlichkeit** des Publikums. Auch dieser bewegende Aufruf fördert keinen weiteren Heller zutage, und so verabschiedet sich der Komponist mit **Stil** und stürzt sich vom Balkon des Konzertsaals.

Der Pianist beschließt, die Idee mit dem roten Heller aufzugeben, und fordert die Zuschauer auf, ganz **individuell** einen Obolus zu entrichten. Seine gute **Erziehung** verbiete ihm nämlich, handgreiflich zu werden und die Herausgabe der Spende zu erzwingen. Da waren der **Phantasie** der Zuschauer keine Grenzen mehr gesetzt – von Hustenbonbons bis zu Manschettenknöpfen und von Visitenkarten bis zu Geldscheinen wanderte alles mögliche in den Hut des Musikers. Eine ohnehin leichtbekleidete Dame konnte nichts mehr entbehren und bezahlte lächelnd mit ihrem **Charme** …

Wie immer gilt auch hier: je verrückter und ausgefallener die Geschichten sind, desto besser! Sorgen Sie dafür, daß Sie sich jeden wichtigen Punkt besonders einprägen, und lassen Sie sich zusätzliche Möglichkeiten einfallen, um jedes Wort auf der Liste zu bestätigen.

Wenn es darangeht, sich an den Artikel zu erinnern, stehen Ihnen eine Reihe von Möglichkeiten offen. Sie können sich irgendeinen Komponisten auswählen, die Wörter in seiner »Geschichte« abspulen und auf der Grundlage dieser zentralen Punkte dann Ihre Antwort geben. Sie können mehrere Listen verbinden, um nötigenfalls eine umfassendere Antwort zu liefern. Am nützlichsten ist aber die Fähigkeit, ein beliebiges Wort auszuwählen und herauszufinden, in welchen Abschnitten es jeweils enthalten ist.

In einer Prüfung könnte beispielsweise von Ihnen verlangt werden, etwas über Komponisten zu schreiben, die Etüdenbücher für Klavier geschrieben haben. In wenigen Sekunden können Sie sich alle Geschichten in Erinnerung rufen und herausfinden, daß Ihr Aufsatz Hummel (erinnern Sie sich an Ihre Notizen, als das Publikum den Saal verließ), Cramer (die Arbeitszimmer für die Etüden) und Henselt (die Hähne, denen Etüden gewidmet wurden) einschließen sollte.

Die Frage könnte auch präziser gestellt sein: »Welcher der behandelten Komponisten war für seine Ehrlichkeit und seinen individuellen Stil berühmt?« Gehen Sie bei dieser Frage einfach die Geschichten durch, bis die gesuchte Information auftaucht. Sie erinnern sich an den Komponisten, der das Publikum zu *Ehrlichkeit* aufruft, sowie daran, daß es um einen roten *Heller* ging – der Komponist war Heller!

Das Schöne an diesen Geschichten unter einer gemeinsamen Rubrik ist, daß Sie weitere Abschnitte hinzufügen können, wann immer es notwendig ist. Wenn Sie irgendwann einmal wieder etwas über einen Komponisten lesen, der für Klavier geschrieben hat, verbinden Sie einfach eine neue Geschichte mit dem gemeinsamen Schauplatz. Sie stellen quasi eine »Klavierdatei« zusammen; die Datei läßt sich leicht öffnen, und alle verwandten Themen sind in der Nähe anzusiedeln.

Wenn Sie etwas über *Organisten* lesen, könnten Sie deren Geschichten in einem Raum im Obergeschoß unterbringen. Die Straße vor dem Konzertsaal mag Ihr Schauplatz für große *Klavierbauer* sein, die alle ihre Lastwagen entladen und jeweils eine weitere Kette von zentralen Elementen enthüllen. Nach und nach wächst Ihre geistige Datenbank an; die Ihnen zur Verfügung stehenden Ressourcen werden immer größer.

Kategorie 3: Aufsätze mit einer Folge von Punkten

Manche Aufsätze besitzen eine ganz bestimmte Struktur, die nicht aufgegeben werden darf. Dabei kann es sich beispielsweise um eine exakt ausgearbeitete Beweisführung oder eine historische Abfolge von Ereignissen handeln. Der Vorteil des Erzählens von Geschichten liegt darin, daß eine einmal festgelegte Abfolge beibehalten und damit die Reihenfolge der zentralen Punkte betont wird.

Graham Greenes Roman *Die Kraft und die Herrlichkeit* wird häufig im Studium gelesen und stellt das Thema des folgenden Aufsatzes dar. Die Argumentationskette ist hier sorgfältig aufgebaut, und wer die genaue Reihenfolge der Punkte kennt, kann wertvolle Prüfungszeit sparen.

Ist Graham Greene »ungerecht« in seiner Darstellung des Leutnants in »Die Kraft und die Herrlichkeit«?

1. Das Ziel des Leutnants ist klar: Er will auch die letzte Spur des katholischen Glaubens in Mexiko ausrotten. Aus diesem Grund wäre es also möglich, sein Wirken auf ganz andere Weise darzustellen. Einerseits könnte der Autor vom katholischen Standpunkt aus schreiben, sowohl den Leutnant als auch alles, wofür er steht, verdammen und dessen Charakter als durch und durch verdorben zeichnen. Von einer anderen Position aus, in der kein Urteil über das Handeln der Figur gefällt wird, ließe sich der Leutnant als starke Persönlichkeit betrachten, die in der Verfolgung ihrer Ziele triumphiert. Dies sind die einfachen Extreme; Graham Greene wählt keines davon.

2. Statt dessen wird der Charakter des Leutnants auf eine komplexe Weise dargestellt, und der Leser erfährt von seinen guten Seiten wie auch von seinen Fehlern. Vor allem

aber – auch wenn der Roman von Anfang an nahelegt, daß das Handeln dieses Mannes falsch ist – bleibt es offen, ob er dies selbst erkennt und vielleicht sogar verändern will. In dieser Möglichkeit liegt ein Großteil der Spannung.

3. Weiterhin ist die Darstellung der Figur selbst einem Wandel unterworfen. Manchmal wird der Leutnant als bewundernswerter Mann gezeichnet. Der Leser fühlt sich geneigt, ihn aufgrund seiner schwierigen Kindheit und seines Kampfes gegen Not und Armut zu bemitleiden. Er ist engagiert und entschlossen, vermeidet Luxus, denkt nie an seinen persönlichen Vorteil, und seine Großzügigkeit zeigt sich daran, daß er dem Priester Geld gibt. Er übertritt sogar das Gesetz, um dem Mann in seiner einsamen Zelle eine Flasche Brandy zu schenken.

4. Vor allem aber verfolgt der Leutnant ein edles Ziel: Er will für die Kinder in Mexiko ein besseres Leben erreichen. Greene gestattet ihm einige eindrucksvolle Gespräche über die Notwendigkeit der Linderung des Leids, und ganz eindeutig erfolgt nie eine völlige Verurteilung des Leutnants.

5. Gleichzeitig wird er jedoch als sehr verbittert dargestellt. Er folgt einer Idee, erscheint aber unfähig, gegenüber realen Menschen Liebe zu empfinden. Auch wenn er den Priester respektiert, ist er entschlossen, ihn aufgrund von dessen Überzeugungen zu töten. Vor allem verliert er sein Vertrauen. Greene ist nicht »ungerecht«, sondern er gestattet dem Leutnant keinen einfachen Ausweg; er zeigt, wie die Sorgen des Mannes an seinem Charakter nagen. Seine »Liebe« wird als die Kraft beschrieben, die nur den »Abzugsfinger« bewegte; er stellt seine eigenen Motive in Frage und kämpft mit den Schwierigkeiten des Lebens.

6. Greene ist nicht ungerecht; anstatt zu streng über den Leutnant zu urteilen und ein einseitiges Bild zu zeichnen, stellt er dessen Charakter in all seiner Komplexität dar. Vor

allem aber erhält der Roman in dem Augenblick eine große Kraft, in dem der Leutnant damit beginnt, über sich selbst zu urteilen.

Wie bei allen Beispielen ist ein solcher Aufsatz immer dann viel einfacher zu lernen, wenn Sie ihn selbst geschrieben oder sich mit dem Thema befaßt haben. Trotzdem können Sie sich anhand meiner Memotechniken *alles* leichter merken: Atomphysik, Musikgeschichte, Literatur … Dieselben Grundregeln gelten für jeden Text, den Sie lernen müssen.

Bei einem Aufsatz, der auf einer festen Abfolge von Punkten basiert, müssen Sie diese zunächst genau herausarbeiten.

Absatz 1 läßt sich anhand von nur vier sorgfältig ausgewählten Wörtern zusammenfassen: **Ziel**, **Möglichkeiten**, **weder – noch**. Auch wenn alle drei Begriffe sehr abstrakt sind, dienen sie als wirkungsvolle Auslöser, um den gedanklichen Aufbau zu rekonstruieren.

Ziel ist der unkomplizierteste der drei Begriffe und als Erinnerung an den Ausgangspunkt der Geschichte von besonderer Bedeutung. Der Leutnant hat ein klares Ziel, was bedeutet, daß es mehrere **Möglichkeiten** zur Darstellung seines Charakters gibt. Der dritte Begriff, **weder – noch**, ist besonders aussagekräftig, da er betont, daß es im Grunde zwei Möglichkeiten gibt: eine negative Darstellung und einen positiven Blickwinkel.

Die gewählten drei Begriffe erinnern an alles, was man im Zusammenhang mit diesem ersten Absatz wissen muß, wie auch an die beste Möglichkeit, die Punkte zu einer plausiblen Kette zu verknüpfen. Da das Ziel des Leutnants klar war, *hätte* der Autor einen der beiden extremen Standpunkte einnehmen können, tat dies aber nicht.

Betont wird dies durch das erste der beiden Wörter, die *Absatz 2* bilanzieren: **Komplex**. Der gesamte Aufsatz dreht sich um den komplexen Charakter dieses Mannes und, vor allem anderen, um seine **Selbsterkenntnis**.

Absatz 3 konzentriert sich auf seine bewundernswerten Eigenschaften. Hier bieten sich vier weitere Schlüsselwörter an, die jeweils wichtige Punkte in einem einzigen Wort zusammenfassen: **Kindheit**, **Engagement**, **Genügsamkeit** und **Großzügigkeit**.

Auch *Absatz 4* ist wichtig, wenngleich er nur einen markanten Punkt enthält: die Sorge des Leutnants um die **Kinder** in Mexiko.

In *Absatz 5* verschiebt sich das Augenmerk auf die negativen Seiten des Charakters des Leutnants. Zwei Wörter, **verbittert** und **lieblos**, erinnern an sehr wichtige Themen, wobei **Sorgen** diesen Gedanken noch konkretisiert. Der interessante Punkt ist, daß der Vertrauensverlust des Leutnants am schwersten wiegt, und **Abzugsfinger** erinnert Sie schließlich an ein Zitat, das den gesamten Gedanken zusammenfaßt.

Der Ausdruck, der *Absatz 6* umreißt – **Selbsteinschätzung** –, bilanziert sowohl den Schluß des Aufsatzes als auch die Stoßrichtung der gesamten Argumentation. Es existiert eine klare Reihenfolge von Punkten, die Absatz für Absatz durchgegangen werden, und Ihre erfundene Geschichte muß dies zum Ausdruck bringen. Hier sind die Absätze im Text wichtig; Ihre Geschichte hat daher deutlich zu machen, wo ein Abschnitt endet und der nächste beginnt.

Unterstreichen Sie nicht nur im Aufsatz oder Artikel selbst, sondern notieren Sie Ihre Schlüsselwörter auf einem separaten Blatt Papier. Damit erhalten Sie einen guten Überblick, welche Punkte in die Geschichte Eingang finden müssen – und Sie können auf diese Weise Ihr eigenes »Lernheft« zusammenstellen, eine übersichtliche Sammlung der vereinfachten Versionen all Ihrer Aufsätze. Halten Sie auf jeder Seite deutlich die wichtigsten Bestandteile des Aufsatztitels fest.

Graham Greene/Kraft und Herrlichkeit/ ungerechte Darstellung des Leutnants?

(Ziel, Möglichkeiten, weder – noch) (Komplex, Selbsterkenntnis) (bewundernswert, Kindheit, Engagement, Genügsamkeit, Großzügigkeit) (Kinder) (verbittert, lieblos, Sorgen, Abzugsfinger) (Selbsteinschätzung)

Bei dieser Liste stellen die zu einer Klammer zusammengefaßten Wörter jeweils die Schlüsselbegriffe eines bestimmten Absatzes dar. Wenn Sie diese sechzehn Wörter in sechs Gruppen gelernt haben, können Sie sicher sein, daß Ihnen der Aufsatz in seiner ganzen Komplexität abrufbereit zur Verfügung steht.

Da sich der Aufsatz ausschließlich um eine »gerechte« oder »ungerechte« Darstellung dreht, könnten Sie die Geschichte in einem Gerichtssaal spielen lassen. Zur Erinnerung an den betreffenden Autor ist womöglich alles und jeder in dem Gericht *grün* eingefärbt – und zur Illustration des Buchtitels ziert die Wand ein herrliches Bild von Justitia mit dem Schwert als Symbol der Macht.

Stellen Sie sich diese Szene plastisch vor, und sprechen Sie dabei so viele Sinne und Gefühle wie möglich an. Im Aufsatz geht es darum, ob der Leutnant gerecht behandelt wird oder nicht; empfinden Sie in dieser Zwangslage also starkes Mitgefühl mit ihm, zumal er an die Anklagebank gekettet ist.

Der Richter verläßt den Gerichtssaal, um den Angeklagten auf die Probe zu stellen. Wenn er in weniger als dreißig Sekunden vom fünften Stock zum Eingang rennen kann, ist er nicht schuldig, braucht er dagegen mehr als dreißig Sekunden, so soll er schuldig gesprochen werden. Der Richter ist so stolz auf seinen Einfall, daß er selbst mit anpackt, das Transparent **Ziel** über der Tür aufzuhängen. Jetzt gibt es nur zwei **Mög-**

lichkeiten. Der Angeklagte fliegt förmlich das Treppenhaus hinunter und rennt so schnell er kann aus dem Gericht. Der Pförtner stoppt die Zeit: genau dreißig Sekunden – und somit **weder – noch!**

Der Richter ist natürlich fürchterlich blamiert, weil seine vermeintlich tolle Lösung kein Ergebnis gebracht hat; er unterbricht erst einmal die Verhandlung, sucht sofort einen Analytiker auf und berichtet ihm seinen schrecklichen Minderwertigkeits**komplex.** Der Analytiker hat ihm dazu folgendes zu sagen: **Selbsterkenntnis** ist der erste Schritt zur Besserung. Das hilft ihm weiter. Er springt von der Couch auf und rennt mit wehender Robe zum Gericht zurück. Dort scheint er seinen gewohnten Platz wieder einnehmen zu wollen – aber statt dessen setzt er sich im Schneidersitz auf den Tisch, meditiert und vollbringt ein Wunder, das ihm **bewundernswert** gut gelingt. Um seinem Komplex auf den Grund zu gehen, versetzt er sich in seine **Kindheit** zurück und nimmt (mit Ausnahme der Robe) das Aussehen eines Dreijährigen an.

Die Prozeßbeobachter sind begeistert, und ein anwesender Theaterintendant verschafft ihm sofort ein **Engagement** an der städtischen Märchenbühne. Nach den Verhandlungen lobt der Intendant am Ex-Richter vor allem dessen kindliche **Genügsamkeit** (pro Vorstellung verlangt er nur eine große Tüte Gummibärchen und ein Glas Limo als Gage) und **Großzügigkeit** (die Hälfte der Gummibärchen will er an das Publikum verteilen).

Die erste Vorstellung ist ein Riesenerfolg; vor allem die **Kinder** sind von ihm begeistert. Als ein Theaterbote nach einer Vorstellung ein Glas Bitter Lemon und eine Tafel Zartbitterschokolade bei ihm im Kinderheim abgeben will, lehnt er **verbittert** ab, zieht sich ins Spielzimmer zurück und verweigert fortan jede Nahrung.

Ein Theaterskandal, der weite Kreise zieht! Der angeklagte

Leutnant, der längst wieder auf freiem Fuß ist, stellt sich an die Spitze der Bürgerinitiative »SOS Gummibärchen und Bonbons«. Man wirft der Theaterleitung vor, **lieblos** gegenüber dem Exrichter verfahren zu sein, und weite Teile der Bevölkerung machen sich schon **Sorgen** um den Gesundheitszustand des kleinen Hauptdarstellers. Der Leutnant, der ja von Berufs wegen im Besitz einer Waffe ist, will den abgemagerten Dreijährigen schon von seinen Qualen erlösen, da beginnt sein **Abzugsfinger** zu zittern.

Der Leutnant zieht sich zum Nachdenken in eine Kirche zurück und geht noch einmal in sich. »Ich bin kein Satan und kein Erlöser«, sagt er sich in nüchterner **Selbsteinschätzung**, bevor er dem kleinen Richter die Pistole (keine Spielzeugpistole!) zukommen läßt, damit er über sich selbst Gericht halten möge …

Diese Geschichte beruht auf einer bestimmten Reihenfolge, wobei jeder Punkt klar und deutlich zum nächsten führt. Eines der wichtigsten Kennzeichen besteht darin, daß jeder der sechs Absätze einen eigenen Schauplatz besitzt: der Gerichtssaal, die Praxis des Analytikers, wiederum der Gerichtssaal, das Theater, das Kinderheim und zuletzt die Kirche. Selbst wenn Sie ein Detail innerhalb eines Abschnitts vergessen haben, können Sie sich immer noch an der großen Handlungskette orientieren, um zum nächsten Schauplatz überzugehen. Müssen Sie sich den Aufsatz später in Erinnerung rufen, so gehen Sie die Geschichte einfach in Gedanken durch, schreiben die zentralen Punkte heraus und gliedern sie Abschnitt für Abschnitt. Innerhalb von Sekunden haben Sie alle wichtigen Elemente des Aufsatzes vor sich, ihre Reihenfolge und selbst einen Hinweis auf die ursprüngliche Gliederung!

Auch hier gilt, daß sich der Aufsatz mit anderen verknüpfen läßt. Wenn Sie über diesen Roman noch mehr lernen müssen, können Sie Ihre neuen Geschichten im selben Bereich ansiedeln. Auch weiteres Material über Graham Greene findet noch in der Nähe Platz – und die erste Szene läßt sich immer grün anstreichen! Wollen Sie einen Aufsatz durch weitere Elemente ergänzen, so müssen Sie einfach einen geeigneten Teil der Geschichte ausfindig machen und Ihre Phantasie einsetzen, um die alte Handlung aufzubrechen oder einen weiteren Schauplatz einzurichten.

Zitate merkbar gemacht

Oft ist es nützlich – und macht Eindruck –, relevante Zitate in Ihre Aufsätze und Prüfungsarbeiten einzubauen. Wiederum kommt es darauf an, den Text mit Leben zu erfüllen und nach den Ansatzpunkten zu suchen, die bereits in bestimmten Wörtern und Ausdrücken stecken. Bei Zitaten muß man sich an den genauen Wortlaut erinnern, und so ist es eminent wichtig, sich ein paar Momente auf die Details zu konzentrieren.

Das Lernen eines Zitats erfordert drei wichtige Schritte. Als erstes müssen Sie sich für den Satz oder Ausdruck ein allgemeines Bild ausdenken. Lassen Sie Ihrer Phantasie freien Lauf, erfinden Sie Wortspiele, und verwandeln Sie abstrakten Text in Bilder.

Es folgen zehn Zitate und Sprichwörter sowie Vorschläge für entsprechende »Eselsbrücken«. Versuchen Sie zur Übung, die Zitate in der Phantasie zum Leben zu erwecken, und lassen Sie sich eigene Variationen einfallen.

1. »Nur zu oft sind die Götter die bloßen Drahtpuppen ihrer Priester.« (Christoph Martin Wieland)
2. »Die Zeit ist die Larve der Ewigkeit.« (Jean Paul)

3. »Das Genie hat kein Geschlecht.« (Sprichwort)
4. »Der Mensch ist, was er ißt.« (Ludwig Feuerbach)
5. »Was beim Licht der Lampe wahr ist, ist noch nicht beim Licht der Sonne wahr.« (Joubert)
6. »Was ich nicht weiß, macht mich nicht heiß.« (Sprichwort)
7. »Der Tor braucht einen Keulenschlag, wo dem Weisen ein Wink genügen mag.« (Aus Persien)
8. »Die moralisierende Frau ist ohne jeden Reiz.« (Oscar Wilde)
9. »Die Laster stehlen der Tugend die Kleidung.« (Sprichwort)
10. »Niemand berichtet gern in Prosa.« (Johann Wolfgang von Goethe)

Vorschläge

1. Erinnern Sie sich an einen Gottesdienst: Aber statt eine Predigt zu halten, holt der Priester nach dem Evangelium eine Drahtpuppe aus der Sakristei, um den Willen Gottes zu demonstrieren. Die Puppe sieht beeindruckend aus: Ein gütiger alter Mann mit Rauschebart, einem weiten Umhang und einem strahlenden Dreieck mit einem Auge über dem Kopf ...

2. Hier müssen Sie etwas mehr Phantasie aufbringen. Stellen Sie sich die Zeit als Uhr vor, die wiederum die Form einer Schmetterlings*larve* annimmt – eine von Salvador Dalis fließenden Uhren hat sich zu einer Raupe zusammengerollt! Dieses Bild hat in alle Ewigkeit Bestand.

3. Wer fällt einem bei dem Wort Genie ein? Wahrscheinlich der schnauzbärtige Albert Einstein! Stellen Sie sich vor, wie Albert Einstein ratlos an sich hinuntersieht, auf der Suche nach seinem Geschlecht ...

4. Auch dieses Zitat läßt sich gut bildlich darstellen. Denken Sie sich ein menschliches Chamäleon, das immer sofort die Gestalt der zu sich genommenen Nahrung annimmt: Wenn es Kartoffeln gibt, wird der Körper knollig (mit einer braunen, schuppigen Haut), bei Pudding schwabbelig, bei Hamburgern braun – und überall quillt Ketchup heraus ...

5. Bei diesem Zitat bietet es sich vielleicht an, ein ganz banales Bild zu wählen. Sie lesen einen komplizierten Vertrag durch, doch beim Schummerlicht der Wohnzimmerlampe können Sie das Kleingedruckte nicht entziffern. Erst am Mittag des folgenden Tages sind Sie in der Lage, alles zu lesen, und da fällt Ihnen auf, daß einige Details *so* nicht verabredet waren.

6. Hier hilft eine Wendung zum Surrealen. Sie sitzen gemütlich in der Badewanne, aber Ihr Thermometer ist kaputt. So lassen Sie kochendheißes Wasser einlaufen, und in der festen Überzeugung, das Wasser könne nur 37 Grad heiß sein, fühlen sich 95 Grad so angenehm an wie sonst 37 Grad. Erst als sich die Haut langsam abschält ...

7. Der Tor und der Weise sind recht abstrakte Bezeichnungen, die Sie mit ein wenig Phantasie aber konkret machen können. Machen Sie »der Tor« zu »das Tor« – irgendein Garten- oder Garagentor, das klemmt und nur mit einem Keulenschlag aufzukriegen ist. »Der Weise« kann entsprechend zu »das weiße (Tor)« werden, ein elektronisch gesteuertes, blendendweißes Gartentor, das bereits auf den kleinsten Wink reagiert!

8. An dieser Stelle bietet es sich an, ein negatives Bild von einer moralisierenden Frau zu zeichnen. Die Frau trägt eine hochgeschlossene Bluse, hochgestecktes Haar, hat einen strengen Blick, einen harten Mund und trinkt gerade ein Schlückchen »Moralin« vor dem Essen. Sie ist so reizlos, daß sie keinen Kniereflex hat, ja nicht einmal einen *Husten*reiz ...

9. Hier können Sie ähnlich verfahren wie beim siebten Zitat: Nutzen Sie die Mehrdeutigkeit eines Wortes, und stellen Sie sich statt eines Lasters (als Gegensatz zur Tugend) einen *Lastwagen* vor! Auf diesem Lastwagen häufen sich die Kleider wie bei einem Hilfstransport. Die Tugend – vielleicht in Gestalt der moralisierenden Frau von Zitat 8 – steht nun nackt da.

10. Der Schauplatz zu diesem Zitat ist naheliegend: ein Beichtstuhl. Stellen Sie sich die Augen des alten Paters vor, wenn ihm *diese* Beichte plötzlich in Gedichtform angetragen wird: »Erlaubt, daß ich als Reim vortrag', was mir schon lang am Herzen lag: Mein schwaches Fleisch, das hat gesündigt, worauf die Frau mir hat gekündigt, so kam's ...«

Sobald Sie das Zitat in ein einprägsames, sichtbares Bild verwandelt haben, läßt sich die neue Szene in jede Geschichte einbauen, die Sie als Merkhilfe für einen Aufsatz erfinden.
Wollen Sie eine Szene beispielsweise in die Geschichte der Klaviermusik integrieren, so verbinden Sie die Bilder einfach mit dem Schauplatz des Konzertsaals. Stellen Sie sich Albert Einstein als Pianisten im Frack vor, der bei seiner Verbeugung vor dem Publikum ratlos an sich herunterschaut. Vielleicht stürzt während einer Aufführung auch die Decke des Konzertsaals ein, und die helle Sonne bringt die Wahrheit an den Tag ...

Wenn Ihr Zitat an einer bestimmten Stelle eines Essays erscheinen soll, verknüpfen Sie die Bilder mit dem entsprechenden Ereignis oder Schauplatz.

In einem letzten Schritt müssen Sie sich den genauen Wortlaut einprägen. Die allgemeinen Bilder helfen Ihnen, sich an die Kernaussage des Zitats zu erinnern, aber Sie müssen noch ein paar Augenblicke darauf verwenden, sich die exakte Wortfolge einzuprägen.

Versuchen Sie zu erraten, mit welchen Wörtern Sie vermutlich Schwierigkeiten bekommen dürften: mit den einfachen Wörtern, den ungewöhnlichen Ausdrücken, der seltsamen Schreibweise? Heben Sie die schwierigen Elemente hervor, und ergänzen Sie die allgemeinen Bilder anschließend durch detaillierte Merkhilfen.

In Zitat 1 verwechselt man »Drahtpuppen« leicht mit »Marionetten«. Damit Ihnen das nicht passiert, stellen Sie sich vor, wie der Priester mit dem Draht zu kämpfen hat, der schmerzhaft in die Hand schneidet!

In Zitat 2 ist die Larve das ungewöhnlichste Wort; Zeit und Ewigkeit sollten keine Probleme bereiten. Um sicherzugehen, »Larve« nicht mit »Raupe« oder »Puppe« zu verwechseln, überlegen Sie sich noch ein »Ersatzbild«. Da »Larve« überdies auch die Bedeutung »Maske« trägt, stellen Sie sich ein Zifferblatt in Form einer venezianischen Maske vor.

In Zitat 7 ist der Verwechslung von »Tor« mit »Narr« und von »Weisen« mit »Klugen« schon durch die Wahl der Bilder vorgebeugt. Doch der »Keulenschlag« und der »Wink« könnten noch Unterstützung vertragen. Der Tor braucht nicht nur den Schlag einer *Keule*, sondern vielleicht auch den Flügelschlag einer *Eule*, des Vogels der Weisheit! Und der Wink (nicht: Rat, Tip etc.) läßt sich am besten durch heftiges Winken vorstellen, wenn das weiße Tor sich einmal nicht gleich öffnet.

Mit ein wenig Übung werden Zitate rasch einfacher; diese

Memotechniken verschaffen Ihrem Gedächtnis die solide Basis, die es braucht.

In Prüfungen funktioniert das Gedächtnis dann am besten, wenn es als Sprungbrett zum Erfolg eingesetzt wird. Natürlich müssen Sie die Informationen zuerst finden, lesen, notieren, verstehen und sich Ihre eigene Meinung dazu bilden. Meine Memotechniken sorgen aber dafür, daß Sie Ihre harte Arbeit auch *umsetzen* können, daß Sie sich in der Prüfung an all die wichtigen Dinge erinnern und alle notwendigen Ressourcen aktivieren, um mit Ihrem Material *schöpferisch* umzugehen.

Viele Menschen verschwenden ihre Zeit mit höchst vagen Lerntechniken. Sie kommen aus der Prüfung und merken, daß sie wichtige Punkte vergessen und sich damit selbst um den Erfolg gebracht haben. Allzuoft ist das Gedächtnis eine vernachlässigte und verschwendete Ressource.

Wenn Sie sich dazu entschließen, Ihr Gedächtnis einzusetzen, sich Informationen anzueignen und nutzbar zu machen, unternehmen Sie vielleicht gerade den entscheidenden Schritt zum Erfolg.

Teil 3
Meine Memotechnik für Zahlen

Wenn die Menschen vor Wörtern Angst haben, haben sie vor Zahlen *Panik*, und ihre Reaktion kreist dabei vor allem um drei Punkte.

Erstens beharren sie darauf, daß man Zahlen auf keinen Fall behalten kann. Ein paar Telefonnummern seien vielleicht noch im Bereich des Möglichen, aber darüber hinaus lohne nicht einmal der Versuch. Zahlen seien trockene, farblose, abstrakte Figuren, mit denen das menschliche Gedächtnis einfach nichts anfangen könne.

Zweitens wird die Entschuldigung vorgebracht, man *bräuchte* sich Zahlen gar nicht zu merken, sondern müsse lediglich den richtigen Zettel finden, im Telefonbuch nachschlagen oder auf ein paar Computertasten drücken.

Drittens wird argumentiert, wenn man nicht gerade Mathematiker oder Kernphysiker sei, gebe es ohnehin nur sehr wenige wichtige Zahlen. Eine Handvoll Telefonnummern, die Geheimzahl der Scheck- oder EC-Karte, ein oder zwei Daten in der Geschichtsprüfung – ansonsten spielten Zahlen im Alltag kaum eine Rolle.

Alle drei Punkte sind falsch.

1. Zahlen wirken vielleicht schwierig und verwirrend, aber man kann sie sich schneller und besser aneignen als jede andere Art von Information.

2. Sie meinen vielleicht, Sie könnten sich jede wichtige Zahl notieren und hätten sie stets zur Hand, aber wie oft haben Sie

schon nach dem Telefonbuch gesucht und sich dafür verflucht, daß Sie im Urlaub Ihr Adreßbuch vergessen haben oder Stunden damit zubrachten, die Zahlen auf Kreditkarte, Paß, Flugticket oder Führerschein herauszufinden, die auf dem Autositz lagen …?

3. Sie glauben vielleicht nicht, daß Zahlen eine große Rolle in Ihrem Leben spielen, aber was ist mit den Zahlen, aus denen sich Datum und Uhrzeit, Preisschilder, Flug- und Rufnummern zusammensetzen? Sie müssen sich vielleicht nicht gleich ganze Zahlenreihen merken, sehr wohl aber Geburtstage – 25. 11. 1965 –, Verabredungen – 27. 3. 1996, 8.30 Uhr –, Sicherheitscodes, Fahrpläne, Hausnummern, Registriernummern, Maße …

Die Wahrheit ist, daß Zahlen überall sind. Die Fähigkeit, sie rasch zu lernen, spart Zeit, schafft Vertrauen und hilft, aus heiklen Situationen herauszukommen. Zahlen sind nicht unlernbar, sondern eignen sich vielmehr hervorragend dazu, geordnet, zum Leben erweckt und in Systeme eingepaßt zu werden.

Es gibt Millionen von Wörtern, aber nur zehn Ziffern. Lernen Sie einfach zehn neue »Identitäten«, und Sie haben eine Merkhilfe für jede beliebige Zahl.

Wenn Sie mein System auf Zahlen anwenden, entwickeln Sie damit ein unschätzbares Hilfsmittel. Anhand meiner Memotechniken können Sie sich nicht nur alle Zahlen merken, die Sie brauchen, sondern Zahlen auch dazu einsetzen, andere Dinge im Kopf zu behalten.

Sie können die Gegenstände auf einer Liste numerieren und dadurch lernen, diese Zahlen als Eselsbrücken zu verwenden. Sie können einen Aufsatz in numerierte Abschnitte unterteilen und die *Zahlen* dann als detaillierten und flexiblen Rahmen gebrauchen. Vor allem aber können Sie Zahlen mit dem gesamten anderen zu lernenden Material kombinieren – mit nützlichen Daten und Zitaten innerhalb von Aufsätzen, Tele-fonnummern im Zusammenhang mit Adressen, Mengenan-gaben von Rezepten, Personalnummern von Angestellten.

Wenn Zahlen auftauchen, trauen Sie sich zu, diese zu behal-ten. Tauchen sie nicht auf, so besitzen Sie die Fähigkeit, sie ins Spiel zu bringen, ihr Potential zu nutzen und sie »dienstbar« zu machen.

Zahlen bringen oft schlechte Erinnerungen an die Schule mit sich: nicht richtig verstandene Mathematiklektionen, verges-sene Physikformeln, verwechselte Jahreszahlen. Wichtig ist vor allem die Erkenntnis, daß Zahlen selbst nicht schwierig sind. Es handelt sich lediglich um zehn unterschiedliche Zif-fern; Sie müssen also kein Mathematikgenie sein, um mit ih-nen umzugehen. Die meisten Zeitgenossen beherrschen die notwendige Mathematik bereits – und haben Taschenrechner für den Rest! Zahlen sind also einfach eine andere Form der Information, die merkbar gemacht werden muß!

Zahlen sind flach und tot – weshalb man sie so einfach hand-haben kann. Sie beginnen zunächst mit einem leeren Blatt Pa-pier und zehn Linien, die eine neue Identität erhalten, mani-puliert und in der Phantasie zum Leben erweckt werden. Überraschungen sind ausgeschlossen; sobald Sie mit den zehn Bausteinen vertraut sind, ist *jede* Zahl nur eine Variation des Themas.

Entwerfen Sie Ihr eigenes Zahlensystem

Wenn Sie mit Wörtern umgehen, können Sie anhand meiner Memotechniken einzelne Buchstabenkombinationen bear-beiten und in jeder Situation die jeweils beste Methode der Erinnerung auswählen. Mit Zahlen kann das System aber viel inflexibler sein. Die Phantasie ist auf allen Ebenen immer noch der entscheidende Faktor, aber jetzt ist der Großteil der Arbeit nur einmal zu erledigen. Die Zeit, die Sie zum Erlernen eines einfachen Zahlensystems aufwenden, ist eine der lohnendsten Investitionen, die Sie vornehmen können.

Die Aufstellung eines Systems zum Merken von Zahlen gliedert sich in fünf Schritte. Wie immer ist das beste System eines, das Sie selbst entworfen haben. Nehmen Sie ein Blatt Papier und einen Stift zur Hand, orientieren Sie sich an den beschriebenen Schritten und Vorschlägen, und schaffen Sie sich Ihr ganz persönliches Zahlensystem.

Schritt 1

Nehmen Sie ein Lineal zur Hand, und gliedern Sie das Blatt damit in drei vertikale Spalten; ziehen Sie anschließend zehn Zeilen, um insgesamt dreißig Felder zu erhalten, in jeder Zeile drei. Schreiben Sie an den linken Rand jeder Zeile eine Ziffer: von 0 ganz oben bis 9 ganz unten.

Geben Sie allen drei Spalten eine Überschrift: links **Gegenstände**, in der Mitte **Handlungen** und rechts **Beschreibungen**.

Damit besitzen Sie bereits eine Schablone, um sich ein vollständiges Zahlensystem zu schaffen. Jeder Ziffer werden nun ganz bestimmte Gegenstände, Handlungen und Beschreibungen zugeordnet. Wenn Sie damit fertig sind, wird sich jede Zahlenkombination innerhalb von Sekunden in eine einprägsame Geschichte verwandeln lassen.

Schritt 2

Das gesamte System basiert auf den Gegenständen, die Sie für jede Ziffer auswählen. Der zweite Schritt besteht darin, seine Entscheidungen zu treffen – jeder der zehn Ziffern einen eigenen Gegenstand zuzuordnen.

Eine einfache Möglichkeit dazu besteht darin, beim Aussehen jeder Ziffer die Phantasie spielen zu lassen. Sehen Sie sich nacheinander alle Ziffern an, und suchen Sie dazu Objekte, die zu ihrer Form – ihren charakteristischen Geraden und Kurven – passen. Die neue Identität einer Ziffer wird viel einfacher zu merken sein, wenn sie auch der äußeren Form entspricht.

Haben Sie einen Gegenstand gewählt, so tragen Sie ihn in das entsprechende Feld ein – in Großbuchstaben, aber lassen Sie genug Platz, um später weitere Wörter ergänzen zu können. Benutzen Sie einen Bleistift, da Sie vielleicht noch Veränderungen vornehmen müssen, und gehen Sie von Ziffer zu Ziffer, bis die gesamte erste Spalte komplett und je ein Gegenstand definiert ist.

Vorschläge

0: ist das Paradebeispiel für eine Ziffer mit einer markanten Form. Mein erster Gedanke wäre, als Gegenstand einen **Ball** zu wählen. Schreiben Sie ein einfaches Wort wie dieses in Zeile »0« und die Spalte »Gegenstände«, bevor Sie zur nächsten Ziffer weitergehen.

1: ähnelt einigen anderen Ziffern insofern, als sie auf verschiedene Arten zu schreiben ist. Wählen Sie in jedem Fall die einfachste Form. 1 ist nichts anderes als eine gerade, vertikale Linie – wie ein **Stift**.

2: erinnert mich immer an einen **Schwan** – ein langer, gebogener Hals über einem kompakten Körper.

3: ist ein gutes Beispiel dafür, wie Formen manipuliert werden können. Diese Ziffer sieht aufrecht ungewöhnlich aus – warum also nicht um neunzig Grad drehen? Tut man dies entgegen dem Uhrzeigersinn, so wirkt die 3 wie zwei runde **Hügel**.

4: kann man ebenfalls kippen – und erhält einen **Tisch**.

5: besitzt bereits eine markante Form. Ich sehe darin gerne einen riesigen, spitzen **Haken**.

6: eine **Note** aus der Musik – ein Gegenstand auf einem Notenblatt, aber gleichzeitig ein Klang, was einige Möglichkeiten eröffnet.

7: ist eine Ziffer aus zwei Seiten eines Dreiecks. Vielleicht erinnert es auch Sie an das dreieckige Segel einer **Jacht.**

8: läßt mich an eine **Brezel** denken – womit der Bereich »Essen« erschlossen wäre.

9: besteht aus einem Kreis und einer Linie – vielleicht der Kopf und der Körper einer **Person**.

Selbstverständlich ist die Überschrift »Gegenstände« nur eine Orientierungshilfe. Diese Spalte kann lebende Geschöpfe genauso einschließen wie unbelebte »Dinge«. Das Kunststück besteht darin, einfache und markante Wörter zu wählen, die – wie Person, Note oder Stift – Möglichkeiten für eine große Bandbreite von Bildern, Klängen und Farben eröffnen.

Wenn Sie Ihre Liste noch einmal durchlesen, sollten Sie darauf achten, daß sich jeder Gegenstand deutlich von allen anderen unterscheidet. Meine Vorschläge besitzen ganz unterschiedliche Formen: der runde **Ball**, der feste **Stift**, der spitze **Haken**. Auch die Materialien unterscheiden sich stark: Gummi, Plastik, Federn, Gras, Haut. Wörter wie **Note** und **Brezel** eröffnen die Möglichkeit, weitere Sinne einzubeziehen, und **Person** ebnet den Weg für eine Vielzahl emotionaler Reaktionen.

Zögern Sie nicht, die Liste abzuwandeln. Diese ersten zehn Wörter sind die wichtigsten von allen, und es kommt entscheidend darauf an, sie mit Bedacht zu wählen. Wie die Überschriften der anderen Spalten nahelegen, werden diese Wörter anschließend mit *Handlungen* und *Beschreibungen* verknüpft; achten Sie also darauf, daß jedes genügend Spielraum bietet.

Schritt 3

Fangen Sie nun an, die Ideen auszubauen. Lesen Sie alle Wörter durch, und füllen Sie den Rest des Feldes mit neuen Assoziationen, die alle auf dem ersten Wort basieren, aber jeweils in etwas andere Richtungen weisen.

Bevor Sie ein neues Wort einfügen, sollten Sie die Liste durchlesen und darauf achten, daß es nicht einer anderen Ziffer zuzuschreiben ist. So könnte **Ball** Sie dazu verleiten, an eine runde **Schüssel** zu denken, was sich gut im selben Feld ergänzen ließe. Wenn Sie diese aber zu einer *Salat*schüssel machen wollten, könnten Sie keinen Salat in der Wortliste für die 8 unterbringen; die Verwirrung wäre einfach zu groß. An welche Ziffer würden Sie sich erinnert fühlen, wenn es in Ihrer Geschichte um Salat ginge?

Machen Sie jedes »Grundwort« zum Ausgangspunkt für ein paar Abstecher der Phantasie. Je mehr Möglichkeiten eine Ziffer hat, desto vielseitiger und interessanter können die Geschichten ausfallen. Jede Ziffer sollte – ausgehend von ihrem Schlüsselwort – ein bestimmtes »Thema« haben, gleichzeitig aber ausgreifen und viele verwandte Ideen einbeziehen.

0: Ball – Das zentrale Thema hier ist »Kreis«; als weitere Gegenstände kommen somit **Reifen, Ring, Walze** und sogar **Uhr** in Frage, da sie mit keinem anderen Oberbegriff zu verwechseln sind.

1: Stift – Dieser Abschnitt könnte neben weiteren Schreib- und Malutensilien wie **Bleistift, Pinsel** oder **Lineal** auch Wörter wie **Tinte, Farbe, Bild** und **Buch** aufnehmen. Sie hängen ebenfalls mit dem Ausgangswort **Stift** zusammen, und keines von ihnen gibt Anlaß zu Verwechslungen mit anderen Bereichen des Systems. Die Aufnahme von **Buch** demonstriert, welche »Abstecher« möglich sind: der Zusammenhang ist gewahrt, doch es eröffnet sich ein ganz neuer Bereich von Bildern.

2: Schwan – Das Thema dieses Abschnitts lautet »Flügel« und »fliegen«, so daß sich *jeder* Vogel aufnehmen läßt: **Flugzeug, Drachen, Ballon.** Das letzte Wort illustriert, welche Vorsicht hier geboten ist; wenn die 0 mit **Blase** oder **Ballon** verknüpft worden wäre, hätte es zu einer Verwechslung der Ziffern kommen können. Verwenden Sie das Bild des Ballons aber immer nur als *Heißluft*ballon und niemals als Beispiel für etwas anderes Rundes und Kreisförmiges, so stellen Sie sicher, daß Sie sich stets an die richtige Ziffer erinnert fühlen.

3: Hügel – Dies könnte Ihr Bereich für »pflanzliches Leben« werden! Hier bringen Sie jedes Wort unter, das mit Landschaft zu tun hat: **Felder, Blumen, Bäume** … Um eine zusätzliche Dimension zu schaffen, könnten Sie überdies den Gedanken des *Wanderns* in der Landschaft und anderswo aufnehmen: **Schuhe, Füße, Beine** …

4. Tisch – Häufig ist es nützlich, eine Kategorie sehr genau zu definieren, um sie von allen anderen abzuheben. An dieser Stelle sollte man sich keinen *Holz*tisch vorstellen, bei dem eine

Verwechslungsgefahr mit all den Bäumen und Zäunen aus dem letzten Abschnitt besteht. Warum also kein spezieller *Metall*tisch? Dadurch eröffnen Sie sich eine ganze Reihe neuer Bilder; neben **Stuhl**, **Hocker** und anderem Mobiliar können Sie jetzt Bilder vom Metall selbst einbauen: **Eisen, Stahl, Träger** …

5: Haken – Dies ist ein gutes Beispiel für die Notwendigkeit, einen Abschnitt durch neue Themen zu erweitern. Das Schlüsselwort mag ein paar weitere Bilder wie **Klaue, Kralle** oder sogar **Finger** und **Nagel** nahelegen – aber damit hätten Sie immer noch einen recht begrenzten Vorrat an Bildern und Ideen, wenn es an das Erfinden einer Geschichte geht.

Das Kunststück besteht – wie immer – darin, die Phantasie spielen zu lassen. Konzentrieren Sie sich auf die allgemeinen Themen, das »Hochziehen«, »Aufheben« und »Befestigen«, und denken Sie sich ein paar verwandte Bilder aus.

Ein **Staubsauger** zieht Dinge hoch, eine **Bürste** hebt sie auf; **Leim** und **Klebeband** werden ebenso wie **Reißnägel** oder **Magneten** dazu verwendet, Dinge zu befestigen. Solange sich diese Wörter nicht mit den Bildern in anderen Abschnitten überschneiden, sollten Sie so viele Ideen wie möglich einbeziehen.

6: Note – Hier sind die Möglichkeiten unbegrenzt. Das Spektrum dieses Schlüsselworts ist groß genug, um **Gitarre, Trompete, Klavier, Schallplatte, Kassette, CD, Band, Musiker** und sogar **Sänger** und **Tänzer** abzudecken. Die ganze Welt der Musik läßt sich in diesem einen Abschnitt unterbringen.

7: Jacht – Dies ist ein weiteres Schlüsselwort, das voller Möglichkeiten steckt. Es läßt sich jede Art von **Boot** oder **Schiff** einfügen, darüber hinaus all jene Bilder, die mit **Wasser, See, Fluß** und **Meer** zu tun haben. Selbst **Fisch** und **Fischer** gehören zum selben Leitthema, bereichern die Möglichkeiten und versprechen, die Geschichten schließlich besser schreib-, vorstell- und merkbar zu machen.

8: Brezel – Da dies der einzige Abschnitt ist, in dem es um Nahrungsmittel geht, lassen sich neben fast allem Eßbaren – **Käse**, **Eier**, **Fleisch** – auch Wörter aufnehmen, die mit Kochen und Zubereitung zu tun haben: **Herd**, **Pfanne**, **Messer**, **Löffel**. Ein Beispiel für die Notwendigkeit, die Elemente des Systems genau aufeinander abzustimmen: Vielleicht haben Sie **Ofen** als Metall unter die Ziffer 4 eingereiht, entschließen sich jetzt aber, diesen Begriff zu streichen, um nicht mit dem Feuer und der Wärme des **Herds** durcheinanderzukommen. Wie in all diesen erweiterten Abschnitten sollten Sie bei jedem neuen Wort prüfen, ob es in keine andere Kategorie paßt. So ist **Fisch** sicherlich eßbar, aber es besteht die Gefahr der Verwechslung mit den Bildern für die Ziffer 7.

9: Person – Da Körperteile sich mit den **Fingern** in Abschnitt 5 oder den **Füßen** in Abschnitt 3 überschneiden könnten, wäre hier denkbar, das Thema durch **Hemd**, **Hut** und **Mantel** zu erweitern – alle Kleidungsstücke, die *nicht* an den Händen, Füßen oder Beinen getragen werden.

Außerdem könnten Sie den Bereich durch Berufs- oder Verwandtschaftsbezeichnungen ergänzen. Wiederum gilt: Jede Person kann aufgenommen werden – **Vater**, **Schwester**, **Polizist**, **Lehrer** –, solange sie nicht besser unter einen anderen Oberbegriff paßt. **Gärtner** etwa ließe sich als prägnantes Bild zu 3 aufnehmen, **Seemann** in Abschnitt 7. Darüber hinaus steht es Ihnen frei, noch viele weitere Personen einzusetzen – sogar sich selbst …

Wenn Sie alle Felder der ersten Spalte mit neuen Ideen und Themen ausgefüllt haben, sollten Sie einen Augenblick darauf verwenden, die gesamten bisher aufgenommenen Informationen durchzuarbeiten. Alle zehn Ziffern sollten nun ihr eigenes

Reservoir an Bildern besitzen, die sich jeweils um ein zentrales Thema drehen, aber weit genug ausgreifen, um ein ganzes Spektrum nützlicher Ideen einzuschließen. Wenn Sie zu dem Schluß gekommen sind, daß es zwischen den Ziffern weder Überschneidungen noch Verwechslungsmöglichkeiten gibt, können Sie darangehen, die übrigen beiden Spalten auszufüllen.

Schritt 4

Die mit **Handlungen** überschriebene Spalte basiert unmittelbar auf den **Gegenständen**. Ihre selbst ausgedachten Geschichten werden nicht nur einprägsame Bilder enthalten, sondern auch voller Bewegung und Energie stecken, wobei die zweite Spalte über die Details jeder Handlung bestimmt.

Arbeiten Sie sich von Abschnitt zu Abschnitt vor, achten Sie dabei auf die links stehenden Informationen, und fügen Sie in die mittlere Spalte die entsprechenden Verben ein. Auch hier kommt es darauf an, Überschneidungen und Verwirrung zu vermeiden. Gebrauchen Sie Ihre Phantasie, um starke, einprägsame Handlungen zu entwickeln, und achten Sie stets darauf, daß ein deutlicher Zusammenhang mit den jeweiligen Gegenständen existiert.

Vorschläge

0: Die naheliegenden Vorschläge im Zusammenhang mit **Ball** sind Wörter wie **jonglieren**, **treten** und **rollen**. Achten Sie darauf, daß alle gewählten Handlungen speziell mit Bällen und Reifen zu tun haben; **werfen** etwa wäre eine schlechte

Wahl, da man auch viele andere Dinge werfen kann, aber **rollen** ist ideal.

Da eines der Wörter im linken Feld **Walze** lautet, wäre es nützlich, das Verb **plätten** aufzunehmen; **Ring** könnte Sie dagegen auf den Gedanken bringen, die Handlung **markieren** aufzunehmen – was etwa Biologen tun, wenn sie Tierbeine mit Ringen versehen. Während die Verbindungen zum ursprünglichen Wort bestehenbleiben, eröffnen sich gleichzeitig neue Möglichkeiten.

1: Stift führt logischerweise zu Verben wie **schreiben, zeichnen** und **malen**, und **Buch** legt **lesen** und **lernen** nahe. Die beiden Spalten zusammen schließen nun jede Vorstellung ein, die mit dem geschriebenen Wort zu tun hat.

2: Die naheliegenden Handlungen hier sind **fliegen** und **gleiten**, aber wenn es an das Erfinden einer Geschichte geht, braucht man eine größere Vielfalt. **Werfen** war zu vage für Abschnitt 0, aber hier würde es genau passen: der Gedanke, etwas »fliegen« zu *lassen*! Ein weiteres markantes Wort in diesem Zusammenhang ist **fallen** – vor allem, da es erlauben würde, der Geschichte eine starke emotionale Komponente zu verleihen.

3: Wie oben erwähnt, würden »gärtnerische« Aktivitäten hier gut passen: **graben, hauen, pflanzen, hegen**. Die anderen Hauptthemen in der Spalte **Handlungen** lassen sich durch **laufen** und **rennen** darstellen, zwei eindeutige und starke Verben.

4: In diesem Abschnitt müssen offensichtliche Handlungen durch zusätzliche Ideen phantasievoll ergänzt werden. **sitzen** und **liegen** sind gute, klare Handlungen – doch als weitere Dimension ließe sich **schlafen** einführen. Im Zusammenhang mit dem Thema »Metall« könnte man durch Handlungen wie **schmieden** oder **gießen** das Spektrum an Möglichkeiten erweitern.

5: Hier wurde schon beim Ausfüllen der ersten Spalte die größte Phantasie aufgewendet. Die Verben können sich nun an den beiden Hauptthemen orientieren: **heben, aufspießen** und **saugen** einerseits sowie **befestigen, leimen** und **anheften** andererseits.

6: Neben all den Wörtern aus dem Bereich der Musik – **spielen, blasen, zupfen, schlagen** – lassen sich auch speziellere Handlungen einbringen: **aufnehmen, stimmen, aufführen.** Überdies birgt das allgemeine Thema musikalischer Aktivitäten auch Möglichkeiten wie **tanzen** oder **singen.**

7: Die Bilderwelt in diesem Abschnitt bietet Ihnen ebenfalls eine Fülle von Möglichkeiten. **Segeln, rudern, singen** und **schwimmen** sind offensichtlich, aber auch hier können Sie die Themen erweitern und beispielsweise Angelausdrücke wie **fangen** oder **einholen** ergänzen – und, da **Wasser** hier ein zentraler Gedanke ist, **trinken.**

8: Als Gegensatz zum Trinken im letzten Abschnitt drehen sich die Verben hier um das Essen: **essen, kauen, schlucken, mampfen.** Auch in Verbindung mit der Zubereitung des Essens mangelt es nicht an ausdrucksstarken Wörtern – **kochen, backen, braten** … Eine Kombination allgemeiner Ideen und spezifischer Ausdrücke gibt Ihnen eine große Wahlmöglichkeit.

9: Die besonderen Themen in der Spalte **Gegenstände** legen einige nützliche Wörter nahe: **tragen, nähen, stricken.** Der Rest des Abschnitts ist sehr allgemein – und warum sollte man sich dies nicht zunutze machen und einige wichtige Handlungen einschließen, die anderswo nicht eingesetzt werden? In Abschnitt 2 geht es um das geschriebene Wort, in 6 um den Klang der Musik und des Gesangs, aber noch ungenutzt ist das Thema des *Sprechens*. Diese Handlung ist eine ideale Ergänzung für einen Abschnitt, in dem es um Menschen geht. Sie können eine Vielzahl von Wörtern benutzen – **sprechen, flü-**

stern, **veralbern** – und zudem auch weitergehende Wörter der Emotionen wie **lachen, weinen, schreien** einführen.

Wiederum gilt: Überprüfen Sie zum Abschluß die gesamte Spalte, suchen Sie nach Verwechslungsmöglichkeiten, und prägen Sie sich die Einzelheiten jedes Abschnitts ein. Konzentrieren Sie sich auf jedes Wort, und achten Sie darauf, daß seine Verbindung zum *ursprünglichen* Wort – **Ball**, **Stift**, **Schwan** etc. – deutlich ist.

Danach ist nur noch ein simpler Schritt zu tun.

Schritt 5

Vervollständigen Sie Ihr Zahlensystem jetzt durch das Ausfüllen der letzten Spalte: **Beschreibungen**.

Wenn Sie sich Geschichten ausdenken, werden Sie es als hilfreich empfinden, von Zeit zu Zeit auf beschreibende Wörter – Adjektive – zurückgreifen zu können, um die Bilder voneinander abzugrenzen und zusätzliche Details einzuführen.

Am besten sollte man sich zur Beschreibung jeder Ziffer mindestens zwei Adjektive zurechtlegen – das erste visuell, das zweite einem anderen Sinn zugeordnet –, auch wenn sich beide mitunter zu einem aussagekräftigen Adjektiv kombinieren lassen.

Vorschläge

0: Die visuelle Beschreibung läßt sich hier aus mehreren Möglichkeiten auswählen, darunter **rund, gebogen, hohl**. Daneben könnte man durchaus den *Tast*sinn einbringen und sich die Beschaffenheit eines Balles vorstellen: **elastisch, weich** – vor allem, da eines der Verben in diesem Abschnitt **plätten** ist.

1: Farbig wäre hier eine prägnante Beschreibung, die mit Tinte und Farbe assoziiert wird und die Schaffung einiger sehr einprägsamer Bilder ermöglicht. Farbe besitzt auch einen sehr strengen Geruch; Sie könnten sich also dazu entschließen, in diesen Abschnitt das Adjektiv **stinkend** aufzunehmen!

2: Geflügelt ist hier vielleicht das naheliegendste Adjektiv, das sich wirkungsvoll in einer Geschichte einsetzen ließe – vor allem, wenn Sie einem ansonsten unbeweglichen Gegenstand wie einem Klavier oder einem Stift Flügel verleihen. Um auch den Tastsinn anzusprechen, ließe sich das verwandte Wort **federartig** hernehmen.

3: Blumig ist vielleicht das beste Adjektiv für diesen Abschnitt, weil sich dadurch Farben und Formen vorstellen lassen; als weiteres prägnantes Adjektiv ließe sich **hölzern** einsetzen. Beide Ausdrücke sprechen den Geruchssinn an – aber anders als beim negativen **stinkend** in Abschnitt 1 lautet die Charakterisierung hier **duftend, aromatisch**.

4: In Abgrenzung zum vorigen Abschnitt ist das Adjektiv für 4 **metallisch**, was sowohl das Aussehen des Objekts als auch das Gefühl bei einer Berührung meint. Während der Ball in Abschnitt 0 **weich** ist, wird sich Metall immer **hart** anfühlen.

5: Der Haken *sieht* **spitz** *aus* und *fühlt* sich auch so *an*, und Ihre Finger empfinden sowohl den Leim als auch das Klebeband als **klebrig**. Da eines der Verben hier **saugen** ist, kann man durchaus auch das Adjektiv **sauber** einführen.

6: Hier fällt die visuelle Beschreibung ausnahmsweise am schwersten! Die anderen sind einfach: **musikalisch, laut, melodisch**, aber das visuelle Wort erfordert etwas mehr Phantasie. Vielleicht könnten Sie als Beschreibung hier **rhythmisch** oder **wirbelnd** wählen, was einem Balletttänzer entspricht.

7: Wörter wie **durchweicht**, **feucht** oder **naß** verbinden eine visuelle Beschreibung mit dem Gefühl der Berührung.

8: Nochmals: Wörter wie **appetitanregend** oder **saftig** vereinigen in sich Beschreibungen, die mehrere Sinne ansprechen: Seh-, Geruchs-, Geschmacks- und Tastsinn. Durch ein Wort wie **brutzelnd** könnten Sie sogar das Gehör ansprechen – und da es nicht anderweitig benutzt wird, ist **heiß** an dieser Stelle ebenfalls passend und markant.

9: Bekleidet ist besonders einprägsam, wenn es – wie **geflügelt** in Abschnitt 2 – einem toten Objekt zugeschrieben wird: eine Brezel im Jackett oder Bäume mit Hüten auf! Da die Spalte **Handlungen** an dieser Stelle so viele emotionale Wörter enthält, verwandelt man sie einfach in Beschreibungen: durch **lachend**, **weinend** und **besorgt** können Sie eine Fülle von Emotionen in Ihre Geschichten einbauen – und einige seltsame und einprägsame Bilder erfinden: einen lachenden Schwan, eine weinende Gabel, ein besorgtes Paar Schuhe …

Sobald Sie diese Spalte komplettiert haben, ist Ihr Zahlensystem einsatzbereit. Das Blatt Papier vor Ihnen enthält alles Notwendige, um sich an jede beliebige Nummer erinnern zu können – ob sie nun aus einer Ziffer besteht oder aus zehntausend. Sie haben vielleicht eine halbe Stunde darauf verwendet, die drei Spalten zusammenzustellen, aber die Zeit, die Sie durch den Einsatz dieses Systems *sparen*, wird Sie rasch dafür entschädigen – ganz zu schweigen von der Effizienz und dem Erfolg, die Ihnen zuteil werden.

Verwenden Sie zuletzt noch ein paar Momente darauf, die Wortgruppen in Ihrem System durchzulesen. Jede Ziffer besitzt nun ihre eigene Bandbreite an Identitäten, eine Auswahl an Gegenständen, Handlungen und Beschreibungen. Alle möglichen Wörter für eine einzige Ziffer sind durch ein zentrales Thema miteinander verbunden – so basieren die Wörter für 2 auf dem Fliegen und die für 8 auf Essen und Nahrung –, doch die Bandbreite an Ideen reicht aus, um Ihnen einen großen Handlungsspielraum anzubieten. Auch wenn es in diesem System nur zehn Ziffern gibt, können Sie sich für jede Zahl, an die Sie sich erinnern müssen, eine ganz andere Geschichte ausdenken.

Es ist wichtig, dieses Blatt aufzuheben – zum Nachschlagen und damit Sie es auf den neusten Stand bringen und verändern können, wenn Sie sich neue Ideen oder nützliche Verbesserungen einfallen lassen. Die ersten paar Male, wenn Sie das System benutzen, müssen Sie es vor sich liegen haben, aber schon bald werden Sie die Möglichkeiten für jede Ziffer auswendig wissen.

Vielleicht ängstigt Sie die Aufgabe, sich diese drei Spalten einzuprägen, doch in Wirklichkeit lernen Sie nur die zehn grundlegenden Themen – **Bälle**, **Wetter**, **Fliegen**, **Natur** etc. –, und da diese auf der Form der Ziffern selbst beruhen, ist das gesamte System von Anfang an einprägsam und vertraut.

Um die fünf Schritte bei der Erstellung des Zahlensystems zusammenzufassen, folgt nun eine vollständige Version, die auf einigen der oben angeführten Vorschläge basiert.

Man sollte sich vor Augen halten, daß nicht *alle* möglichen Bilder und Ideen schriftlich in dieser Liste fixiert sind. Die Felder enthalten nur die zentralen Wörter und Themen, aber wenn Sie Ihre Geschichten erfinden, lassen sich auch andere Bilder einsetzen – solange sie zum Thema einer bestimmten Ziffer passen und sich nicht mit anderswo benutzten Bildern überschneiden.

Wenn Sie eine Weile experimentiert haben, werden Sie feststellen, daß manche Ideen einprägsamer sind als andere und bestimmte »Lieblinge« aus einem Wortfeld häufiger Verwendung finden als die anderen. Durch Praxis wird das System Ihrem Vorgehen angepaßt.

Die fünf Schritte des Zahlensystems

Gegenstände	Handlungen	Beschreibungen
0 Ball, Reifen, Ring, Walze, Uhr	jonglieren, treten, rollen, plätten, etikettieren	rund, hohl, flach, elastisch
1 Stift, Bleistift, Farbe, Tinte, Bild, Buch	schreiben, malen, zeichnen, lesen, lernen	farbig, übelriechend
2 Schwan, Vogel, Flugzeug, Drachen, Ballon	fliegen, gleiten, werfen, fallen	geflügelt, federartig
3 Hügel, Felder, Bäume, Blumen, Schuhe, Füße, Beine	graben, hauen, pflanzen, hegen, laufen, rennen	blumig, hölzern, duftend
4 Tisch, Stuhl, Hocker, Eisen, Stahl, Träger	sitzen, liegen, schlafen, schmieden, gießen	metallisch, hart
5 Haken, Klaue, Finger, Staubsauger, Bürste, Leim, Kleber	heben, spießen, saugen, kleben, befestigen	spitz, sauber, klebrig
6 Note, Gitarre, Trompete, CD, Band, Sänger, Tänzer	spielen, blasen, singen, aufnehmen, tanzen	musikalisch, laut, rhythmisch
7 Jacht, Schiff, Wasser, See, Fisch, Angler	segeln, schwimmen, sinken, fangen, trinken	naß, feucht, durchweicht
8 Brezel, Käse, Eier, Fleisch, Herd, Pfanne, Gabel, Koch	essen, schlucken, kochen, braten, backen	appetitlich, saftig, heiß, brutzelnd
9 Person, Mantel, Hemd, Vater, Schwester, Lehrer, Sie!	tragen, nähen, reden, flüstern, lachen, weinen, schreien	bekleidet, lachend, besorgt

Die Benutzung des Zahlensystems

Wenn Sie mit meinen Memotechniken vertraut sind – die Informationen ordnen, sie merkbar machen und in Bilder, Abfolgen und Geschichten verwandeln –, werden Sie mit der Benutzung des Zahlensystems keine Schwierigkeiten haben. Die drei Spalten bieten Ihnen alle Ideen und Bilder, die Sie brauchen, um die Zahlen in seltsame, lustige und einprägsame Geschichten zu verwandeln.

Es funktioniert ganz einfach. Wenn Sie sich künftig eine Zahl merken müssen, tun Sie das Ziffer für Ziffer. Wählen Sie für jede einzelne Ziffer ein Wort, das in dem entsprechenden Feld verzeichnet ist – einen Gegenstand, eine Handlung oder eine Beschreibung.

Es geht darum, diese Wörter zum Gerüst einer Geschichte zu machen; suchen Sie sich also Wörter aus, die Ihren jeweiligen Bedürfnissen am ehesten entsprechen.

Steht eine Ziffer für eine bestimmte Person, so kommt es der Geschichte zugute, wenn die folgende Ziffer zu einer Handlung gemacht wird. Vor einer Person ergänzt ein beschreibendes Wort die Einzelheiten des Bildes. Wählen Sie stets Wörter, die das Erfinden der Geschichte *erleichtern*.

Dies klingt viel komplizierter, als es ist. Um den Prozeß zu verstehen, versucht man am besten, ihn einmal nachzuvollziehen. Die folgenden Beispiele basieren alle auf dem oben ausgeführten System.

Stellen Sie sich vor, Sie müßten die Zahl **72506** lernen – die Fabrikationsnummer eines Computers oder das Aktenzeichen auf einem Formblatt. Jede Ziffer wird zum Element einer Kurzgeschichte.

Sie haben in jedem Fall die Wahl. Die **7** kann von jedem Wort in Abschnitt **7** Ihres Systems dargestellt werden. Da es das erste Element in der Geschichte ist, wäre es sinnvoll, eine Person daraus zu machen – einen **Seemann** vielleicht, oder einen **Angler**.

Andererseits könnten Sie es in ein beschreibendes Wort verwandeln und dafür die zweite Ziffer dieser Zahl zur Hauptfigur machen. In diesem Fall würde die **7** durch das Adjektiv **naß** ersetzt, um von Anfang an Details einzubringen. Besonders nützlich wäre dies in einer solchen Abfolge von fünf Ziffern – **Beschreibung, Gegenstand, Handlung, Beschreibung, Gegenstand** –, aus der sich eine klare, geradlinige Geschichte ergibt.

7 wird damit also zu **naß**.

Solange Sie Ihr Zahlensystem noch üben, ist es hilfreich, jedes gewählte Wort zu notieren; so können Sie sehen, wie die Geschichte entsteht und allmählich Gestalt annimmt.

Die nächste Ziffer der Zahlenfolge ist **2**. Da Sie mit einer Beschreibung angefangen haben, müssen Sie diese Ziffer auf jeden Fall zu einem Gegenstand oder einer Person machen – zum Subjekt, das die Handlung der Geschichte bestimmt. **Schwan** ist ein starkes Bild aus der Rubrik **Gegenstände** in Abschnitt **2**, und es paßt gut zu **naß**.

7 und **2** sind damit zu »**nasser Schwan**« geworden! Als nächstes bietet sich ein Verb an. Die entsprechende Ziffer ist **5** – warum wählen Sie also nicht das Wort **hebt** als nächstes Element Ihrer Geschichte?

725: »Ein **nasser Schwan hebt** …«

Damit fehlen nur noch zwei Ziffern. Wie oben vorgeschlagen, bringen Sie die Geschichte problemlos zum Abschluß, wenn Sie die erste Ziffer zu einer Beschreibung und die zweite zu einem Gegenstand machen. Für **0** könnten Sie **rund** wählen, und wenn Sie die **6** zu einem **Sänger** machen, wäre die Szene in der Tat einprägsam:

»Ein **nasser Schwan hebt** einen **runden Sänger**!«

Sie könnten sich einen durchnäßten Vogel vorstellen, der seinen Schnabel in das Wasser taucht und einen ungeheuer fetten Opernstar herauszieht …

Wie immer sollten Sie diese Szene mit Ihrem *Grund* verknüpfen, weshalb Sie sich die Nummer merken. Wenn es die Nummer Ihrer Kreditkarte ist, könnten Sie die gesamte Szene in einer Bank spielen lassen. Handelt es sich um den Sicherheitscode für eine Tür am Arbeitsplatz, so ließe sich ein herrliches Poster von dieser Szene fiktiv an genau diese Tür heften. In wenigen Augenblicken sind die trockenen, abstrakten Zahlen zum Leben erweckt und in eine einprägsame Geschichte verwandelt worden, die mit den Ziffern selbst verknüpft und somit fest im Gedächtnis verankert ist.

Um sich die Nummer wieder in Erinnerung zu rufen, müssen Sie den Prozeß einfach in umgekehrter Reihenfolge durchführen. Vergegenwärtigen Sie sich das Bild, und heben Sie die zentralen Elemente hervor: **naß**, **Schwan**, **hebt**, **runden**, **Sänger**. Jedes dieser Wörter kann sich nur auf eine Ziffer beziehen: **naß** muß 7 sein, die Ziffer mit dem Thema »Wasser«; **Schwan** ist selbst das Schlüsselwort in Abschnitt 2; **hebt** muß sich auf den Haken (5) beziehen; **runden** ist eindeutig die runde, ballähnliche 0, und **Sänger** stammt schließlich aus dem Bereich der Musik: 6. Das Bild enthält alle notwendigen Informationen, um sich innerhalb von Sekunden die Zahl in Erinnerung zu rufen: 72506.

Das Schöne an diesem System ist die unendliche Vielfalt an Möglichkeiten. Da jede Ziffer zu einer ganzen Reihe von Wörtern werden kann, läßt sich jede Ziffern*kombination* in eine Vielzahl von Geschichten verwandeln. Mit ein und demselben System können zehn Leute aus fünf identischen Ziffern zehn unterschiedliche Geschichten machen.

Die 7 könnte zu einem Seemann werden. Als nächstes wäre ein Verb nützlich; Sie verwandeln also 2 in das Wort **wirft**. 5

könnte zu **Leim** werden … und eine neue Geschichte nimmt Gestalt an: »Ein **Seemann wirft Leim** …«

Was bewirft er mit dem Leim? Die beiden übrigen Ziffern sind 0 und 6; es könnte also eine **hohle Gitarre**, eine **geplättete CD** oder ein **runder Tänzer** sein.

Die Möglichkeiten sind enorm, und durch Ihre Phantasie können Sie sich die einprägsamsten Szenen ausdenken.

Mit diesem System läßt sich jede Ziffernkombination lernen. Manchmal ist es nur notwendig, sich an ein oder zwei Zahlen zu erinnern – beispielsweise bei einer Adresse oder einer Losnummer auf einer Auktion.

Nehmen wir einmal an, die neue Hausnummer einer Freundin wäre 98. Anstatt sie nun auf die Hand zu schreiben oder während des Besuchs leise vor sich hin zu sprechen, verwandeln Sie die Ziffern einfach in eine einprägsame Szene.

Da es sich bei der 9 nach dem System um eine »Person« handelt, könnte diese Ziffer zu Ihrer Freundin selbst werden, und bei der 8 stellen Sie sich meinetwegen vor, wie sie zur Feier Ihres Besuchs gerade kocht!

Wäre die Zahl **41**, so könnten Sie die Handlung **sitzen** sowie den Gegenstand **Buch** wählen und sich vorstellen, wie Sie beide auf hohen Bücherstapeln sitzen und auf die Ankunft der Möbel warten …

Bei der Zahl **87** ließe sich daran denken, wie Ihre Freundin die Tür öffnet und Ihnen ein **heißes Getränk** gibt. Anhand des Systems können Sie selbst zwei Ziffern zu einer einprägsamen Szene machen – abstrakte Zahlen in Wörter und Bilder verwandeln.

Längere Ziffernfolgen erfordern einfach längere Geschichten. Es lassen sich alle in Teil 1 beschriebenen Techniken des Geschichtenerzählens ins Spiel bringen, wobei es darauf ankommt, bereits bei der Wahl bestimmter Wörter und Bilder über die Zusammenhänge und den Fortgang der Geschichte nachzudenken. Entscheidend sind die Verknüpfungen, aber solange jedes Element der Geschichte zum nächsten führt, lassen sich selbst die längsten Zahlen problemlos merken.

Achten Sie stets darauf, daß Sie eine Geschichte damit verknüpfen können, *warum* Sie sie erfinden. Wenn dieser Grund mit einer Person zu tun hat – wie die Freundin mit dem neuen Haus –, sollten Sie mindestens eine der **9er** zu dieser Person machen. Handelt es sich bei der entsprechenden Zahl um die Telefonnummer des Juweliergeschäfts, so ist es sinnvoll, jede mögliche **0** zu einem **Ring** anstatt zu einem **Ball** oder **Reifen** werden zu lassen. Das Ziel ist stets, die Geschichte so einfach wie möglich zu gestalten, praktische Merkhilfen zu nutzen und die bereits vorhandenen Chancen für das Gedächtnis zu erkennen.

Weiter unten finden Sie Auszüge aus einem fiktiven Telefonbuch. Vielen Leuten wäre schon damit gedient, wenn sie zehn ihrer meistgewählten Nummern wüßten; ein paar Minuten der Überlegung ersparen viel Zeit, die mit dem Durchblättern von Notiz- und Telefonbüchern vergeudet wird. Es hat keinen Sinn, Informationen zu lernen, die man selten braucht, aber die Fähigkeit, eine Handvoll wichtiger Telefonnummern zu behalten, kann das Leben tatsächlich um einiges leichter machen.

Zunächst sehen Sie eine Liste mit sechs Beispielen, auf die dann Vorschläge für Bilder und Geschichten folgen. Wenn Sie alle durchgelesen haben, sollten Sie sich die Geschichten durch den Kopf gehen lassen und eigene Verbesserungen vornehmen, bevor Sie zur Liste zurückkehren und sich selbst prüfen. Verdecken Sie die Nummern der rechten Spalte, und prüfen Sie, wie viele Sie sich ins Gedächtnis zurückrufen können. Die Wörter auf der linken Seite sollten als Merkhilfen genügen.

Theater	64 38 72
Bibliothek	22 18 54
Schule	89 75 45
Arzt	10 34 79
Friseur	68 00 33
Kino	98 36 81

Vorschläge

Theater: 64 38 72
Zunächst gilt es, auf nützliche Nummern zu achten. Die erste Ziffer **6** könnte eine sehr praktische Möglichkeit bieten, die Geschichte mit dem Theater zu verknüpfen und auf Musik oder Schauspiel zu gründen. Die Verbindung mit der Ziffer 4 sorgt tatsächlich für einen angemessenen Ausgangspunkt: »**Klavier-Hocker**«.

Stellen Sie sich Ihre Reaktion vor, wenn der Klavierhocker plötzlich Füße ausbilden und auf der Bühne herumrennen würde. An dieser Stelle könnte man ein Verb vor einem Substantiv einführen und **rennt** (für **3**) vor **essen** (für **8**) stellen.

Die ersten vier Ziffern sind also bereits abgedeckt: »Ein **Klavier-Hocker rennt** zum **Essen** …«

Er rennt in das Theaterlokal … aber was findet er dort? Man sollte sich solche Fragen stellen, um sich an die Abfolge der Ereignisse zu erinnern. Die letzten beiden Ziffern sind **7** und **2**; vielleicht fängt er also an, auf einer **nassen Taube** herumzukauen, und spritzt im ganzen Raum herum, während er den Vogel verschlingt.

Die Telefonnummer des Theaters ist zu einer bizarren Handlung geworden: »Ein **Klavier-Hocker rennt** zum **Essen**: eine **nasse Taube**!« Stellen Sie sich die Szene vor, und ergänzen Sie weitere Details oder neue Merkhilfen, während Sie sich die Szene einprägen.

Der Klavierhocker steht auf der Theaterbühne und wartet auf ein Konzert, als die seltsamen Ereignisse ihren Lauf nehmen. Wenn Sie diese Nummer einige Male aus dem Gedächtnis und nicht aus dem Telefonbuch wählen, festigen Sie sowohl ihre Verbindung zum Theater als auch ihre Verankerung im Gedächtnis; Sie werden feststellen, daß Sie die Nummer niemals wieder nachschlagen müssen.

Wenn Sie sich an die Szene erinnern, zerlegen Sie sie wieder in die ursprünglichen sechs Ziffern.

Der **Klavier-Hocker** ist eine Kombination aus musikalisch (**6**) und Mobiliar (**4**), **rennen** ist eine der wichtigsten Handlungen in Abschnitt **3**, das **Essen** muß für die schmackhafte **8** stehen, **naß** erinnert Sie an die wäßrige **7**, und die **Taube** schließlich lebt mit allen anderen fliegenden Objekten in Abschnitt **2**. Die Telefonnummer des Theaters ist **64 38 72**.

Bibliothek: 22 18 54

Die Zahl, auf die man sich hier sofort konzentrieren sollte, ist die **1**, da ihre Themen »Lesen« und »Schreiben« eng mit der Bibliothek zusammenhängen. Davor illustriert die doppelt auftretende **2**, wie wichtig es ist, aus unterschiedlichen Wortklassen wählen zu können. Warum sollte man also nicht aus der ersten **2** einen Gegenstand – einen **Vogel** – und aus der zweiten eine Handlung – **gleitet** – machen? Daraufhin können die Bücher zum Mittelpunkt des Interesses werden: »Ein **Vogel gleitet** in einen Stapel **Bücher**.«

Diesmal überlegen Sie vielleicht, die **8** zu einer Person zu machen – einem **Koch**, der den Vogel sieht und sich entschließt, ihn in ein Abendessen zu verwandeln! Er **hebt** ihn auf – **5** – und legt ihn für später auf einen **Tisch** – **4**.

Denken Sie daran, daß die Geschichte in der Bibliothek spielt.

Ein hoher Stapel neuer Bücher sitzt auf dem Bürgersteig und wartet darauf, nach drinnen gebracht zu werden. Der Schauplatz ist vorbereitet, und die Geschichte kann beginnen.

Sie werden Zeuge, wie ein **Vogel** durch die Wolken **gleitet** und gegen die **Bücher** prallt. Die einzige Person in Ihrer Nähe ist ein **Koch**, der sich nicht zweimal bitten läßt! Er **hebt** den Vogel auf und legt ihn für später auf seinen **Tisch** ...

Wenn Sie das nächste Mal ein Buch aus der Bibliothek bestellen wollen oder herausfinden möchten, ob sie geöffnet hat, denken Sie einfach an diese kurze Geschichte und verwandeln die Bilder in Ziffern zurück. »Ein **Vogel** – 2 – **gleitet** – 2 – in einige **Bücher** – 1. Der **Koch** – 8 – **hebt** ihn auf – 5 – und legt ihn auf den **Tisch** – 4.« Die Nummer der Bibliothek muß **22 18 54** lauten.

Schule: 89 75 45

Im Speisesaal der Schule gehen seltsame Dinge vor. Die Schulköchin bereitet offenbar keine Mahlzeiten mehr zu, sondern näht statt dessen die Segel einer Jacht zusammen! Sobald die **Köchin** – 8 – mit dem **Nähen** – 9 – der **Segel** – 7– fertig ist, beginnt sie aufzuräumen. Sie **kehrt** – 5 – mit einem **Metall** – 4 – **Besen** – 5.

Wieder kommt es darauf an, sich die genaue Reihenfolge der Ereignisse einzuprägen. Stellen Sie sich vor, wie die Köchin das Durcheinander sieht und aufräumen will, sich dann aber fragt, womit. Denken Sie an das Geräusch einer Stahlbürste auf dem Boden, und gehen Sie die gesamte Geschichte gedanklich noch einmal durch, um sich die Einzelheiten einzuprägen.

Überall laufen Kinder herum; es muß also der Speisesaal einer Schule sein. Der **Koch** steht eindeutig für den kulinarischen Abschnitt 8, das **Nähen** entstammt dem Thema »Kleider« in Abschnitt 9, das **Segel** hat Abschnitt 7 erst das Thema »Jacht«

gegeben, und als nächstes geht es um das **Putzen**, eine der wichtigsten Handlungen in Abschnitt **5**. Die Köchin benutzt eine **Metallbürste** – das **Metall** gehört zum Eisenstuhl und Stahltisch in Abschnitt **4**, und die Bürste selbst, ein weiteres »Putzwort«, erinnert Sie an eine zweite **5**. Die Nummer der Schule kann nur **89 75 45** sein.

Arzt: 10 34 79

Manchmal kann man sich durch die »Gestalt« einer Zahl zum besten Aufbau einer Geschichte inspirieren lassen. Hier wäre es denkbar, die letzte Ziffer (**9**) für den Arzt selbst stehen zu lassen und die ganze Geschichte auf Ihren Kampf zu gründen, zu ihm zu gelangen.

Auf dem Weg zur Arztpraxis bemerken Sie, daß eine hohle Eiche vor die Tür gepflanzt wurde. Die Rinde ist mit Wörtern übersät, und Sie **lesen** den **hohlen Baum**. Die meisten Wörter sind bedeutungslos, aber nach einer Weile können Sie eine Aufforderung entziffern: **Setzen** Sie sich ins **Wasser**.

Ganz in der Nähe ist eine kleine Pfütze, und widerwillig setzen Sie sich. Dies führt jedoch zum Erfolg, denn plötzlich öffnet sich die Tür, und der **Arzt** tritt heraus. Irgendwie kommen Sie durch dieses eigenartige Ritual sofort an die Reihe!

In der Geschichte geht es einzig und allein darum, zum Arzt zu gehen – ein nützlicher Zusammenhang, wenn Sie einmal eine Nummer brauchen. Die Geschichte beginnt mit der Entdeckung der Instruktionen: Sie **lesen** – **1** – den **hohlen** – **0** – **Baum** – **3**. Die Schrift fordert Sie auf: **Setzen** – **4** – Sie sich in das Wasser – **7**. Die Unannehmlichkeit lohnt sich, denn der **Arzt** – **9** – erscheint sofort. Wenn Sie das nächste Mal den Arzt anrufen müssen, wählen Sie **10 34 79**.

Friseur: 68 00 33

Es besteht keine offensichtliche Verbindung zwischen dem

Friseursalon und einer der Ziffern. Warum nehmen Sie den Salon dann nicht einfach als Schauplatz von bizarren Vorgängen?

Stellen Sie sich einen Augenblick lang den Ort vor, an dem Sie die Haare schneiden lassen. Setzen Sie sich gedanklich auf einen der Sessel, und beobachten Sie erstaunt, was der Person zu Ihrer Linken widerfährt.

Sie sitzen neben einem berühmten Fußballer, der anscheinend Probleme mit den Füßen hat – allerdings ist es nicht ihr Geruch (sie sind sogar sehr wohlriechend!), sondern vielmehr ihre Größe. Seine Füße sind *riesig* – für einen Sportler natürlich ein gewaltiger Nachteil –, aber glücklicherweise scheint der Friseur Rat zu wissen.

Er holt ein Gerät hervor, das Sie nie zuvor gesehen haben – einen drehenden Löffel! –, und setzt es in Bewegung, um die Füße des Kunden abzurunden. Danach wendet er sich wieder normaleren Tätigkeiten zu …

Die Szene ist wirklich komisch und einprägsam. Der **drehende Löffel rundet** dem **Fußballer** die **wohlriechenden Füße**! Stellen Sie sich vor, wie Sie diese Zusammenfassung auf einen Zettel schreiben, um sie Ihren Freunden zu erzählen. Nie wieder werden Sie die Telefonnummer des Friseurs vergessen.

Drehend – wie ein Tänzer – kommt von Abschnitt **6**, der **Löffel** gehört zur Küchenausstattung in Abschnitt **8**, **rundet** ist eine der Handlungen in Abschnitt **0**, der **Fußballer** ist geschickt darin, **0**-förmige Fußbälle zu treten, **wohlriechend** ist eine duftende Beschreibung aus dem blumigen Abschnitt **3**, und auch die **Füße** sind fest darin (**3**) verwurzelt. Die Nummer des Friseurs muß **68 00 33** sein.

Kino: 98 36 81

Diesmal beginnt die Zahl mit einer **9**; Sie können sich also eine markante Person aussuchen, die die Handlung bestimmt.

Da es sich bei dem Ort um ein Kino handelt, könnte man die 9 zu Ihrem Lieblingsschauspieler machen.

Stellen Sie sich vor, Sie sitzen in der ersten Reihe dieses Kinos und sehen sich die neueste Komödie an. Ihr bevorzugter **Schauspieler** – 9 – steht im Mittelpunkt der Aufmerksamkeit – vor allem, da er sich recht eigenartig verhält. Er **ißt** – 8 – einen **hölzernen** – 3 – **Notenständer** – 6! Ein Blick in sein Gesicht verrät Ihnen, daß er ihm nicht besonders schmeckt; irgend etwas stimmte mit der Zubereitung nicht. Er geht in die Küche zurück und schnappt sich das **Koch-Buch** – 8 und 1 …

Wenn Sie das nächste Mal im Kino anrufen und Karten vorbestellen möchten, sollten Sie an diesen ungewöhnlichen Film denken. Sobald Sie sich die Geschichte in Erinnerung rufen – der **Schauspieler ißt** einen **hölzernen Notenständer** und sieht noch einmal im **Koch-Buch** nach –, werden Sie wissen, daß die Nummer des Kinos **98 36 81** lauten muß.

Falls Sie Schwierigkeiten haben, sich an eine der sechs Zahlen zu erinnern, wenn Sie zur ursprünglichen Liste zurückgehen, sollten Sie die entsprechende Geschichte einprägsamer gestalten. Heben Sie die Elemente hervor, die Ihnen Schwierigkeiten bereiten, und ergänzen Sie dann neue Anstöße und Merkhilfen, um die Abfolge in Ihrem Gedächtnis zu verankern. Dies ist eine nützliche Übung; sobald Sie sich an alle sechs Zahlen erinnern können, haben Sie 36(!) beliebige Ziffern im Kopf, was die meisten Menschen für unmöglich halten!

Am wichtigsten ist aber, daß Sie sich eine Fähigkeit angeeignet haben, die Ihnen beinahe täglich nützen kann. Immer wenn Sie mit einer neuen Zahl konfrontiert werden, sollten Sie diese ganz bewußt lernen. Schreiben Sie sie auf, natürlich, aber prägen Sie sich die Zahl auch ein – und wenn Sie sie das nächste Mal brauchen, widerstehen Sie der Versuchung, sie nachzuschlagen. Je mehr Sie Ihr Gedächtnis benutzen, desto eher werden Sie feststellen, daß Sie sich darauf verlassen können; Sie trauen sich zu, sich jede Information anzueignen und zu merken.

Machen Sie die Probe aufs Exempel

Im folgenden sehen Sie sechs weitere fiktive Telefonnummern. Üben Sie anhand dieser Nummern alle entscheidenden Schritte des Systems: Wählen Sie passende Bilder, entscheiden Sie sich für einen bestimmten Ausgangspunkt und erzählen Sie eine einprägsame Geschichte.

1. **Zahnarzt**	92 63 42
2. **Pizza-Service**	76 54 88
3. **Fitneßcenter**	53 47 10
4. **Gemeinschaftszentrum**	85 38 26
5. **Bahnhof**	21 23 43
6. **Rathaus**	10 75 39

Zahlen und Namen

Die oben aufgeführten Zahlen lassen sich alle mit bestimmten Orten – Bahnhof, Kino, Rathaus – und häufig mit bestimmten, klar definierten Personen wie Arzt oder Friseur in Verbindung bringen. Dadurch können sie jederzeit mit den erfundenen Geschichten verknüpft werden, doch sind die Prinzipien selbst dann anwendbar, wenn die Nummern weniger eindeutig sind.

Auch wenn Sie nichts als einen Namen zur Verfügung haben –

Ludwig L. Bock –, dauert es nur einen Augenblick, eine prägnante Verknüpfung herzustellen.

Setzen Sie die bereits gelernten Methoden ein. Spielen Sie ein wenig mit dem Namen herum und suchen Sie nach Möglichkeiten, die Bilder zu erfinden, die notwendig sind, um die Geschichte fest zu verankern.

In diesem Fall könnte man »Ludwig« ein wenig zu **Lud-Weg** abwandeln, was insofern besonders nützlich ist, als man damit schon einen ersten Anhaltspunkt auf den Schauplatz erhält. Mitten auf dem Weg steht ein **Bock**, sogar ein äußerst gefährlicher spanischer Bock – **El Bock** –, der bei Ihrem Erscheinen sofort auf Sie zurennt. Die Geschichte, die Sie erfinden, um sich Ludwigs Telefonnummer zu merken, kann sich darum drehen, was als nächstes geschieht.

Vielleicht ist seine Telefonnummer **313922**. Der Bock rennt auf Sie zu … und Sie beschließen, vor ihm davonzu**laufen** – **3**. Leider kommen Sie nicht sehr weit; in einer Kurve des Lud-Wegs poltern Sie gegen einen **farbigen** – **1** – **Baum** – **3**. Sie sind benommen und **sprechen** – **9** – wie in einem Comic zu den **Vögeln** – **2**, die Ihnen um den Kopf **schwirren** – **2**!

Wenn Sie das nächste Mal Ludwig L. Bock anrufen müssen, werden Sie sich an den Lud-Weg mit dem spanischen Bock erinnern …

Und die Geschichte läuft vor Ihnen ab!

Vorwahlnummern

Auch wenn Sie vermutlich eher Ortsgespräche führen, die keine Vorwahlnummer haben, ist es nützlich, sich gegebenenfalls an Vorwahlnummern erinnern zu können. Es handelt sich dabei normalerweise um kurze Zahlen, doch wenn Sie sich prägnante Bilder ausdenken, lassen sich bereits zwei Ziffern fest mit einer Stadt oder einem Land in Verbindung bringen – und Sie müssen nie mehr die Auskunft anrufen.

Die meisten Codes werden für Sie aus dem einen oder anderen Grund von Bedeutung sein – eine Stadt, die Sie gut kennen, oder der Wohnort eines Verwandten –, so daß Sie genügend Material für den Ausgangspunkt einer Geschichte bekommen sollten. Es ist aber durchaus möglich, auch den Code für einen Ort zu lernen, an dem Sie niemals gewesen sind, ja, von dem Sie vielleicht niemals gehört haben.

Wie bei dem Beispiel mit dem Namen sollten Sie zunächst mit den Wörtern herumspielen, bis Sie sich einen Anhaltspunkt ausgedacht haben, der die Geschichte trägt.

Im folgenden sehen Sie vier deutsche Ortskennzahlen. Genau wie oben sollten Sie zunächst die Vorschläge durchlesen und dann Ihren Erfolg testen.

Mönchengladbach	0 21 61
Hamburg	0 40
Leipzig	03 61
Schönhofen (Bayern)	0 94 04

Vorschläge

Mönchengladbach: 0 21 61
Meine Memotechnik hat das Ziel, sich Dinge leichter merken zu können; so kann die **0** bei allen Vorwahlnummern – wie auch hier – aus dem Lernprozeß ausgeklammert werden. Alle Ortskennzahlen beginnen mit **0**; es hat also wenig Sinn, sich etwas zu merken, was ohnehin vorhanden sein muß!
Mönchengladbach bietet viele Möglichkeiten. Man kann im Namen der Stadt zwei bekannte Wörter finden – **Mönch** und **Bach** –, aber es gibt auch einige andere Assoziationen: den

Fußballklub Borussia Mönchengladbach, die Braunkohle ...
In diesem Beispiel konzentrieren Sie sich aber auf den Mönch,
damit deutlich wird, daß Sie einen Ort nicht kennen müssen,
um ihm ein bestimmtes Bild zu verpassen.

Stellen Sie sich also einen Mönch vor, der gerade im Kreuz-
gang seines Klosters wandelt. Da flattert eine **Taube** – 2 –
über ihm und spritzt ihm eine Art **Schrift** – 1 – auf die Kut-
te. Der Mönch ist ergriffen – ein Zeichen des Heiligen Gei-
stes! –, dankt Gott für diese Offenbarung und **singt** – 6 – vor
Freude. Zurück im Kloster, macht er sich sofort an die Arbeit
und kopiert die geheimnisvolle Schrift in ein **Buch** – 1.

Die Ortskennzahl von Mönchengladbach ist **0 21 61**.

Hamburg: 0 40
Bei Hamburg ließe sich entweder aus der fiktiven Ham-Burg
etwas machen, oder man läßt seinen Assoziationen freien
Lauf: Hafen, Hanse, Weltoffenheit, Ohnsorg-Theater ... und
Reeperbahn.

Spät, sehr spät sind Sie in Hamburg angekommen. Sie suchen
ein Plätzchen zum **Schlafen** – 4 – und fragen an der Reeperbahn nach. Dort bekommen Sie sogar ein Quartier, aber glauben Sie nicht, Sie könnten ein Auge zutun: Die ganze Nacht
durch geht es **rund** – 0!

Hamburg hat die Vorwahlnummer **0 40**.

Leipzig: 03 61
Wenn Sie in einer Stadt wie Leipzig niemanden kennen, dürften die inhaltlichen Assoziationen wahrscheinlich stärker sein
als die Bilder, die sich durch ein Herumspielen mit dem Namen ergeben. So ließe sich an die Montagsdemonstrationen
denken, an Kurt Masur und das Gewandhausorchester – oder
an die Bedeutung Leipzigs als Messestadt.

Stellen Sie sich also vor, wie Sie um das ausgedehnte Messegelände **laufen – 3** – und herauszufinden versuchen, welche Messe gerade stattfindet. Da dröhnt es aus den **Lautsprechern – 6**: Besuchen Sie die Leipziger **Buch – 1** –messe! Die Ortskennzahl von Leipzig ist **0361**.

Schönhofen: 0 94 04

Mit Schönhofen können Sie nun wahrscheinlich gar nichts anfangen und müssen sich an den Ortsnamen halten. Aber auch das ist kein Problem, denn ein schöner Hof in Bayern sollte die Phantasie vor keine allzu großen Probleme stellen. Der **Bauer – 9** –, der den Hof bewirtschaftet, setzt sich nach getaner Arbeit auf seine **Bank – 4** – vor dem Haus, um, wie jeden Abend, seinen schönen Hof zu bewundern. Doch diesmal kommt es zur Katastrophe: Ein Witzbold hat die Bank mit **Rollen – 0** – versehen, und so schießt der Bauer mitsamt seiner Bank ins Tal und erlebt dort einen **harten – 4** – Aufprall!

Wenn Sie die Vorwahl von Ländern lernen müssen, ist es am einfachsten, die Geschichten auf bekannten Klischees aufzubauen. Es empfiehlt sich, jeweils einen berühmten *Ort* auszuwählen und sich anhand dessen die Vorwahlnummer zu merken.

Es folgen zehn internationale Vorwahl-Codes – das für alle gültige **00** zu Anfang wurde auch hier weggelassen – und jeweils kurze Vorschläge, wie man sie lernen kann.

Australien: 61	**Indien**: 91
USA: 01	**Schweiz**: 41
China: 86	**Japan**: 81
Frankreich: 33	**Niederlande**: 31
Großbritannien: 44	**Dänemark**: 45

Vorschläge

Australien: 61

Ein markanter Ort für Australien könnte der Ayers Rock sein. Stellen Sie sich vor, wie Sie vor diesem berühmten Wahrzeichen stehen – und daneben einen australischen Ureinwohner sehen, der für die Menge zwei Dinge tut, die den Aborigines am meisten Bewunderung einbringen: Er spielt Didgeridoo und malt. Immer wieder bläst er einen langgezogenen, tiefen Ton, bevor er zurückspringt und weiter Farbe auf die Leinwand aufträgt. Der **Musiker – 6 – malt – 1**; der Code für Australien ist **61**.

USA: 01

Diesmal könnte der Ort die Freiheitsstatue sein. Sie haben die beängstigende Aufgabe bekommen, dieses riesige Bauwerk anzumalen. Die Farbe ist bereits eingetroffen, doch ach: die Dosen sind so groß wie Sie, und zu allem Überfluß müssen sie auch noch vom Lastwagen zur Statue gerollt werden. Überreden Sie einige Passanten, Ihnen zu helfen. Rufen Sie die Anweisung: »**Rollt – 0 – die Farbdosen – 1**«! Der Code für die USA ist **01**.

China: 86

Das berühmteste Bauwerk in China ist zweifellos die Chinesische Mauer. Stellen Sie sich einen denkwürdigen Besuch vor. Sie treffen an der Chinesischen Mauer ein und stellen fest, daß Ihnen ein großartiger Empfang bereitet wird. Um Ihre Ankunft zu feiern, ist aus den besten chinesischen Musikern ein großes Orchester zusammengestellt worden, dem Sie entzückt zuhören. Die Musiker spielen immer weiter, doch während die Mittagssonne gnadenlos herunterbrennt, bemerken Sie, daß einige durch die Hitze in großer Gefahr schweben.

Ihre Instrumente schmelzen, und immer mehr Musiker brechen vor Erschöpfung zusammen. Das ist wirklich eine **heiße – 8 – Band – 6**! Der Code für China ist **86**.

Frankreich: 33
Paris ist Schauplatz eines großen Kunstfestivals. Überall in der Stadt wurden auffällige und ungewöhnliche Exponate aufgestellt. Das Thema scheint die *Größe* zu sein; alles ist entweder sehr klein oder unglaublich groß.
Der Mittelpunkt der gesamten Veranstaltung ist das Kunstwerk, das um den Eiffelturm herum errichtet wurde. Eine Gruppe von Handwerkern war wochenlang damit beschäftigt, riesige hölzerne Rosen und Narzissen aufzubauen, die den Turm einrahmen und bis an dessen Spitze reichen. Wenn Sie mit dem Aufzug nach ganz oben fahren, haben Sie den besten Blick auf die **hölzernen – 3 – Blumen – 3**. Der Code für Frankreich ist **33**.

Großbritannien: 44
Wir wohnen einer Debatte des englischen Unterhauses, des House of Commons, bei. Seit das Fernsehen zugelassen ist, bietet sich stets das gleiche Bild: Die Regierungspartei und die Opposition sitzen sich auf langen Bankreihen gegenüber und tun lautstark ihre Meinung kund. Doch heute ist der Eindruck ein anderer: Die Redner fassen sich ausgesprochen kurz, und die Abgeordneten murren dann nicht, wenn die politischen Gegner sprechen, sondern rutschen nur unruhig hin und her, wenn ein Beitrag zu lange dauert. Kein Wunder, denn die Polsterung wird gerade erneuert, und so sitzen alle auf spartanischen **Bänken – 4** – aus bloßem **Metall – 4**! Der Code für Großbritannien ist **44**.

Indien: 91

Ein berühmter indischer Führer und ein berühmter indischer Ort: Mahatma Gandhi liegt vor dem Taj Mahal auf einer Bank. Er wirkt gebrechlich und alt; als Sie näher kommen, sehen Sie, daß er einem seiner Assistenten einen Brief diktieren muß. Aufmerksam lauschen Sie seinen weisen Worten und bleiben den ganzen Tag über stehen: Er **diktiert** – 9 – **Brief** – 1 – um Brief … Der Code für Indien ist **91**.

Schweiz: 41

Wenn es nicht möglich ist, an einen bestimmten Ort oder an eine bestimmte Persönlichkeit zu denken, könnte man die Szene an einem berühmten Gegenstand des Landes aufhängen – oder sogar an einer ganzen Gruppe davon. Die Schweiz ist berühmt für ihre präzisen Instrumente wie Uhren und Taschenmesser; stellen Sie sich also vor, Sie schlendern durch einen Andenkenladen und suchen nach einem passenden Souvenir.

Alles ist recht verlockend, aber ziemlich teuer, und am Ende entscheiden Sie sich für den kleinsten Gegenstand im Angebot: einen Schweizer Füller aus glänzendem Gold. Bevor Sie das Geschäft verlassen, probieren Sie ihn auf einem Stück Papier aus und machen sich dann auf den Heimweg – als stolzer Besitzer eines präzise gearbeiteten **goldenen** – 4 – **Füllers** – 1. Der Code für die Schweiz ist **41**.

Japan: 81

Als Grundlage für eine Szene kann man darüber hinaus auch eine nationale Besonderheit wählen. Die Japaner beispielsweise sind für ihre Effizienz und ihre harte Arbeit bekannt. Stellen Sie sich vor, Sie besichtigen die geschäftigste Fabrik, die Sie je gesehen haben. Überall rennen Arbeiter herum, die fleißig Auftrag um Auftrag erledigen. Nur ein Angestellter trödelt; ein müde aussehender Mann, der sich hinter dem Schreibtisch versteckt und Zeitung liest. Er weiß aber, daß man ihn nicht erwischen darf, und so beobachten Sie amüsiert, wie er die Zeitung ißt, als sein Vorgesetzter auftaucht! Es ist eine gute Möglichkeit, um die Beweise zu vernichten, aber stellen Sie sich vor, was das für ein Gefühl sein muß: Sie **essen** – **8** – eine ganze **Zeitung** – **1**. Der Code für Japan ist **81**.

Niederlande: 31

Stellen Sie sich vor, wie Sie eine mächtige Windmühle neu anmalen. Damit sie zu den Tulpen im Garten paßt, haben Sie Rot für die Flügel und Gelb für den Backsteinturm ausgesucht. Die Arbeit hat einige anstrengende Wochen in Anspruch genommen, aber jetzt sind Sie beinahe fertig – stellen Sie sich also Ihren Schrecken vor, als jemand dem frischen Anstrich zu nahe kommt und ein ganzes Feld einfach abwischt! Dieser Vandale tritt sogar in zwei Farbtöpfe und hinterläßt auf den Wegen und im Gebäude selbst rote und gelbe Fußspuren. Sie hätten sich nie vorstellen können, daß jemand so dumm sein kann: **Läuft** – **3** – einfach in die **Farbe** – **1**! Der Code für die Niederlande ist **31**.

Dänemark: 45

Sie unternehmen einen Tagesausflug nach Dänemark, um die berühmte Meerjungfrau zu sehen. Dummerweise haben sich noch viele andere Touristen dieses Ziel ausgesucht, weshalb nun riesige Menschenmassen am Hafen herumschlendern und die Sicht versperren.

Sie haben eine Idee. Einer der Hafenkräne, dessen Haken ungefähr einen Meter über dem Grund baumelt, steht ganz in Ihrer Nähe. Sie klettern auf den Haken, setzen sich – und als der Haken nach oben gezogen wird, haben Sie bald den besten Blick, den man sich denken kann! Wenn die Sprache künftig irgendwann auf Dänemark kommt, werden Sie sofort an Ihre Idee denken und folgende Empfehlung abgeben: **Setzen** – **4** – Sie sich auf einen **Haken** – **5**. Der Code für Dänemark ist **45**.

Ein erinnerungswürdiger Tag

Wenn Telefon- und Vorwahlnummern die naheliegendsten Beispiele für Zahlen sind, die man sich merken muß, folgen Jahreszahlen gleich dahinter. Ob in der Geschichtsstunde oder für das Politikexamen, ob beim Museumsbesuch oder im Zusammenhang mit einer Münzsammlung – auch wenn man sich so oft im Leben Daten merken muß, sagt man sie meist dennoch lieber hundertmal leise vor sich hin, anstatt nach einer einfachen Möglichkeit zu suchen, sie *einmal* zu lernen.

Wenn Sie aber eine sechsstellige Telefonnummer lernen können, um wieviel einfacher muß es dann sein, sich an die vier Ziffern einer Jahreszahl zu erinnern? Ja, Jahreszahlen lassen sich als nur *drei* Ziffern auffassen; die große Mehrheit aller Jahreszahlen, die wir lernen müssen, beginnt mit 1, und es ist unwahrscheinlich, daß Sie eine Jahreszahl mit einer anderen verwechseln, die tausend Jahre zurückliegt. Sie könnten das Jahr der Londoner Weltausstellung beispielsweise als 8, 5, 1 lernen (anstatt als 1851) und guten Gewissens darauf vertrauen, daß Sie diese auch künftig auf das 19. Jahrhundert (und nicht auf das 9.) datieren!

Die Methode, sich an Jahreszahlen zu erinnern, ist fast genau dieselbe wie bei Telefonnummern. Sie ersetzen jede Ziffer durch ein Wort aus Ihrem System, wodurch das von Ihnen geschaffene Bild fest in den Ereignissen verankert wird, die hinter der Jahreszahl selbst stehen. Wenn Sie Ihre Phantasie gebrauchen und die Wörter sorgfältig auswählen, lassen sich innerhalb von Minuten passende Szenen ausmalen, die Sie jahrelang nicht mehr vergessen werden.

Es folgen zehn Jahreszahlen aus der englischen und europäischen Geschichte, mit denen Sie jeden Geschichtslehrer beeindrucken können. Lesen Sie die Vorschläge durch, wie Sie sich die Jahreszahlen einprägen können, und prüfen Sie anhand der ursprünglichen Liste dann Ihre Erfolgsquote.

Bauernaufstand:	1381
Weltausstellung:	1851
Tod der Königin Victoria:	1901
Schlacht von **Hastings**:	1066
Pest in **England**:	1665
Beginn des 2. **Weltkriegs**:	1939
Ende des 2. **Weltkriegs**:	1945
Großfeuer in **London**:	1666
Schlacht von **Waterloo**:	1815
Gunpowder Plot:	1605

Vorschläge

Bauernaufstand: 1381
Wenn Sie die erste 1 weglassen, brauchen Sie nur noch drei Ziffern zu lernen: **3**, **8** und **1**.

Wie immer sollten Sie zuerst nach den sinnvollsten Wörtern suchen. Die Ziffer 3 kann zu den Bauern selbst werden – **Land**bevölkerung. Stellen Sie sich vor, wie sich Hunderte von ihnen auf einem großen Feld versammeln, um, so gut sie können, gegen ihre Herrscher zu protestieren. Sie verfluchen die Gesetze, die Verordnungen und die gelehrten Männer, die sie aufgestellt haben, und entzünden dann ein mächtiges Feuer:

Die **Bauern** – 3 – **verbrennen** – 8 – alle **Bücher** – 1, die sie auftreiben können.

Weltausstellung: 1851
Auch hier gilt, daß Sie zunächst die 1 weglassen und dann noch **8, 5** und **1** haben.

Sie verbringen selbst einen Tag auf der Weltausstellung. Dort gibt es viel zu sehen: die neuesten Erfindungen, die schönsten Schöpfungen. Alles soll Eindruck machen – stellen Sie sich daher Ihre Verwunderung vor, als Sie sich in das Restaurant setzen, um ein wenig zu verschnaufen. Sie bemerken, daß Ihre Speisekarte mit Suppenspritzern übersät ist! Jedes Wort ist unter einem braunen Fleck verschwunden. Inmitten all dieser Pracht fällt die schmutzige Speisekarte doch sehr – und einprägsam – aus dem Rahmen.

Sie lassen den **Koch** – 8 – rufen. Der entschuldigt sich sofort und **reinigt** – 5 – Ihre **Speisekarte** – 1. Obwohl es Stunden dauert, sehen Sie aufmerksam zu. Endlich können Sie die Schrift lesen und bestellen ein großes Menü, um sich für die Enttäuschung zu entschädigen … Die Weltausstellung fand **1851** statt.

Tod der Königin Victoria: 1901
Immer wenn die Ziffer **9** in einem Datum auftaucht, sollten Sie eine passende Person daraus machen. In diesem Fall ist die naheliegendste Kandidatin natürlich Königin Victoria selbst. Stellen Sie sich vor, wie Sie auf einige erstaunliche Informationen stoßen. Beim Durchblättern von alten Zeitschriften finden Sie die schockierende Wahrheit darüber heraus, wie die Königin tatsächlich gestorben ist.

Es kommt ans Tageslicht, daß sie einen Tag lang zwischen den staubigen alten Büchern in ihrer Bibliothek festsaß und sich verzweifelt die Langeweile vertreiben wollte. Nachdem sie drei große Bücher aus den Regalen genommen hatte, fing sie an, damit zu jonglieren – zuerst langsam, doch dann immer schneller.

Dummerweise warf sie ein Buch so hoch, daß es ein wackliges Regalbrett traf, von dem ein Stapel Bücher auf ihren Kopf fiel …

Zu dieser Geschichte erhalten Sie sogar ein Bild. Es zeigt **Victoria – 9 –** beim **Jonglieren – 0 –** der **Bücher – 1**.

Schlacht von Hastings: 1066

Da die Geschichte voller Schlachten und Kriege ist, kommt es darauf an, die Konflikte voneinander zu unterscheiden. Die Schlacht von Hastings ist berühmt für den Pfeil, der den König tötete; Ihre Geschichte könnte sich somit auf Bogenschützen konzentrieren.

Stellen Sie sich die Szene in Hastings vor, in der die Bogenschützen vor der Schlacht üben. Sie wissen anscheinend schon, daß sich alles um einen Pfeil drehen wird, und so sind sie entschlossen, beim Auftauchen des Feindes gewappnet und bereit zu sein. Leider mögen sie aber auch andere Sportarten recht gerne, und so verbringen sie die meiste Zeit mit Fußball und Tennis.

Plötzlich sind Trompeten zu hören. Die feindliche Armee rückt an, und die Bogenschützen beschließen daher, sich möglichst schnell aus dem Staub zu machen. Zuletzt haben Sie folgendes Bild vor Augen: Die **Sportler (Fußball**spieler) **– 0 – hören – 6 –** die **Trompeten – 6**. Die Schlacht von Hastings war **1066**.

Die Pest in England: 1665

Auch hier können Sie durch Ihre Phantasie in die Vergangenheit reisen. Stellen Sie sich vor, wie Sie durch die verlassenen Straßen Londons laufen und die Verwüstung sehen, die von der Pest über die Stadt gebracht wurde. Niemand ist in Ihrer Nähe, doch aus einem der Häuser dringt Gesang.

Sie bleiben stehen und horchen aufmerksam, um zu hören, worum es in diesem Lied geht. Nicht überraschend handelt es davon, wie viele Menschen geheilt und wie viele Häuser gesäubert werden müssen, bevor London zum gewohnten Leben zurückkehren kann. Sie notieren in Ihr Tagebuch: **Hörte** – 6 – **Lied** – 6 – über **Säuberung** – 5. Die Pest in England war **1665**.

Beginn des 2. Weltkriegs: 1939 – Ende des 2. Weltkriegs: 1945
Wenn Sie zwei Jahreszahlen haben, die fest mit demselben historischen Ereignis verknüpft sind, bietet es sich an, auch einen Zusammenhang zwischen den beiden *Geschichten* herzustellen. Suchen Sie – als Grundlage für die Verknüpfung – nach Ziffern, die in beiden Jahreszahlen vorkommen.

Ein einfaches Bild für den Kriegsbeginn wäre vielleicht eine **Armee** (viele Reihen von Männern) – 9 –, die **marschiert** – 3 –, um sich den anderen **Truppen** – 9 – entgegenzustellen. Entwerfen Sie Ihr Bild so, daß es die Symmetrie der Zahlen widerspiegelt: eine Armee marschiert, geführt von Churchill, von der linken Seite, die andere, mit Hitler an der Spitze, von der rechten. Wenn sich beide in der Mitte treffen, beginnt der 2. Weltkrieg; die Jahreszahl muß 1939 sein.

Der Krieg *endet* auf eine höchst seltsame Weise. Die deutschen Truppen setzen sich, um eine Pause zu machen – und merken zu spät, daß die Alliierten ihre Stühle mit Leim beschmiert haben. Die Deutschen kleben fest! Stellen Sie sich den Blick des Führers vor … Die Kämpfe wurden eingestellt, als eine **Armee** – 9 – sich **setzte** – 4 – und am **Leim** – 5 – klebenblieb. Das Jahr war **1945**.

Großfeuer in London: 1666

Die Engländer sind bekannt dafür, auch widrige Umstände tapfer zu ertragen. Stellen Sie sich vor, Sie sind am Tag des Großfeuers in London und sehen, wie die Flammen langsam um sich greifen. Um Sie herum stürzen die Menschen auf die Straßen, suchen nach Wasser und versuchen, ihre Familien und Freunde zu retten.

Der Lärm ist ohrenbetäubend, aber ein bestimmter Klang erregt Ihre Aufmerksamkeit. Irgendwo hören Sie ein Orchester, das gerade die Instrumente stimmt! Sie gehen auf den Klang zu, und tatsächlich fängt gerade ein großes Konzert an. Die Flammen züngeln bereits um die Instrumente, das Publikum wird mit Wasser übergossen, aber das Konzert muß unter allen Umständen stattfinden. Sie bleiben noch ein paar Minuten und **hören – 6 –** zu, wie die **Musiker – 6 –** die Instrumente **stimmen – 6**. Das Großfeuer brach **1666** aus.

Schlacht von Waterloo: 1815

Um diese Schlacht von allen anderen abzugrenzen, könnte man sie auf die Bahnsteige von Waterloo *Station* verlegen. Überall kämpfen Soldaten: auf den Gleisen, in der Schalterhalle und sogar auf den Zügen! Sie haben einen guten Überblick von Ihrem Platz im Bahnhofscafé aus, das selbst aus allen Nähten platzt. Dort hören Sie den Köchen zu, die murren, daß sie hinterher alles saubermachen müssen. Einer von ihnen entdeckt einen Staubsauger der englischen Eisenbahngesellschaft, und sie studieren ihn genau, um zu sehen, ob er ihnen vielleicht nützen könnte …

Sie zeichnen eine grobe Skizze dieser eigenartige Szene auf die Rückseite Ihres Fahrscheins. Die **Köche – 8 – studieren – 1 –** den **Staubsauger – 5**; die Schlacht von Waterloo war **1815**.

Gunpowder Plot: 1605

Es ist der 24. Juni, aber die Organisatoren des Johannisfeuers stehen vor einem Problem. Sie hatten in diesem Jahr große Mühe, Holz zu finden, und so ist das Johannisfeuer nur einen halben Meter hoch. Es sieht so aus, als müßte die ganze Veranstaltung abgeblasen werden – bis im letzten Augenblick eine lokale Berühmtheit zu Hilfe kommt.

Ein bekannter Pianist, der ganz in der Nähe wohnt, opfert sein altes Klavier für das Feuer. Er zerrt es eigenhändig auf das Feld, doch als er es gerade auf den Holzstoß ziehen will, gleitet er aus und läßt das Instrument auf seine Hand fallen. Die Karriere ist ruiniert; der **Pianist** – **6** – ist so **geplättet** – **0** – wie seine **Finger** – **5**! Ein anderes Feuer, der Gunpowder Plot, fand **1605** statt.

Versteckte Zahlen

Bisher ging es in Teil 3 des Buches um Beispiele für Zahlen, die man lernen muß: Telefonnummern, Vorwahlcodes und Jahreszahlen.

Manchmal lassen sich Zahlen aber auch unter der Oberfläche einer Information finden. Sobald Sie Ihr eigenes Zahlensystem entwickelt haben, ist es sinnvoll, es so oft wie möglich zu benutzen; dies bedeutet aber häufig, daß Sie die Information erst in eine Zahlenform bringen müssen.

Das einfachste Beispiel dafür ist, daß Sie sich bei einem Datum neben dem Jahr auch den Tag und den Monat merken müssen. Ihre wichtigste Konferenz fand vielleicht am 18. November 1995 statt, aber Sie erinnern sich viel eher an das komplette Datum, wenn Sie alle Angaben in Zahlen verwandeln: 18. 11. 95. Auf diese Weise lassen sich Ihre Informationen in das Zahlensystem eingliedern; Sie können die Daten zunächst in Wörter und Bilder verwandeln und anschließend mit der Konferenz selbst in Beziehung setzen.

Es ist wichtig, daß Sie bei allen Datumsangaben genau gleich vorgehen. Bringen Sie die Zahlen stets in dieselbe Reihenfolge: **Tag, Monat, Jahr**. Wenn jedes Datum, das Sie lernen, dasselbe Aussehen und dieselbe Anzahl von Ziffern besitzt, läßt sich viel leichter sicherstellen, daß Ihnen kein Fehler unterläuft.

Müssen Sie sich eine Vielzahl von Terminen merken, so bietet es sich an, ein paar Ergänzungen an Ihrem Zahlensystem vorzunehmen. Wenn Sie sich für die Zahlen **10, 11** und **12** ebenfalls noch Gegenstände, Handlungen und Beschreibungen ausdenken, wird Ihnen das Erfinden der Geschichten viel leichter fallen.

Sofern auf Ihrem Papier noch Platz ist, sollten Sie unter der **9** noch drei weitere Zeilen ziehen; ansonsten fangen Sie ein neues Blatt an. Die Methode, nach der Sie die neuen Felder ausfüllen, ist etwa dieselbe wie zuvor: Sie konzentrieren sich zunächst auf die Zahlen selbst.

Experimentieren Sie mit Assoziationen, die Ihnen in den Sinn kommen, bis jede der Zahlen ihr eigenes zentrales Bild erhalten hat, und vergessen Sie nicht, die Hauptliste auf Überlappungen und Ähnlichkeiten abzuklopfen.

Wie zuvor weisen Sie jeder Zahl einen besonderen Charakter zu, der präzise genug ist, um klar und markant zu sein, aber genügend Spielraum und Vielfalt beläßt, um einprägsame Geschichten zu erfinden.

Vorschläge

Gegenstände:

10: Die berühmteste 10 der Welt hängt wahrscheinlich an der Tür des Amtssitzes des britischen Premierministers – in der Downing Street 10. Warum bestimmen Sie also nicht die **Tür** zum wichtigsten Gegenstand? Daneben könnten Sie noch **Haus**, **Zelt** und **Burg** sowie vielleicht auch **Schlüssel** und **Schloß** auswählen.

11: Die beiden Ziffern sehen wie die Holme einer **Leiter** aus. Das Thema könnte **Stufen** und **Treppe** einschließen sowie darüber hinaus um weitere Mittel des Auf- und Abstiegs ergänzt werden: **Seil**, **Stange**, **Aufzug** ...

12: Mit ein wenig Phantasie wird die Zahl 12 zu 12 Zylindern. Auf diese Weise wird **Auto** zum Schlüsselwort und schließt jede Art der Fortbewegung auf der Straße ein: **Lastwagen**, **Bus**, **Fahrrad** ... Selbst **Straße** und **Autobahn** passen in die Liste.

Handlungen:

10: Die mittlere Spalte bietet in diesem Fall alle möglichen Anregungen. Handlungen wie **öffnen** und **schließen** sind so markant wie einprägsam und bieten Ihnen neben **einsperren** und **befreien** nützliche neue Elemente für Ihre Geschichten.

11: Die naheliegendsten Wörter für dieses Feld sind **aufsteigen** und **absteigen**, und die eher ungewöhnlichen Objekte »Stange« und »Seil« erlauben die Aufnahme von **rutschen** und **schwingen**!

12: Das zentrale Wort in dieser Spalte ist **reisen**, das Sie durch **fahren**, **bremsen**, **ausweichen** und **schleudern** ergänzen können.

Beschreibungen:

10: An dieser Stelle sind **offen** und **geschlossen** sinnvoll – und warum nicht auch **quietschend** wie ein Burgtor …?

11: Die Leiter ist vielleicht **instabil** und **wackelig**, die Stange **glitschig**.

12: Da es in der Liste sonst fehlt, könnte das zentrale Adjektiv an dieser Stelle **schnell** sein – wie ein Sportwagen oder ein schweres Motorrad. Andere Möglichkeiten sind beispielsweise **zwei-** oder **vierrädrig**.

Damit Sie leichter nachschlagen können, wurden die drei neuen Abschnitte ebenfalls in Tabellenform gebracht.

Gegenstände	Handlungen	Beschreibungen
10 Tür, Haus, Zelt, Burg, Schlüssel, Schloß	öffnen, schließen, einsperren, befreien	offen, geschlossen, quietschend
11 Leiter, Treppe, Seil, Stange	auf- und absteigen, schwingen, rutschen	instabil, glitschig, wacklig
12 Auto, Bus, Fahrrad, Straße, Spur	fahren, steuern, ausweichen, schleudern	schnell, zwei- und vierrädrig

Da sich Ihr Zahlensystem jetzt bis 12 erstreckt, läßt sich bei jedem Datum der Monat durch ein einziges Element der Geschichte darstellen. Sechs Gedanken werden zu fünf, und wie zuvor bereits gesehen, läßt sich eine Geschichte mit fünf »Teilen« sinnvoll in **Beschreibung, Gegenstand, Handlung, Beschreibung, Gegenstand** aufgliedern: Der schnelle Koch jongliert mit dem nassen Fisch, oder eine laute Krähe sitzt auf einem wackligen Bus.

Im folgenden sehen Sie fünf Datumsangaben zusammen mit den fiktiven Anlässen, sie sich zu merken. Lesen Sie die beispielhaften Geschichten durch, und üben Sie bereits das Einprägen von Terminen.

7. Januar 1996:	**Verkaufskonferenz**
12. April 1995:	**Fahrt nach Frankreich**
24. Oktober 1987:	**Erster Arbeitstag**
17. November 1995:	**Examen**
6. Juli 1996:	**Hochzeit eines Freundes**

Vorschläge

7. Januar 1996: Verkaufskonferenz

Der erste Schritt besteht darin, die Datumsangabe in eine Liste von fünf Ziffern zu verwandeln; aus dem 7. Januar 1996 wird so der 07. 1. 96. Die fünf Elemente der Geschichte sind **0, 7, 1, 9** und **6**.

Der Tag ist in diesem Beispiel **07**, damit es auf jeden Fall fünf Zahlen gibt; im Abschnitt »Monat« kann die **0** dagegen weggelassen werden, da alle zwölf möglichen Zahlen jeweils ein eigenes Bild besitzen.

Sind die fünf Zahlen einmal hervorgehoben, ist es einfach, sie zum Leben zu erwecken und in eine Geschichte zu verwandeln.

Stellen Sie sich vor, Sie kommen zur Verkaufskonferenz und werden vom Leiter begrüßt. Er ist zu seinem Vortrag bereit und hat dafür ein Manuskript geschrieben, das von Dias und Musik unterlegt werden soll. Die dafür ausgewählten CDs liegen auf einem Tisch bereit – aber all seine Pläne werden von einem ungebetenen Besucher zunichte gemacht.

Ein **rundlicher** – **0** – **Seemann** – **7** – **bemalt** – **1** – dem **Leiter** – **9** – die **CD**s – **6**! Stellen Sie sich die Szene vor, und betonen Sie alle wichtigen Elemente. Dieser fette Matrose verspritzt die Farbe überall, als er die CDs ruiniert, nur das Gesicht des Leiters ist blaß vor Wut ...

Wenn Sie sich an die Szene erinnern, denken Sie gleichzeitig an das vollständige Datum. Solange Sie mit dieser Technik noch nicht so vertraut sind, hilft es, zunächst die fünf Zahlen zu notieren, bevor Sie diese in ein Datum zurückverwandeln. In unserem Fall sind die Zahlen 0 ... 7 ... 1 ... 9 ... 6. Die *ersten* beiden Ziffern beziehen sich immer auf den Tag, den 7., während die *letzten* beiden Ziffern stets auf das Jahr verweisen: 1996. Die übriggebliebene Zahl, entweder eine oder zwei Ziffern, erinnert Sie an den Monat: 1 (Januar). Ihre Verkaufskonferenz war am 07. 1. 96, dem 7. Januar 1996.

12. April 1995: Fahrt nach Frankreich

Wiederum reduzieren Sie das Datum zunächst auf Zahlen und damit auf fünf einzelne Elemente: 12. 4. 95. In diesem Fall enthält die Zahl für den Tag bereits zwei Ziffern, 1 und 2, so daß man keine zusätzliche 0 einfügen muß. Die fünf Elemente sind: 1, 2, 4, 9 und 5.

Beim Passieren der Grenze sehen Sie einen französischen Zwiebelverkäufer, der seine Waren beiseite legt und geschäftig vor Ihnen die Straße fegt. Noch während Sie zusehen, setzt sich ein bunter Vogel auf das Ende des Besenstiels. Sie notieren die Einzelheiten auf einer Postkarte: **Bunter** – 1 – **Vogel** – 2 – **setzt** sich – 4 – dem **Franzosen** – 9 – auf den **Besen** – 5.

Wenn es darangeht, die Geschichte wieder in ihre einzelnen Zahlen zu zerlegen, schreiben Sie: 1 ... 2 ... 4 ... 9 ... 5.

Die ersten beiden Ziffern geben Ihnen den Tag an – 12 –, die letzten beiden das Jahr – 1995 – und die übrigen, in diesem Fall nur eine, den Monat: 4 (April). Ihr Tagesausflug nach Frankreich war am 12. 4. 1995, dem 12. April 1995.

24. Oktober 1987: Erster Arbeitstag

Dieses Datum demonstriert, wie sinnvoll es war, 10, 11 und 12 in das Zahlensystem aufzunehmen. Wenn Sie das Datum aufbrechen, erhalten Sie 24. 10. 87, was sich aus den fünf Elementen **2, 4, 10, 8** und **7** zusammensetzt. Der Oktober – **10** – läßt sich als eine Zahl und nicht als zwei separate Ziffern behandeln, da er in Ihrem System seine eigene Identität besitzt.

Es ist die Nacht vor Ihrem ersten Arbeitstag in der neuen Firma, und Sie befinden sich mitten in einem sehr besorgniserregenden Traum. Da Sie nicht recht wissen, wie die neue Arbeit aussehen mag, malen Sie sich alle möglichen verrückten Dinge aus.

Sie träumen, daß Sie aufgrund einer seltsamen Verordnung jeden Tag zur Arbeit *fliegen* müssen. Ihr neuer Arbeitsplatz stellt sich als gewaltige Metallfestung heraus; an Ihrem ersten Tag fliegen Sie durch die Tür und landen mitten in der Kantine! Alles, was es zu essen gibt, sind rohe Fischgerichte ...

Sie **fliegen** – **2** – zur **eisernen** – **4** – **Festung** – **10** – und **futtern** – **8** – **Fisch** – **7**. Anhand dieser Geschichte können Sie sich an fünf Zahlen erinnern – **2, 4, 10, 8** und **7** –, und sobald Sie diese notiert haben, ist es kein Problem mehr, sie in ein Datum zurückzuverwandeln. Die ersten beiden Ziffern verraten Ihnen den Tag, 24, die letzten beiden das Jahr, 1987, und die übrigen beiden den Monat: 10 (Oktober).

Ihr erster Arbeitstag war der 24. 10. 1987, der 24. Oktober 1987.

17. November 1995: Examen

Noch einmal: Den Monat – den 11ten – kann man als ein Element behandeln. Das volle Datum läßt sich zu 17. 11. 95 vereinfachen, was die fünf Schlüsselelemente **1, 7, 11, 9** und **5** ergibt.

Sie stecken mitten in einer wichtigen Prüfung, in der alles schrecklich danebengeht. Es bleiben nur noch ein paar Minuten Zeit, Sie müssen noch einige Fragen beantworten – und plötzlich wird Ihre Tinte zu Wasser! Zunächst ist nur eine kleine Veränderung festzustellen; die Farbe der Tinte wird ein wenig schwächer, und Sie müssen stärker aufs Papier drücken, damit die Schrift deutlich herauskommt. Doch bald ist die Farbe völlig verblaßt, und zum Schluß müssen Sie mit kleinen Wassertröpfchen schreiben.

Der Tintenvorrat der Schule wird auf einem Regal in der Nähe von Ihrem Sitzplatz aufbewahrt, weshalb Sie eine Leiter heranziehen, um an neue Tinte zu kommen. Der Lehrer hat Sie jedoch gesehen. Er streckt seinen langen, schwieligen Finger nach Ihnen aus und packt Sie damit am Genick …

Diese einprägsame Geschichte besitzt fünf Hauptteile. Ihre **Tinte – 1** – verwandelte sich in **Wasser – 2 –**, weshalb Sie eine **Leiter – 11 –** benutzen wollten. Doch der **Lehrer – 9 –** packte Sie mit seinem **Finger – 5**.

Das Datum Ihres Examens war der 17. 11. 1995, also der 17. November 1995.

6. *Juli 1996: Hochzeit eines Freundes*

Wie immer gibt Ihnen das vereinfachte Datum – 06. 7. 96 – fünf einzelne Elemente: **0, 6, 7, 9** und **6**.

Sie sind Trauzeuge auf der Hochzeit eines guten Freundes. Es ist ein rauschendes Fest, für das auch eine große Musikkapelle aufgeboten ist. Dummerweise lassen Sie in Ihrer Nervosität den Ring in das Getränk des Trompeters fallen! Die Festgäste halten dies für das Signal und fangen zu singen an …

Noch Wochen später denken Sie an die chaotischen Vorgänge zurück: Der **Ring – 0 –** fiel dem **Musiker – 6 –** in das **Getränk – 7 –**, und die **Leute – 9 –** fingen zu **singen – 6 –** an. Die fünf Zahlen sind unvergeßlich – **0, 6, 7, 9** und **6**. Das Datum der Hochzeit Ihres Freundes ist der 06. 7. 96, der 6. Juli 1996.

Tierkreiszeichen

Wenn Sie sich zutrauen, sich jedes Datum zu merken, können Sie auch ganze Listen mit Daten lernen. Als Beispiel für die vielfältigen Möglichkeiten, die in meinem System stecken, folgen nun die Tierkreiszeichen mit den jeweiligen Anfangs- und Enddaten. Wollten Sie derartige Informationen lernen, ohne auf eine effiziente Methode zurückgreifen zu können, bräuchten Sie Stunden. Mit meiner Memotechnik wären es dagegen nur ein paar Minuten.

Wassermann:	20. Januar bis 18. Februar
Fisch:	19. Februar bis 20. März
Widder:	21. März bis 20. April
Stier:	21. April bis 20. Mai
Zwillinge:	21. Mai bis 20. Juni
Krebs:	21. Juni bis 21. Juli
Löwe:	22. Juli bis 21. August
Jungfrau:	22. August bis 21. September
Waage:	22. September bis 22. Oktober
Skorpion:	23. Oktober bis 21. November
Schütze:	22. November bis 20. Dezember
Steinbock:	21. Dezember bis 19. Januar

Dieses Material eignen Sie sich am besten an, indem Sie Zeichen für Zeichen bearbeiten. Betrachten Sie jedes Tierkreiszeichen als ein Bild, und verwandeln Sie die beiden Datumsangaben in zwei Bestandteile einer Geschichte, für die das Bild das Thema vorgibt.

Wassermann: 20. Januar bis 18. Februar
Durch dasselbe Verfahren wie zuvor lassen sich die beiden Tage in je drei Elemente verwandeln: **2, 0** und **1** für den ersten

sowie **1, 8** und **2** für den zweiten Tag. Die ersten beiden Ziffern beziehen sich jeweils auf den Tag und die letzte auf den Monat.

Der Wassermann, der Namensgeber dieses Sternzeichens, ist eine einprägsame Gestalt. Stellen Sie sich vor, wie sein massiger Körper dem Wasser entsteigt, den charakteristischen Dreizack in der Hand.

Wenn Sie die Datumsangaben vereinfacht und sich auf dieses zentrale Bild konzentriert haben, ist der nächste Schritt das Erfinden einer einprägsamen Geschichte. Die ersten drei Zahlen liefern das Material für die erste Hälfte, und die letzten drei sorgen für den Schluß.

Mit seinem Dreizack versucht der Wassermann, Schwäne zu fangen, doch immer wieder scheitert er. Dann versucht er es mit einem neuen Trick: Eine runde Reuse, in der ein Stifte-Set von Schwan-Stabilo ausgelegt ist, soll den Schwan anlocken. Das mißtrauisch dreinblickende Tier ist allerdings nicht dumm, und so braucht er einen anderen Köder: Ein täuschend echtes Stilleben, das richtig gutes Futter zum Thema hat, verfehlt seine Wirkung nicht und läßt das Federtier in die Falle gehen.

Diese Geschichte läßt sich in zwei klar unterscheidbare Bestandteile, zwei Handlungen, aufspalten. Die ersten beiden Versuche scheitern, der dritte ist erfolgreich. Der Wassermann versucht **Schwäne** – **1** – zu fangen, und zwar zunächst mit seinem Dreizack, später mit einer **runden** – **0** – Reuse, in der **Stifte** – **1** – von Schwan-Stabilo liegen. Ein **Stilleben** – **1** – mit **Futter** – **8** – als Motiv ist der richtige Köder für den **Vogel** – **2**.

Wie bei all diesen Geschichten sollten Sie nur die drei zentralen Elemente jeder Handlung interessieren. Alles andere – der Dreizack, das Mißtrauen – soll der Geschichte lediglich etwas Detailreichtum und Farbe verleihen.

Wenn Sie an den Wassermann denken, denken Sie an den Dreizack, und die sich entspinnende Geschichte gibt Ihnen je drei Ziffern: **2, 0** und **1** sowie **1, 8** und **2**. Die ersten beiden Ziffern verraten Ihnen jeweils den Tag, die letzte jeweils den Monat.

Das Sternzeichen **Wassermann** beginnt am 20. 1. – 20. Januar – und endet am 18. 2. – 18. Februar.

Fische: 19. Februar bis 20. März

Auch hier lassen sich die Datumsangaben in zwei Zifferngruppen vereinfachen: **1. 9** und **2** für die erste sowie **2, 0** und **3** für die zweite.

Die Zeitungen berichten, daß in der Nähe Ihres Hauses ein riesiger Hai im Meer gesichtet wurde. Sie würden ihn zu gerne jagen und Aufnahmen von diesem wundersamen Fisch machen, aber kein Boot wäre schnell genug, um zum Hai aufzuschließen.

Sie haben eine Idee. Auf dem Weg zu Ihrer Werkstatt entwerfen Sie das ideale Fortbewegungsmittel – ein Flugzeug, mit dem Sie dicht über der Wasseroberfläche fliegen können, um den Hai zu fotografieren.

Dummerweise endet Ihr erster Flug in einer Katastrophe. Noch bevor Sie die Küste erreichen, fliegen Sie mitten in einen hohlen Baum …

Wie zuvor gibt es zwei Handlungen, von denen die zweite eine Folge der ersten ist. Sie **entwarfen** – **1** – **sich** – **9** – ein **Flugzeug** – **2** –, doch **flogen** – **2** – in einen **hohlen** – **0** – **Baum** – **3**.

Wenn Sie an den **Fisch** denken, wird Ihnen einfallen, was Sie alles zu seiner Verfolgung getan haben! Die einfache Geschichte liefert Ihnen zwei mal drei Ziffern: **1, 9, 2** sowie **2, 0, 3**. Wie immer geben Ihnen die ersten beiden Ziffern den Tag an, während die übrigen beiden für den Monat stehen.

Das Sternzeichen **Fische** beginnt am 19. 2. – 19. Februar – und endet am 20. 3. – 20. März.

Widder: 21. März bis 20. April

Die Datumsangaben in vereinfachter Form lauten **2, 1** und **3** sowie **2, 0** und **4**.

Sie finden sich mitten in einem Märchen wieder. Ein stattlicher **Widder** hat die Kontrolle über ein Dorf an sich gerissen, terrorisiert die Bewohner und vertreibt sie aus ihren Häusern. Sie versuchen das Tier dadurch zu besänftigen, daß sie als Opfergaben bunte Blumen werfen – aber der Widder glaubt, daß sie einen Kampf anzetteln, und wirft einen Billardtisch zurück!

In dieser Art von Geschichte treten die beiden Handlungen besonders klar zutage. Eine Sache geschieht, auf die entsprechend reagiert wird. Eine Seite **wirft** – **2** – **bunte** – **1** – **Blumen** – **3** –, und die andere **wirft** – **2** – einen **Billard-** – **0** – **Tisch** – **4**.

Der Widder steht durchweg im Zentrum der Aufmerksamkeit, und die beiden Ziffernsätze sind eindeutig: **2, 1, 3** und **2, 0, 4**.

Das Sternzeichen **Widder** beginnt am 21. 4. – 21. April – und endet am 20. 5. – 20. Mai.

Stier: 21. April bis 20. Mai

Die Ziffern werden hier zu **2, 1, 4** und **2, 0, 5**.

Spanien ist traditionell die Heimat des Stiers; stellen Sie sich also vor, wie Sie in einem Flugzeug sitzen und auf den Flug nach Spanien warten. Bald wünschen Sie, Sie hätten etwas mehr für eine bessere Fluggesellschaft hingelegt, denn Sie müssen mit ansehen, wie der Pilot die Gänge abläuft und eine zusätzliche Farbschicht auf die Sitze aufträgt!

Plötzlich kommt Streit auf. Die Putzfrau des Piloten meint,

daß es *ihre* Aufgabe wäre, die Sitze zu streichen; sie schreit den Piloten an, daß er diese Arbeit ihr überlassen solle. Am Ende können sich die beiden nur einigen, indem sie im Gang ein Tennismatch austragen, wobei der Pilot links und die Putzfrau rechts steht. Dem Sieger wird die Farbe zugesprochen ...

Handlung 1: Der **Pilot** – 2 – **bemalt** – 1 – die **Sitze** – 4.
Handlung 2: Der **Pilot** – 2 – spielt **Tennis** – 0 – gegen die **Putzfrau** – 5 –, der Mann zur Linken, die Frau zur Rechten.
Wenn Sie an **Stier** denken, werden Ihnen dieser seltsame Flug nach Spanien und die beiden Zahlenreihen sicher wieder einfallen: **2, 1, 4** und **2, 0, 5**.

Das Sternzeichen **Stier** beginnt am 21. 4. – 21. April – und endet am 20. 5. – 20. Mai.

Zwillinge: 21. Mai bis 20. Juni
Die beiden Ziffernsätze sind **2, 1** und **5** sowie **2, 0** und **6**.
Nachdem es an dieser Stelle so gut paßt, könnte man die beiden 2er einfach als Ziffern belassen. So erfinden Sie eine doppelt ausgeglichene Geschichte ...
Stellen Sie sich vor, Sie sehen sich eine Reportage über eineiige Zwillinge an. Es werden zwei Zwillingsschwestern gezeigt. Obwohl sie sich zehn Jahre lang nicht gesehen haben, üben sie beide genau dieselben Tätigkeiten aus und haben genau dieselben seltsamen Hobbys: beide Zwillinge entwerfen nämlich hauptberuflich Kräne – Beispiele ihrer Arbeit werden in das Studio gerollt – und jonglieren gerne mit Geigen. Das Programm endet mit einer zweifachen Demonstration dieser eigenartigen Fähigkeit!
Beide **Zwillinge** – 2 – **entwerfen** – 1 – **Kräne** – 5 –, und beide **Zwillinge** – 2 – **jonglieren** – 0 – mit **Geigen** – 6! Die beiden Ziffernsätze sind klar: **2, 1, 5** und **2, 0, 6**.

Das Sternzeichen **Zwillinge** beginnt am 21. 5. – 21. Mai – und endet am 20. 6. – 20. Juni.

Krebs: 21. Juni bis 21. Juli

Diese Datumsangaben werden zu **2, 1** und **6** sowie zu **2, 1** und **7** vereinfacht. Die Ähnlichkeit zwischen den Paaren wird von großem Nutzen sein, wenn es an das Erfinden der Geschichte geht. Stellen Sie sich vor, Sie schauen einen Film über Krebse an. Das Knacken der Scheren klingt wie Kastagnetten, aber übertroffen wird dieses musikalische Talent noch von der Gabe des Krebses, sich durch das Wasser zu bewegen. Vielleicht gibt es irgendwo eine besondere Schule, die den Krebsen diese beiden Fähigkeiten beibringt!

Tatsächlich zeigt der Film eine solche Schule. Sie befindet sich im Ausland, und die einzige Möglichkeit, dorthin zu gelangen, ist der Luftweg. Sie beobachten mit Interesse, wie die Krebse dorthin **fliegen** – **2** –, um zu **lernen** – **1** –, wie man **musiziert** – **6** –, und **fliegen** – **2** –, um zu **lernen** – **1** –, wie man **schwimmt** – **7**.

Der Film hat Ihnen eine Seite des Lebens der Krebse eröffnet, von der Sie zuvor keine Ahnung hatten. Außerdem haben Sie dadurch die notwendigen Ziffern erhalten: **2, 1** und **6** sowie **2, 1** und **7**.

Das Sternzeichen **Krebs** beginnt am 21. 6. – 21. Juni – und endet am 21. 7. – 21. Juli.

Löwe: 22. Juli bis 21. August

Die Datumsangaben lassen sich in die Ziffern **2, 2, 7** und **2, 1, 8** übersetzen.

Löwen sind vor allem in ihrem natürlichen Lebensraum herrlich anzuschauende Geschöpfe – aber es empfiehlt sich nicht, ihnen zu nahe zu kommen …

Stellen Sie sich einen Piloten vor, der sein Leichtflugzeug über eine dichtbewaldete Insel steuert und auf ein ganzes Rudel Löwen herabsieht – als plötzlich der Motor ausfällt und die Propellermaschine direkt ins Meer stürzt.

Glücklicherweise schwimmt das Flugzeug, aber es ist nicht viel Nahrung an Bord. Sie brauchen nicht einmal einen Gedanken daran zu verschwenden, an die Küste zu schwimmen: die Löwen herrschen über die Insel und behalten die gesamte Nahrung für sich. In dieser Situation beruhigt sich der Pilot dadurch, daß er ein Kochbuch zur Hand nimmt und verschiedene Gerichte nachliest ...

Die Löwen sind in der gesamten Geschichte die zentralen Figuren. Der **Pilot** – 2 – **flog** – 2 – ins **Meer** – 7 –, und wegen der Löwen war der **Pilot** – 2 – gezwungen, ein **Buch** – 1 – über **Gerichte** – 8 – zu lesen, anstatt zu essen! Die beiden Ziffernsätze sind **2, 2** und **7** sowie **2, 1** und **8**.

Das Sternzeichen **Löwe** beginnt am 22. 7. – 22. Juli –, und endet am 21. 8. – 21. August.

Jungfrau: 22. August bis 21. September

Wie immer sollten Sie damit beginnen, die beiden Datumsangaben in Ziffernsätze umzuwandeln: **2, 2, 8** und **2, 1, 9**.

Das wunderschöne Mädchen in dieser Geschichte ist die bezaubernde Assistentin eines Zirkusstars. Sie steht vor einer Wand, während ihr Partner Messer wirft und sie jedesmal um Haaresbreite verfehlt. Er scheint sich seiner Sache allerdings nicht sicher zu sein, denn nach jedem Wurf läuft er zu seiner Assistentin, um sie gründlich zu untersuchen. Er geht erst dann wieder zurück, wenn er sich davon überzeugt hat, daß sie unverletzt geblieben ist.

Dieser Vorgang wiederholt sich immer wieder. Die beiden Handlungen der Geschichte lassen sich leicht unterscheiden. Der **Werfer** – 2 – **schleudert** – 2 – ein **Messer** – 8 –; der **Werfer** – 2 – **studiert** – 1 – das **Mädchen** – 9. Die beiden Ziffernsätze sind **2, 2, 8** und **2, 1, 9**.

Das Sternzeichen **Jungfrau** beginnt am 22. 8. – 22. August – und endet am 21. 9. – 21. September.

Waage: 22. September bis 22. Oktober
Auch diese Datumsangaben werden vereinfacht, damit sie zwei Zahlensätze ergeben: **2, 2** und **8** sowie **2, 2** und **9**.
Die Leute haben schreckliche Angst vor Waagen – oder genauer gesagt davor, was die Waagen ihnen über ihr Gewicht verraten! Manche Leute nehmen allerhand auf sich, um abzunehmen …
Stellen Sie sich zwei solcher Leute vor, einen Mann und eine Frau, die bei ihrem Gemüsehändler um die Ecke auf eine Waage steigen. Beide haben sich mit Federn überzogen, und diese eigenartige Methode hat sie zwar leichter gemacht, ist anscheinend aber nicht ohne Auswirkungen auf ihre Persönlichkeit geblieben.
Sie entdecken dies, als Sie den beiden nach Hause folgen und merken, daß sie nebeneinander in zwei identischen Käfigen leben …
Das alles folgt einer seltsamen Logik. **Zwei** – **2** – **gefiederte** – **2** – **Menschen** – **9** – brauchen **zwei** – **2** – **Vogel-** – **2** – **Käfige** – **10**! Das Sternzeichen **Waage** beginnt am 22. 9. – 22. September – und endet am 22. 10. – 22. Oktober.

Skorpion: 23. Oktober bis 21. November
Zu diesem Sternzeichen gehören die Zahlen **2, 3** und **10** sowie **2, 1** und **11**.
Sie träumen, Sie würden von einem riesigen wilden Skorpion angegriffen. Die einzige Möglichkeit zur Gegenwehr besteht darin, ihn zu bewerfen – aber es sind nur zwei Gegenstände greifbar. Erst **werfen** – **2** – Sie eine **hölzerne** – **3** – **Tür** – **10** –, aber der Skorpion schlägt sie mit seinem kräftigen Schwanz mühelos fort. Als letztes Mittel **werfen** – **2** – Sie eine **bemalte** – **1** – **Leiter** – **11** – und können seinen Körper zwischen den Sprossen einklemmen …
Stellen Sie sich vor, wie schwer es ist, diese beiden Gegenstän-

de zu werfen, und malen Sie sich aus, wie der Skorpion von der Leiter auf die Erde gedrückt wird. Die beiden Zahlenreihen sind klar: **2, 3** und **10** sowie **2, 1** und **11**.

Das Sternzeichen **Skorpion** beginnt am 23. 10. – 23. Oktober – und endet am 21. 11. – 21. November.

Schütze: 22. November bis 20. Dezember
Zwei weitere Zahlenreihen – **2, 2** und **11** sowie **2, 0** und **12** – und ein weiteres Symbol: der **Schütze**.

Wie immer besteht das Kunststück darin, die passendsten Bilder zu finden – und hier kann die erste 2 in jeder Reihe zum Schützen selbst werden, da der Abschnitt 2 des Zahlensystems auf »werfen« und »fliegen« beruht ...

Sie stehen auf Ihrem heimischen Sportplatz und beobachten, wie ein junger Bogenschütze seine Fertigkeiten erprobt. Da er stundenlang ausharrt, geht sein Vorrat an Pfeilen allmählich zur Neige – er zerhackt also eine alte Leiter und benutzt die Sprossen.

Schließlich sind auch diese aufgebraucht, aber er ist so fest entschlossen, seine Fähigkeiten unter Beweis zu stellen, daß er mit vorbeifahrenden Autos plötzlich Ringwerfen spielt! Er benutzt alle möglichen ringförmigen Gegenstände – einen Gymnastikring, einen Autoreifen, einen Gummi – und versucht, seine Ringe über vorbeifahrende Autos zu werfen.

Lassen Sie die Ereignisse Revue passieren. Es gab zwei Handlungsstränge. Erstens: der **Schütze – 2 – schoß – 2 –** zunächst mit **Leitersprossen – 11 –, und der Schütze – 2 –** spielte **Ringwerfen – 0 –** mit vorbeifahrenden **Autos – 12**. Die beiden Zahlenreihen sind **2, 2, 11** und **2, 0, 12**.

Das Sternzeichen **Schütze** beginnt am 22. 11. – 22. November – und endet am 20. 12. – 20. Dezember.

Steinbock: 21. Dezember bis 19. Januar

Dieses letzte Zahlenpaar läßt sich zu **2, 1, 12** und **1, 9, 1** vereinfachen.

Ein Bauer beschließt, eines seiner Felder zu einer Rennstrecke zu machen. Er hat die clevere Idee, eine Herde Steinböcke einzusetzen, die das Gras kurz halten und jedes störende Unkraut fressen sollen. Als Belohnung dürfen sie am Rand der Strecke stehenbleiben, um die Ereignisse verfolgen zu können.

Zwei knallrote Sportwagen nehmen vor dem Rennen Aufstellung. Es ist eine große Medienpräsenz vor Ort, und die Reporter plaudern unter anderem darüber, wie nützlich die Steinböcke waren …

Die Szene selbst ist einfach. **Zwei** – 2 – **rote** – 1 – **Wagen** – 12 – stehen bereit, und **Reporter** – 1 – **plaudern** – 9 – mit **Reportern** – 1. Die zwei Zahlenreihen sind **2, 1** und **12** sowie **1, 9** und **1**.

Das Sternzeichen **Steinbock** beginnt am 21. 12. – 21. Dezember – und endet am 19. 1. – 19. Januar.

Beim Lernen der genauen Daten der Tierkreiszeichen setzen Sie viele wichtige Memotechniken um, die Sie bislang gelernt haben.

Sie haben die Entscheidung getroffen, Ihr Gedächtnis zu gebrauchen – richtig an das Material heranzugehen, damit Sie es nur einmal lernen müssen.

Sie verwandeln die Details in ihre einfachste Form und verleihen ihnen eine Gestalt, so daß Sie *mit* dem Gedächtnis arbeiten und nicht dagegen. Sie verwandeln abstrakte Zahlen in Bilder und verknüpfen diese Bilder dann zu Geschichten und Szenen.

Zwölf Wörter und achtundsiebzig einzelne Ziffern wurden so *merkbar* gemacht. Wenn Sie künftig an ein Sternzeichen denken, werden Sie dazu angeregt, sich an zwei einfache Handlungs- oder Ereignisketten zu erinnern.

Wassermann

... will **Schwäne** mit einer **runden** Reuse voller **Stifte** fangen, doch erst ...

... ein **Stilleben** mit **Futter** lockt den **Vogel**.

Fische

Sie **entwerfen sich** ein **Flugzeug**, ...

... **fliegen** aber in einen **hohlen Baum**.

Widder

Die Leute **werfen bunte Blumen**, doch ...

... der Widder **wirft** einen **Billardtisch**.

Stier

Der **Pilot bemalt** die **Sitze** ...

Der **Pilot** spielt **Tennis** mit der **Putzfrau**.

Zwillinge

Die **Zwillinge entwerfen Kräne** ...

Die **Zwillinge jonglieren** mit **Geigen**.

Krebs

Krebse **fliegen** und **lernen Musik** ...

Krebse **fliegen** und **lernen schwimmen**.

Löwe

Der **Pilot stürzt** ins **Meer** ...

Der **Pilot liest** über **Essen** nach.

Jungfrau

Ein **Werfer schleudert Messer** ...

Ein **Werfer studiert** das **Mädchen**.

Waage

zwei **gefiederte Menschen** brauchen ...

... zwei **Vogelkäfige**.

Skorpion

Sie **werfen** eine **hölzerne Tür** ...

Sie **werfen** eine **bemalte Leiter**.

Schütze

Der **Schütze schießt** mit **Leitersprossen** …

Der **Schütze** spielt **Ringwerfen** mit **Autos**.

Steinbock

Zwei rote Autos …

Reporter sprechen mit **Reportern**.

Um den Prozeß zu vervollständigen, sollten Sie sich ein paar Minuten Zeit nehmen und eine Geschichte erfinden, die Sie an die Sternzeichen selbst erinnert.

Da das erste Tierkreiszeichen, Wassermann, im Januar beginnt, das zweite im Februar usw., wird die Kenntnis dieser Liste Ihnen genügend Informationen geben, damit Sie ein bestimmtes Sternbild ungefähr einordnen können. Wenn jemand seinen Geburtstag nennt, können Sie rasch die entsprechende Stelle im Tierkreis anpeilen und dann Ihr präziseres Wissen einsetzen, um das Datum dem richtigen Sternzeichen zuzuordnen.

Als markanten Ausgangspunkt können Sie sich vorstellen, in einem Zigeunerzelt zu sitzen und auf die Erstellung Ihrer persönlichen Tierkreiskarte zu warten. Ihre Augen wandern in die Ecke des Zeltes zu einem stattlichen **Wassermann**, der mit seinem Dreizack über ein Aquarium wacht. Bei näherem Hinsehen erkennen Sie, daß es voll seltener **Fische** ist. Doch in diesem Augenblick bricht ein **Widder** durch die Zeltwand, rammt das Glas und verspritzt das Wasser in alle Richtungen. Die Zigeunerin ist in größter Sorge um ihre Sammlung von Souvenirs. Als der Wasserspiegel steigt, packt sie schnell ihre kleinen **Stiere** und Matadore zusammen und ergreift mit all ihren Andenken aus Spanien die Flucht. Sie rennt aus dem Zelt – aber zu Ihrer Überraschung erscheint sie eine Sekunde später wieder auf der gegenüberliegenden Seite. Des Rätsels

Lösung ist, daß es sich hier um eine andere Frau handelt, nämlich um die **Zwillingsschwester**.

Sie entschuldigt sich für all das Wasser und fragt, ob Sie vielleicht gehen möchten. Als Sie gerade »nein« sagen wollen, fährt ein stechender Schmerz durch Ihren Zeh. Sie sind von einem stattlichen **Krebs** gebissen worden – binnen Sekunden haben Sie Ihre Meinung geändert und hinken aus dem Zelt.

Der Ausgang wird von einem wilden **Löwen** blockiert, dessen Brüllen Sie ins Wasser zurückfliehen läßt. Eine **junge Frau** erkennt Ihre Not und zieht Sie heraus. Sie will herausfinden, wieviel Wasser Sie geschluckt haben, und zerrt Sie auf eine **Waage**.

Zusammen hecken Sie einen Fluchtplan aus. Sie überreicht Ihnen einen zahmen **Skorpion**, den Sie dem Löwen entgegenschleudern, woraufhin das riesige Tier erschrickt und verstört davonrennt. Ein ausgebrochener Löwe stellt eine massive Bedrohung der Öffentlichkeit dar, weshalb eine Gruppe von **Schützen** geholt wird, um das Tier zur Strecke zu bringen.

Dummerweise sind sie allesamt kurzsichtig und treffen immer wieder harmlose **Steinböcke**, denen die Pfeile allerdings kaum etwas ausmachen; meist ziehen sie sie einfach wieder heraus und fressen sie!

Wenn Sie sich an die entscheidenden Elemente dieser Geschichte erinnern, kennen Sie die Reihenfolge der Sternzeichen im Tierkreis: den **Wassermann**, die **Fische**, den **Widder**, die spanischen **Stiere**, die **Zwillingsschwester**, den schmerzhaften **Krebs**, den wilden **Löwen**, die junge Frau als Lebensretterin (**Jungfrau**), ihre **Waage**, den **Skorpion**, die **Bogenschützen** und schließlich die **Steinböcke**.

Um Ihr Wissen in die Praxis umzusetzen, müssen Sie einfach alle entsprechenden Techniken kombinieren.

Wenn Sie etwa das Sternzeichen von jemandem herausfinden

wollten, der am 25. Juni geboren ist, müßten Sie die folgenden geistigen Schritte unternehmen:

Juni ist der 6. Monat. Sie gehen also die obige Geschichte durch und stellen fest, daß das wichtigste Symbol für den 6. Monat der (schmerzhafte) **Krebs** ist.

Ihre kleine Merkgeschichte über den Krebs verrät Ihnen die Datumsangaben für dieses Zeichen. Krebse **fliegen** – **2** – und **lernen** – **1** – **Musik** – **6** –, und sie **fliegen** – **2** – und **lernen** – **1** – **schwimmen** – **7**. Der erste Tag ist der 21. 6. – 21. Juni – und der letzte Tag der 21. 7. – 21. Juli. Da der 25. Juni in diesen Zeitraum fällt, ist das Sternzeichen tatsächlich **Krebs**.

In anderen Fällen werden Sie darauf stoßen, daß ein Datum außerhalb des »Hauptmonats« liegt. Sie lokalisieren den richtigen Bereich des Tierkreises, stellen aber fest, daß dieses Datum in das Zeichen unmittelbar danach fällt.

Sie erinnern sich sofort, daß August der 8. Monat ist. Wenn Sie die Liste der Sternzeichen durchzählen, werden Sie feststellen, daß das charakteristische Tierkreiszeichen für den 8. Monat **Jungfrau** ist (die junge Frau, die Ihr Leben rettet, ist das achte Element der Geschichte).

Wenn Sie sich die Geschichte mit der **Jungfrau** in Erinnerung rufen, erhalten Sie die genauen Daten, wann dieses Sternzeichen beginnt und endet.

Das Mädchen wird mit Messern beworfen ... der **Werfer** – **2** – **schleudert** – **2** – **Messer** – **8** –; der **Werfer** – **2** – **studiert** – **1** – das **Mädchen** – **9**. Das Anfangsdatum ist der 22. 8. – der 22. August, das Schlußdatum der 21. 9. – der 21. September. Das Sternzeichen für den 15. August muß also das vor **Jungfrau** sein, das siebte auf der Liste: **Löwe**.

Mit etwas Übung werden Sie in der Lage sein, diese Schritte innerhalb von Sekunden zu vollziehen. Sie haben sich einen großen Schatz an Wissen angeeignet – der Ihnen so lange wie notwendig zur Verfügung stehen wird. Es zeigt sich, daß man sich an jedes beliebige Material erinnern kann und einfache Memotechniken in jeder Phase des Lernprozesses nützlich sind.

Uhrzeiten

Ihr Zahlensystem eignet sich nicht nur hervorragend für das Merken von Datumsangaben, sondern auch von Uhrzeiten.

Auch hier gilt: Der erste Schritt besteht darin, Informationen in die wirkungsvollste Form zu bringen. Die Uhrzeit läßt sich auf viele verschiedene Arten schreiben: 2 Uhr ... 2 Uhr nachmittags ... 14 Uhr ... 14.00. Die einfachste Möglichkeit ist die letzte – 14.00, denn wenn Sie jede Zeit nach dem 24-Stunden-System angeben, müssen Sie nur vier Ziffern lernen. Kein »vormittags«, kein »nachmittags«, kein »Uhr« – nur vier Ziffern, die darauf warten, in Ideen und Bilder verwandelt und zu einer Geschichte verarbeitet zu werden.

Der Vorteil dieses Systems liegt darin, daß Sie sich keine Gedanken über »vormittags«, »mittags«, »nachmittags«, »abends« oder »nachts« machen müssen; 03.00 etwa kann niemals mit 3 Uhr nachmittags – 15.00 – verwechselt werden. Wenn Sie alle Zeiten nach dem 24-Stunden-System behandeln, passen sie in das Zahlensystem; sie bestehen alle aus vier Ziffern, zwei vor und zwei nach dem Punkt, und sie lassen sich alle auf exakt dieselbe Weise merken.

»Viertel vor sieben am Morgen« wird somit zu 06.45. Dies ist vielleicht die Zeit, zu der Ihr Flugzeug startet. Stellen Sie sich vor, wie Sie in einem Flugzeug sitzen, aus dem Fenster blicken und sehen, daß ein dicker Sänger durch die Ladeluke gehievt werden soll. Er sitzt auf einem Haken und wartet darauf, nach oben gezogen zu werden ...

Der **runde** – **0** – **Sänger** – **6** – **sitzt** – **4** – auf dem **Haken** – **5**. Ihre Flugzeit ist 06.45, Viertel vor sieben.

»Acht nach fünf am Nachmittag« wird zu 17.08. Wenn es sich dabei um Ihren Arzttermin handelt, könnten Sie sich vorstellen, wie Sie im Wartezimmer sitzen. Der Arzt ist nicht in seinem Zeitplan und läßt Sie stundenlang warten. Sie haben jedes Heft im Wartezimmer ausgelesen – sogar ein altes Segel-Magazin, das so langweilig war, daß Sie es zusammengeknüllt und gegessen haben …

Sie **lesen** – **1** – das **Segel**- – **7** – Magazin, bevor Sie es zu einer **Kugel** – **0** – zusammenknüllen und **schlucken** – **8**. Ihr Arzttermin ist um 17.08; acht Minuten nach fünf am Nachmittag.

Wenn Sie regelmäßig ins Ausland verreisen, Verwandte in Übersee anrufen oder mit Geschäftspartnern in der ganzen Welt zu tun haben, ist es nützlich, sich die Weltzeituhr zu merken. Dies ist ein perfektes Beispiel für meine Memotechnik: Informationen werden in eine möglichst einfache Form gebracht und anschließend durch Bilder und Geschichten zum Leben erweckt. Zu beachten ist vor allem, daß man sich die Zeitzonen der meisten Länder und Städte einfach als zwei Ziffern merken kann!

Die Zeiten in der ganzen Welt werden in Relation zur Zeit in London gemessen, der »Greenwich Mean Time« oder »G. M. T.«. Eine Zeitzone definiert sich durch die Uhrzeit, die dort herrscht, wenn es in London 12 Uhr mittags ist.

Shanghai ist beispielsweise acht Stunden voraus. Um 12.00 G. M. T. ist es in Shanghai 20.00. New York ist dagegen fünf Stunden *zurück*. Um 12.00 G. M. T. ist es an der Freiheitsstatue 07.00.

Anstatt nun »fünf Stunden vor« oder »acht zurück« zu lernen, ist es besser, sich auf die ersten beiden Zahlen in der »Zonenzeit« zu konzentrieren. Beinahe alle Zonen sind volle Stunden vor oder nach G. M. T.; Sie können die Minuten also ignorieren und einfach von ».00« ausgehen. Die übrigen beiden Ziffern geben Ihnen alle Informationen, die Sie brauchen, und anhand Ihres Zahlensystems können Sie sich diese innerhalb von Sekunden ins Gedächtnis rufen. Tatsächlich sind bereits zwei Ziffern abwechslungsreich genug, um sich an so viele »Weltzeiten« zu erinnern wie nötig.

Isolieren Sie die beiden Ziffern, machen Sie eine Szene daraus, und verknüpfen Sie Ihre Bilder mit der Zeitzone selbst.

Es folgen Beispiele für zehn »Weltzeiten«, die Zeit in zehn Städten um 12.00 Uhr G. M. T. Wenn Sie die Vorschläge durchgelesen und sich die Szenen vorgestellt haben, sollten Sie sich anhand dieser Liste auf die Probe stellen.

Athen:	14.00 Uhr
Brüssel:	13.00 Uhr
Kapstadt:	14.00 Uhr
Chicago:	06.00 Uhr
Helsinki:	19.00 Uhr
Jerusalem:	14.00 Uhr
Moskau:	15.00 Uhr
New York:	07.00 Uhr
Sydney:	22.00 Uhr
Tokio:	21.00 Uhr

Vorschläge

Athen: 14.00 Uhr
Die gesamte Information ist in den Ziffern **1** und **4** enthalten. Vergegenwärtigen Sie sich all die alten, verfallenen Gebäude in Athen. Stellen Sie sich vor, es wäre Ihre Aufgabe, sie zu re-

staurieren. Womit würden Sie anfangen? Vielleicht würden Sie als erstes die Sitze in einer der Arenen streichen.

Das **Streichen** – **1** – der **Sitze** – **4**. Diese einfache Tätigkeit ist alles, was Sie brauchen, um sich an die **1** und die **4** zu erinnern und zu wissen, daß es um 12.00 G. M. T. in Athen 14.00 Uhr ist.

Brüssel: 13.00 Uhr

Hier sind die Ziffern **1** und **3**. Manchmal bietet es sich an, seine Geschichte mit einem Begriff zu verknüpfen, den man mit einem Ort in Beziehung bringt. Im Falle von Brüssel denkt man sofort an die Europäische Kommission – und die damit verbundene Bürokratie.

Stellen Sie sich vor, Sie arbeiten in Brüssel und haben als einzige Aufgabe, alte **Akten** – **1** – zu **vergraben** – **3**. Um 12.00 G. M. T. muß es in Brüssel damit 13.00 Uhr sein.

Kapstadt: 14.00 Uhr

Kapstadt ist eine extrem mode- und sicherheitsbewußte Stadt, in der alle Menschen *Kappen* tragen: Hüte auf dem Kopf und Stahlkappen in den Schuhen!

Entsprechend hat sich in und um Kapstadt auch vor allem die Hut- und Schuhindustrie angesiedelt, die Weltniveau hat. Dort sitzen die besten Designer an ihren Zeichenbrettern und **entwerfen** – **1** – **Stahl**kappen – **4** – für Sicherheitsschuhe ... Dieses Bild verrät Ihnen die beiden entscheidenden Ziffern; um 12.00 G. M. T. ist es in Kapstadt 14.00 Uhr.

Chicago: 06.00 Uhr

Stellen Sie nach Möglichkeit mehr als ein Bindeglied zwischen Ihrer fiktiven Szene und dem entsprechenden Land oder Ort her. Chicago ist als »stürmische Stadt« bekannt, aber es ist auch der Name einer Rockgruppe.

Stellen Sie sich vor, wie Sie eine Straße in Chicago hinablaufen und der Sturm Ihnen CDs um die Füße wirbelt. Um sich aufzuwärmen, halten Sie einen Moment inne und kicken einige der Scheiben über den Bürgersteig. Sie **kicken** – **0** – die **CDs** – **6** – und erinnern sich gleichzeitig an die beiden entscheidenden Ziffern.

Es ist 06.00 Uhr in Chicago, wenn es in London zwölf Uhr mittags ist.

Helsinki: 19.00 Uhr
Wenn ein Ortsname keine unmittelbaren Bilder oder Assoziationen wachruft, muß man mitunter auf das entsprechende Land ausweichen. Helsinki ist die Hauptstadt von Finnland, und bei Finnland denkt man vielleicht an die Volksgruppe der Lappen im Norden des Landes mit ihren Rentieren und Schlitten.

Konzentrieren Sie sich auf Ihr Bild der Lappen. Am auffälligsten ist vielleicht die Farbe – die wunderschöne **rote** – **1** – **Tracht** – **9**. Dadurch werden Sie daran erinnert, daß es in Helsinki um 12.00 G. M. T. 19.00 Uhr Ortszeit ist.

Jerusalem: 14.00 Uhr
Zwei weitere Ziffern: **1** und **4**. Stellen Sie sich vor, Sie knien tief ins Gebet versunken in einer Kirche in Jerusalem. Sie knien vor einem **Lese-** – **1** – **Pult** – **4**. Um 12.00 G. M. T. ist es in Jerusalem 14.00 Uhr.

Moskau: 15.00 Uhr
Rußland ist für seine Philosophen ebenso bekannt wie für seine Intellektuellen im Untergrund. Stellen Sie sich also einen Spaziergang in der Hauptstadt vor, bei dem Sie mit anhören, wie die Straßenkehrer philosophische Ideen diskutieren. Wohin Sie auch gehen, treffen Sie auf **intellektuelles** – **1** – **Rei-**

nigungspersonal – 5! In Moskau ist es 15.00 Uhr, wenn es in London 12 Uhr mittags ist.

New York: 07.00 Uhr
Von Ihrem Aussichtspunkt auf der Freiheitsstatue können Sie erkennen, daß der Ring um die Fackel ein perfekter Steinkreis ist. Vor Ihren Augen beginnt der Ring zu rutschen, löst sich von der Statue und stürzt ins Meer. Sein Gewicht läßt eine ringförmige Welle nach oben schießen.
Der **Kreis** aus Stein im **Wasser** … der **Ring** aus **Wasser** selbst – beide erinnern Sie an die entscheidenden Zahlen **0** und **7**. Um 12.00 G. M. T. ist es in New York 07.00 Uhr.

Sydney: 22.00 Uhr
Die Oper und die Hafenbrücke von Sydney zählen zu den schönsten und berühmtesten Bauwerken der Welt. Bitten Sie den Piloten Ihres Quantas-Flugzeugs, so niedrig wie möglich zu fliegen, damit Sie ein paar phantastische Fotos machen können. Er ist einverstanden: der **Pilot – 2 – gleitet – 2 –** ganz niedrig über den Hafen. Um 12.00 G. M. T. ist es in Sydney 22.00 Uhr.

Tokio: 21.00 Uhr
Sie brauchen Ihre Geschichte nicht nur mit berühmten Bauwerken zu verknüpfen, sondern können sich auch auf *Personen* konzentrieren.
Die Japaner üben bekanntlich einen großen Druck aus, damit die Studenten ihre Prüfungen bestehen. Stellen Sie sich ein typisches Schulmädchen aus Tokio vor. Ihr deutsches Pendant schlägt vielleicht ein Buch auf, aber das japanische Mädchen hat so viel zu tun, daß sie gleich *zwei* liest – in jeder Hand eines. **Zwei – 2 – Bücher – 1 –** ergeben die letzten beiden Ziffern: wenn Big Ben zwölfmal schlägt, ist es in Tokio 21.00 Uhr.

Die Kenntnis der Weltzeituhr hilft Ihnen, Geschäfte rund um den Globus zu tätigen, ihre Telefongespräche über den Atlantik zu planen – und sogar Geographieprüfungen zu bestehen. Wenn Sie sich erst einmal eine Reihe einprägsamer Szenen gemerkt haben, müssen Sie sich nur noch eine davon in Erinnerung rufen, die beiden zentralen Elemente herausfiltern – den **Kreis** und das **Wasser** etwa, oder das **Streichen** der **Sitze** –, und Sie haben die Informationen, die Sie brauchen. Die Bilder werden zu Zahlen, und wenn Sie noch ».00« ergänzen, verwandeln Sie das Material in dessen ursprüngliche Form zurück. Wenn nötig, können Sie sich jede Zeitzone der Welt ohne weiteres merken.

Ein Gedächtnis, auf das Sie zählen können

Anhand meiner Memotechnik können Sie sich Zahlen nicht nur besser merken, sondern auch in Merkhilfen für weiterführende Informationen verwandeln. Genau wie einzelne Wörter einen langen Text vereinfachen, ordnen, gliedern und eine Reihe von Merkhilfen bieten, können auch Zahlen die Grundlage für das Erinnerungsvermögen darstellen.
Stellen Sie sich vor, Sie hätten die folgende Einkaufsliste zu lernen:

Äpfel, Brot, Mehl, Käse, Milch, Spülmittel, Müsli, Wein, Gurke, Kartoffeln.

Eine Alternative dazu, die Wörter zu einer Geschichte zu verknüpfen oder sie entlang einer imaginären Route in ein Zimmer zu setzen, besteht darin, jedes Wort einer bestimmten Zahl zuzuordnen. Dies ist besonders nützlich, wenn Sie von jedem Element die Zahl wissen – etwa auf Anhieb das »fünfte« oder »siebte« nennen – und Ihre souveräne Beherrschung der ursprünglichen Liste unter Beweis stellen können.

Sie haben für jede Zahl von 1 bis 12 bereits eine Auswahl an Bildern und Ideen, so daß jede Liste von maximal zwölf Punkten innerhalb von Sekunden zu lernen ist, indem man die einzelnen Gegenstände mit einem passenden Bild verknüpft.

Es folgen einige Vorschläge zur Erinnerung an die Einkaufsliste. Wenn Sie diese durchgelesen haben, üben Sie: Suchen Sie bestimmte Elemente, rufen Sie sich die Liste rückwärts in Erinnerung, oder greifen Sie alle Wörter mit ungerader Zahl heraus …

Vorschläge

Es ist bei jeder Liste sinnvoll, an alle Elemente ähnlich heranzugehen. Sie könnten alle irgendwohin stecken, etwas Komisches mit ihnen anstellen oder vielleicht an bekannte Personen verschenken. Dies verhindert Verwirrung und gibt Ihnen jedesmal einen eindeutigen Ausgangspunkt. Anstatt bei jeder Zahl alle Möglichkeiten durchgehen zu müssen, können Sie sich geradewegs auf die **Gegenstände**, die **Handlungen** oder die **Beschreibungen** stürzen.

Warum konzentrieren Sie sich bei dieser Einkaufsliste nicht auf die *Handlungen*? Gehen Sie mit jedem Gegenstand auf eine charakteristische Weise um, die sowohl der Sache selbst als auch, vor allem, der jeweiligen Zahl in Ihrem System entspricht.

1: *Äpfel*
Nehmen Sie einen perfekten, runden, roten **Apfel**, und ritzen Sie mit einem spitzen Stift Ihren Namen in die Schale. Stellen Sie sich vor, wie es aussehen, sich anfühlen, ja sogar klingen

würde. Vielleicht nehmen Sie gleich eine ganze Tüte und malen auf jeden Apfel einen anderen Buchstaben Ihres Namens. Die zentrale Handlung – **schreiben** – verknüpft die »Äpfel« mit der Zahl **1**.

Wie immer sollten Sie genügend phantasievolle Details hinzufügen, damit das Bild unverwechselbar wird. Sie müssen betonen, daß es sich hier nicht um Birnen oder Pfirsiche handelt. Warum nehmen Sie nicht Ihren Stift zur Hand, zeichnen ein Fadenkreuz auf einen Apfel und verwenden ihn dann als Zielscheibe, um ihn – gleich Wilhelm Tell – mit einem Pfeil zu durchbohren!

2: Brot

Vielleicht **werfen** Sie (den **Vögeln**!) **Brot** zu. Es ist ein windiger Tag, und Sie müssen Ihre ganze Kraft aufbieten, um das Brot wenigstens ein paar Meter weit zu werfen. Im letzten Moment merken Sie, daß das Brot zu *Geld* geworden ist – den »Brötchen«, die Sie verdienen …

3: Mehl

Gehen ist eine der zentralen Handlungen in Abschnitt 3 des Zahlensystems. Stellen Sie sich vor, wie Sie durch eine Großpackung **Mehl laufen** und auf einem frisch gesaugten Teppich Ihre weißen Fußabdrücke hinterlassen.

4: Käse

Sie haben die Aufgabe, **Käse**scheiben herzustellen – indem Sie sich darauf **setzen** und sie so in Form bringen. Gegen Ende des Tages ist das Hinterteil Ihrer Hose wie der Käse selbst – fettig und voller Löcher. Sie ziehen sich schnell um, damit Sie für die Käsereklame wieder Modell **sitzen** können.

5: Milch

Sie haben überall **Milch** verschüttet, die sofort **entfernt** werden muß. Was nehmen Sie dazu? Sie versuchen es mit einem Staubsauger, aber die Milch leckt aus einem Loch im Beutel. Sie wollen sie in einen Papierkorb leeren, aber die Milch dringt durch die Ritzen.

Am Schluß holen Sie Eimer und Schrubber – doch als Sie den ganzen Boden gewischt haben, trampelt eine Herde Kühe darüber …

6: Spülmittel

Wenn Sie in den Verschluß einer **Spülmittel**flasche **blasen,** haben Sie Ihr eigenes Musikinstrument! Stellen Sie sich den Geschmack vor, wenn Sie aus Versehen ein wenig von der schmierigen Flüssigkeit ansaugen. Spritzen Sie den Rest aus der Flasche, um damit das Geschirr zu waschen – und machen Sie die Töpfe und Deckel zu Trommeln und Becken, die Sie mit einem Löffel bearbeiten …

7: Cornflakes

Stellen Sie sich das Gefühl vor, durch eine riesige Schüssel **Cornflakes** zu **schwimmen** – keine Milch, nur die Flocken, die Sie zu ersticken drohen. Sie stoßen einen Seufzer der Erleichterung aus, als ein Plastikboot aus den Flocken auftaucht – ein beigefügtes Geschenk, mit dem Sie auf dem Flockenmeer rasch umzugehen lernen …

8: Wein

Verwenden Sie jede Menge **Wein** zum **Kochen.** Geben Sie Rotwein zum Kartoffelpüree, Weißwein in die Suppe und einen guten Rosé zu den Karotten. Diese Gerichte ergäben ein herrliches *Weih*nachtsmenü!

9: Gurke

Versuchen Sie, durch das Auflegen von **Gurken**scheiben Ihre Tränensäcke zu straffen. Und da Sie schon einmal dabei sind: Warum **tragen** Sie Gurken nicht am ganzen Körper? Schneiden Sie die Stücke so, daß wunderbare Kleider nach der neuesten Mode daraus werden. Begutachten Sie sich im Spiegel, und biegen Sie sich – wie eine Gurke – vor Lachen!

10: Kartoffeln

Spielen Sie dem Bundeskanzler einen Streich: Versperren Sie den Eingang zu seinem Büro mit einem riesigen Haufen **Kartoffeln**, und drücken Sie einen Kartoffelchip in das Schlüsselloch. Sie haben ihn **eingesperrt** – aber der diensthabende Polizist schält sofort alle Kartoffeln und bringt den Haufen damit zum Einsturz. In diesem Punkt versteht der Kanzler allerdings keinen Spaß: Er ordnet ein großes Kartoffelfeuer an und läßt seinen Sicherheitschef fallen wie eine heiße Kartoffel …!

Ein nützlicher letzter Schritt besteht darin, alle zehn Geschichten mit einem bestimmten Ort zu verknüpfen. Bei dieser Liste könnte es der Supermarkt sein, den Sie aufsuchen wollen: Sie werfen den Vögeln von der Kasse aus Brot zu, geben im Mittelgang eine musikalische Vorstellung mit Spülmittelflaschen und nehmen die Kartoffeln dazu her, eine Delegation von Politikern in das Lager zu sperren … Durch diesen Schritt können Sie mit nur zehn oder zwölf Zahlen viele verschiedene Listen aufstellen – eine für jeden Laden, in dem Sie einkaufen müssen. Jede Liste würde im entsprechenden Laden spielen, und jede Handlung wäre mit einem bestimmten Element des Schauplatzes verknüpft.

Sie könnten **Tapetenrollen** gegen eine bestimmte Fliesenausstellung im Baumarkt *werfen* und einen **Kuchen** in den Backofen der Bäckerei *schleudern*. Beide Dinge sind die

»Nummer 2« auf Ihrer jeweiligen Liste, aber der Zusammenhang sorgt jeweils dafür, daß beide im Gedächtnis bleiben.

»Was habe ich im Baumarkt gegen die Fliesen geworfen?« *Tapeten.* »Was habe ich beim Bäcker in den Ofen geschleudert?« *Kuchen* …

Wenn Sie sich mehr als zwölf Dinge auf einer einzigen Liste merken müssen, ist es am einfachsten, sie in *Gruppen* zu lernen. Sorgen Sie dafür, daß jede Zahl zum Ausgangspunkt für eine Reihe von Verbindungen führt, und packen Sie, soweit möglich, in jede »Gruppe« möglichst viele Elemente.

Es folgt eine weitere Einkaufsliste – diesmal mit fünfzehn Elementen –, anhand deren sich demonstrieren läßt, wie man eine beliebig große, numerierte Liste erstellt. In diesem Fall lassen sich den Zahlen 1 bis 5 ohne weiteres jeweils drei Dinge zuordnen.

Lesen Sie zunächst die Vorschläge und dann die Hinweise, wie Sie sich jeden einzelnen Punkt auf der Liste merken können.

1. Chips 2. Orangen 3. Bananen
4. Butter 5. Alufolie 6. Tomaten
7. Zucker 8. Knoblauch 9. Ölsardinen
10. Salat 11. Seife 12. Schinken
13. Salz 14. Schokolade 15. Tee

Vorschläge

Gruppe 1: Chips, Orangen, Bananen
Anstatt sich, wie oben, auf die Handlungen zu konzentrieren, können Sie sich hier gleich der Spalte **Gegenstände** zuwenden. Beginnen Sie jede der dreiteiligen Geschichten mit einem entsprechenden *Ding*.

Sie lesen ein **Buch** – **1** – mit dem Titel »Eine kurze Geschichte der **Chips**«! Auf jeder Seite klebt ein Chip mit einem anderen Geschmack. Kleine Chipsbrösel fallen auf den schreiend **orange**farbenen Teppich und verwandeln seine Farbe in gelblich-braun.

Um ihm die alte Farbe zurückzugeben, pressen Sie den Saft einer *Orange* darüber aus – und verstreuen sogar die in dünne Streifen geschnittene Schale. Der eigentliche Test erfolgt, als Sie versuchen, darauf zu laufen. Sie gehen ganz vorsichtig, um die Schale nicht zu zerquetschen – aber gerade, als Sie beinahe durch sind, rutschen Sie aus, fallen hin und sind mit Chips und Orangenschalen übersät.

Für Ihren Ausrutscher muß es einen Grund geben. Tatsächlich: ein Blick auf den Teppich verrät Ihnen, daß die Unterlage aus **Bananen**schalen besteht! Eigentlich könnten Sie die Schalen gut gebrauchen – und schnallen eine an jeden Fuß: Sie ergeben ein tolles Paar »Slippers« …

Sie beschließen, über Ihre neue Erfindung ein Buch zu schreiben.

Am Anfang und am Schluß ist der zentrale Punkt hier **Buch** – **1.** Das Buch steckte voller **Chips**, der Teppich war mit **Orangen** übersät, die Unterlage bestand aus **Bananen**, und Ihre Erfindung der »Slippers« war Gegenstand eines **Buches**. Die drei Gegenstände sind in dieser Reihenfolge mit der Zahl 1 verbunden.

Gruppe 2: Butter, Alufolie, Tomaten
Diese Geschichte könnte man mit einem **Flugzeug** – **2** – beginnen lassen – einem mächtigen Jumbo-Jet, der für den Start vorbereitet wird. Sie passen genau auf, was alles zu tun ist.

Als erstes müssen die Reifen und die Startbahn geschmiert werden. Ein Team von Technikern bestreicht beide mit **Butter** und schneidet die *Butter*blumen zurück, die auf dem Rollfeld gewachsen sind.

Dummerweise trocknet die Butter in der Sonne langsam ein. Man muß sie abschirmen – sie holen also lange Bahnen **Alufolie** heraus und legen sie auf das Rollfeld sowie um die Reifen. Einer der eitelsten Techniker begutachtet seine Frisur in der spiegelnden Oberfläche der Folie.

Zu seinem Schrecken stellt er fest, daß sein Kopf mit **Toma**tenstückchen übersät ist. Er blickt auf, sieht, daß aus einer offenen Ladetür des Flugzeugs Tomaten rollen, schlägt die Hände über dem Kopf zusammen und ruft seinem Chef zu: »Tom …!«

In diesem Beispiel bleibt das Flugzeug – **2** – im Mittelpunkt der gesamten Szene. Es wird mit **Butter** bestrichen, in **Alufolie** eingewickelt und läßt dann **Tomaten** herausrollen. Die zweite Gruppe mit drei Elementen ist fest im Gedächtnis verankert.

Gruppe 3: Zucker, Knoblauch, Ölsardinen

Als Objekt für Gruppe 3 sehen Sie zu Ihrem **Schuh** hinunter. Ein weißes, feinkörniges Pulver rinnt durch die Ösen und dringt durch die Ritzen der Sohle. Nehmen Sie ein wenig davon zwischen die Finger und probieren es; es ist **Zucker**. Immer mehr Zucker läuft heraus, und bald macht Ihnen das Gehen Probleme. Sie müssen sich auf einen Stock stützen – ein »*Zucker*rohr«!

Die Zuckerspur zieht Vögel und andere Tiere an – auch (grusel!) eine Reihe von Fledermäusen. Für den Fall, daß es sich um Vampire handelt, brechen Sie eine **Knoblauch**zehe heraus und tragen kleine Stückchen davon an Ihrer Halskette.

Während Sie weiterlaufen, zeigt der Knoblauch vor allem zwei Wirkungen. Die Fledermäuse werden abgeschreckt, aber genauso alle Menschen, die Ihnen begegnen. Sie fliehen vor dem Geruch, drängen sich durch Eingänge und enge Straßen und drücken sich wie **Ölsardinen** an die Hauswände. Das bringt Sie auf eine Idee. Wenn Sie nach Hause kommen, legen Sie die Ölsardinen noch einmal in Zucker und Knoblauch ein.

Gruppe 4: Salat, Seife, Schinken
Auf dem **Tisch** – 4 – in Ihrem Eingang stapeln sich normalerweise die Blätter, aber heute stapeln sich die **Salat**blätter. Sie werden langsam faulig, und der Geruch ist fürchterlich. Sie beschließen, alle mit einem Stück **Seife** abzuwaschen. Das wird Stunden dauern, und so holen Sie schon einmal ein TV-Gerät, um nebenher fernsehen zu können.
Sie zappen sich durch die Programme und suchen einen richtigen **Schinken**, einen langen Film, um so richtig darin zu schwelgen. Doch Ihr Traum zerplatzt wie eine *Seifenblase* – in keinem Programm ein gescheiter Film.

Gruppe 5: Salz, Schokolade, Tee
Beginnen Sie diese letzte Gruppe mit dem Bild eines **Hakens** – 5. Als Strafe für ein entsetzliches Verbrechen besteht Ihre frustrierende Aufgabe darin, nur mit Hilfe eines winzigen Hakens einen großen Haufen **Salz** zu verschieben. Sie können immer nur zwei oder drei Körnchen auf einmal auf der Spitze balancieren, so daß die Aufgabe wohl Jahre in Anspruch nehmen wird. Eine ge*salz*ene Strafe …
Wenn der Haken größer wäre, würde es die Aufgabe um einiges erleichtern. Sie haben eine Tafel **Schokolade** in der Tasche, die Sie in der Sonne schmelzen lassen und zu einer kleinen Schaufel formen. Sobald die Schokolade wieder fest ist, benutzen Sie sie anstelle des Hakens.
Bald ist die Arbeit getan, und Ihre Belohnung ist die traditionelle Tasse **Tee** nach Arbeitsschluß. Ihre Strafe ist abgegolten, Sie können fortan wieder ein gutes Leben in Freiheit führen – und der **TEE** (Trans-Europa-Express) bringt Sie sicher in die Heimat zurück.

Wie immer sind die drei Elemente in einer bestimmten Reihenfolge mit der Nummer der Gruppe verknüpft worden. Sie brauchen nur an die **5** zu denken, und schon erinnern Sie sich an den **Haken**, das **Salz**, die **Schokolade** und den **Tee**.

Es ist nicht nur möglich, sich an die jeweilige Gruppe mit drei Elementen zu erinnern – die vierte Gruppe, die zweite Gruppe etc. –, sondern Sie können auch einzelne Punkte innerhalb der Liste herausgreifen. Wenn Sie einen bestimmten Punkt herausfinden wollen, brauchen Sie seine Zahl einfach durch 3 zu dividieren. Geht die Division auf, so rufen Sie sich die Gruppe in Erinnerung, deren Nummer Ihrem Ergebnis entspricht. Das gewünschte Element ist dann das *letzte* dieser Gruppe.

Um etwa Element Nr. 9 zu finden, müssen Sie 9 durch 3 teilen. Die Rechnung geht glatt auf: 3. Das Element Nr. 9 muß das letzte in Gruppe 3 sein – **Ölsardinen**.

Wenn die Division nicht aufgeht, haben Sie als Ergebnis eine ganze Zahl und einen »Rest«. Die Zahl 13 etwa läßt sich *viermal* durch 3 teilen; übrig bleibt 1. 8 läßt sich *zweimal* durch 3 teilen; übrig bleiben 2.

Um das gesuchte Element zu finden, gehen Sie zu der Dreiergruppe, die Ihrem Ergebnis entspricht. Wenn 1 übrig war, ist das gesuchte Element das erste dieser Gruppe, und ein Rest von 2 verweist auf das zweite. Das dreizehnte Element gehört beispielsweise zur fünften Gruppe, und da 1 übrig war, ist das gesuchte Element das erste der drei: **Salz**. Das achte Element gehört zur dritten Gruppe, und da 2 übrig waren, entspricht Ihre Lösung dem zweiten der drei Elemente: **Knoblauch**.

Wie so oft klingt dies viel komplizierter, als es in Wirklichkeit ist. Nach ein paar Minuten Übung werden Sie jedes Element der Liste innerhalb von Sekunden ausfindig machen können. Wenn Sie Vierergruppen verwenden, *teilen* Sie natürlich durch vier anstatt durch drei; Zehnergruppen bedeuten, daß

Sie durch zehn teilen. Je länger die Liste ist, desto nützlicher ist diese Methode, und solange die Verknüpfungen deutlich sind und alle Regeln meiner Memotechnik beachtet werden, läßt sich dieses System einsetzen, um so viele Elemente wie nötig in Erinnerung zu behalten.

Testen Sie sich selbst

Am besten erlernen Sie diese Methode durch Praxis.
Weiter unten finden Sie fünfzehn weitere Elemente, die diesmal der Inventarliste eines Mietshauses entstammen. Erfinden Sie Bilder und Anhaltspunkte, verknüpfen Sie diese mit den Zahlen – wie zuvor: drei mit jeder Zahl von 1 bis 5 –, und prüfen Sie Ihr Gedächtnis anhand der ursprünglichen Liste. Wenn Sie die Gegenstände vollständig gelernt haben, sind sie abrufbereit zur Hand. Entweder gehen Sie alle der Reihenfolge nach durch, oder Sie führen schnell eine Rechnung aus, um jeden numerierten Gegenstand zu lokalisieren. Sie haben die Informationen perfekt gelernt – und *Zahlen* haben Ihnen dabei geholfen, die Materie zu beherrschen.

1. **Kühlschrank** 2. **Fernseher** 3. **Heizung**
4. **Bücherschrank** 5. **Teppich** 6. **Toaster**
7. **Bett** 8. **Kleiderschrank** 9. **Teekessel**
10. **Telefon** 11. **Federbett** 12. **Radio**
13. **Mülleimer** 14. **Grill** 15. **Staubsauger**

Zahlen sind also nicht schwierig und verwirrend, sondern *hilfreich*. Sie helfen Ihnen dabei, sich an andere Informationen zu erinnern – vor allem, wenn Sie diese Punkt für Punkt brauchen –, und lassen sich als Anhaltspunkte für das Gedächtnis verwenden.

Es ist nicht so, als hätten Zahlen mit dem Alltag nichts zu tun. Sie stecken überall: in Vorwahlcodes, in Datums- und Zeitangaben … Zahlen sind unschätzbare Elemente eines organisierten Lebensstils, und die Fähigkeit, sie zu behalten, ist von größtem Nutzen.

Zahlen zu lernen ist kein Ding der Unmöglichkeit, und tatsächlich fügen sich Zahlen hervorragend in mein System ein. Wenn Sie gelernt haben, sie zum Leben zu erwecken und zu Verknüpfungen, Szenen und Geschichten umzuformen, können Sie sich *jede* Zahl merken, die für Sie nützlich ist.

Verwenden Sie ein wenig Zeit auf die Entwicklung eines grundlegenden Zahlensystems, üben Sie die Methoden sowie deren Anwendung – und Zahlen werden Sie nie wieder schrecken.

Teil 4
Meine Memotechnik im Alltag

Ein gutes Gedächtnis bedeutet die Fähigkeit, sich an alles erinnern zu können, was Sie brauchen.

Der richtige Ansatzpunkt ist entscheidend. Mein System bietet eine Reihe von Techniken an, aber es ist an Ihnen, für eine bestimmte Art von Informationen die am besten geeignete auszuwählen.

Teil 1 erklärte die Grundprinzipien des Gedächtnisses und demonstrierte die Notwendigkeit, *mit* dem Gehirn zu arbeiten und sich das Material anzueignen, das Sie lernen müssen. Es wurden Möglichkeiten beschrieben, abstrakte Ideen in einprägsame Bilder zu verwandeln, sie zu Geschichten zu verknüpfen und sich eigene, wiederverwendbare »Gedächtnisrouten« zu schaffen.

Teil 2 konzentrierte sich auf Wörter. Dort wurden Möglichkeiten skizziert, Buchstaben und Klänge abzuwandeln, sie zum Leben zu erwecken und als Paare, Gruppen und Listen zu verknüpfen. Es wurde gezeigt, daß Wörter selbst nützliche Hilfsmittel sind, mit denen man längere Texte vereinfachen kann. Darüber hinaus wurde demonstriert, wie sich Schlüsselwörter als »Eselsbrücken« einsetzen lassen.

Dasselbe gilt für Zahlen. *Teil 3* demonstrierte Möglichkeiten, sie einzeln und in Form von Listen zu lernen; darüber hinaus wurde verdeutlicht, wie man sich ihr Potential zunutze und zur *Grundlage* des Gedächtnisses macht. Genau wie Schlüsselwörter Ihnen helfen können, einen Aufsatz zu behalten, lassen sich Schlüsselzahlen dazu hernehmen, umfangreiche Listen im Gedächtnis zu behalten – Dinge, Fakten und Ideen.

In *Teil 4* soll herausgestellt werden, wie wichtig es ist, alle verfügbaren Instrumente miteinander zu verbinden. Wenn Sie lernen, wie an Informationen heranzugehen ist, entscheiden, wie sie ins Gedächtnis zu rufen sind, und die effizienteste Lernmethode finden, werden Sie sich bald zutrauen, *alles* zu behalten. Sie können sich Aufsätze merken, die Zahlen und Namen enthalten, Vorträge mit Verkaufszahlen und Scherzen, Theaterstücke, Codes, Gedichte, Rezepte. Sie können die jeweiligen Methoden für Zahlen und Wörter kombinieren sowie Zahlenreihen mit Listen, Geschichten mit Routen und Wörter mit Bildern verbinden.

Außerdem erläutert der vierte Teil weitere praktische Anwendungen für mein System, bietet dazu besondere Techniken und Vorschläge an und rückt gleichzeitig die wichtigste Fähigkeit in den Vordergrund: nämlich Ihr Gedächtnis für Ihre ganz persönlichen Zwecke zu gebrauchen. Mein System hilft Ihnen, jede Chance zu erkennen, von Ihrem Gedächtnis zu profitieren, und dazu die besten Methoden zu entwickeln, zu verknüpfen und umzusetzen.

Diese Memotechniken sind oft dann am nützlichsten, wenn sie ein Sprungbrett für das Wissen bieten. Im täglichen Leben werden Ihnen Informationen häufig beliebig präsentiert – nicht als präzise geordnete Liste oder Tabelle, sondern als Kombination verschiedener Elemente: Bilder, Wörter, Zahlen. In der Fülle des Materials stecken die zentralen Elemente, die Sie wissen müssen, und mein System bietet Ihnen die entscheidenden Ansatzpunkte, um diese Fakten zu behalten – wie auch die notwendige *Zeit*, um sie auf Dauer zu lernen.

Wenn Informationen ungeordnet sind – ein Name hier, eine Telefonnummer dort, eine Verabredung, ein Witz –, kommt es auf die Vorbereitung an. Mit einem verläßlichen Arsenal an Methoden können Sie das gesamte Potential des Gedächtnisses ausschöpfen und sich selbst im Umgang mit Ihrem Material soviel Hilfe wie möglich geben.

Was steckt in einem Namen?

Vielleicht das beste Beispiel für diese Art von Information – und die Verwendungsmöglichkeit meines Systems – ist der gesamte Bereich der Namen.

Stellen Sie sich die folgende Szene vor: Sie befinden sich auf einer Party oder Konferenz, und der Gastgeber stellt Ihnen eine Gruppe von Leuten vor. »Das ist Andreas ... das ist Herr Kappmann, der Dekan der Physikalischen Fakultät ... da drüben steht Mark, der Gitarrist ... das ist Konrad, vom Fernsehen ... und haben Sie schon Rebekka Gutmann kennengelernt?«

In wenigen Sekunden werden Sie mit einer Fülle unterschiedlichster Informationen konfrontiert, mit Namen, Berufen, Gesichtern. Sie schütteln eifrig Hände, stellen sich vor – und laufen Gefahr, einfach alles über sich ergehen zu lassen.

Seien Sie ehrlich: Wie oft haben Sie den Namen einer Person, die Ihnen vorgestellt wurde, nach fünf Sekunden wieder vergessen?

Einerseits *erwartet* man von Ihnen gar nicht, daß Sie sich erinnern. Der Gastgeber hat die Vorstellung heruntergerattert und dabei alle Informationen und Gedanken wild durcheinandergeworfen, so daß die Gäste ohnehin annehmen, daß Sie die Namen vergessen haben.

Aber wie nützlich wäre es andererseits, sich an die wichtigen Punkte zu erinnern? Sie könnten ohne die Peinlichkeit, sich nicht mehr an den Namen zu erinnern, auf Leute zugehen, und wenn Sie jemanden wiedersehen wollten, wüßten Sie, wie Sie ihn oder sie anzusprechen hätten.

Der vielleicht größte Vorteil wäre, daß Sie all jene schrecklichen Situationen vermeiden könnten, wo Sie bereits eine Weile mit jemandem gesprochen haben, diese Person dann einem Neuankömmling vorstellen müssen – und merken, daß Sie den Namen vergessen haben ...

Die Leute erwarten vielleicht nicht von Ihnen, daß Sie sich an sie erinnern, aber sie schätzen es. Ein gutes Gedächtnis für Namen und Gesichter ist eine nützliche Fähigkeit im Bekanntenkreis und ein wichtiges Hilfsmittel im Beruf.

Wie bei vielen anderen Memotechniken müssen Sie zunächst lernen, sich die Dinge einfacher zu machen. Bevor es an die einzelnen Schritte geht, sollen ein paar grundlegende, praktische Tips zur Sprache kommen, die den Weg für ein gutes Gedächtnis bahnen.

1. Hören **Sie den Namen**

Wenn der Name einer Person bereits nach fünf Sekunden vergessen ist, liegt dies in der Regel daran, daß er gar nicht richtig wahrgenommen wurde. Diese Fähigkeit kommt mit der Übung. Wenn Sie einen Namen hören, sollten Sie es sich zur Gewohnheit machen, ihn leise zu wiederholen und auf das zu achten, was Sie sich später merken müssen.

2. Verlängern **Sie die Vorstellung**

Wie in dem obigen Beispiel der »Party« erfolgt die Vorstellung von Personen häufig planlos und schnell. Vorbei sind die Tage, da der Butler eine Visitenkarte hereinbrachte oder der

Name des Gastes verkündet wurde, als er den Raum betrat! Heute werden Namen wie Gewehrkugeln auf Sie abgefeuert: »Johannes, das ist Evi, Wolfgang, Elisabeth, Peter, Irmgard, Ernst ...«

Das Kunststück besteht darin, die Vorstellungssituation zu verlängern. Wenn die Namen zu schnell genannt werden, bitten Sie den Gastgeber einfach, einen Augenblick innezuhalten. Dieses Verhalten stößt niemanden vor den Kopf, im Gegenteil: Es beweist Ihr Interesse und unterstreicht, daß Sie wissen wollen, wer diese Leute sind.

3. Interessieren Sie sich für Namen

Wenn Sie einen ungewöhnlichen Namen hören, sollten Sie bewußt danach fragen, was er bedeutet, woher er stammt, wie er ausgesprochen wird. Dieser Schritt räumt Ihnen nicht nur wertvolle Zeit ein, sich auf den Namen zu konzentrieren, sondern bietet Ihnen auch zusätzliches Material für spätere Phasen im Erinnerungsprozeß.

Wenn ein Mädchen namens Leticia Ihnen beispielsweise erklärt, ihr Name bedeute »Glück«, oder ein Gast erzählt, die Familie Dönhoff stamme aus Ostpreußen, verfügen Sie sofort über eine ganze Reihe von Bildern, auf denen Sie aufbauen können. Wie bei allen Arten von Informationen funktioniert das Gedächtnis immer dann, wenn ansonsten leere, abstrakte Wörter zum Leben erweckt werden.

4. Wiederholen Sie den Namen

Sie werden sich viel eher an einen Namen erinnern, wenn Sie ihn selbst benutzt haben. Bemühen Sie sich in jedem »ersten«

Gespräch darum, die Person mit ihrem Namen anzusprechen – vor allem bei der Verabschiedung. Einerseits macht dies Eindruck und bekundet Ihr Interesse an dieser Person, andererseits betont dies den Namen Ihres Gesprächspartners, den Sie sich später viel leichter merken können.

Die meisten neuen Namen hören Sie in Situationen, in denen es kaum Zeit zum Überlegen gibt. Sie werden jemandem vorgestellt, geben ihm oder ihr die Hand und unterhalten sich auch schon. Der Trick besteht nun darin, sich innerhalb von Sekunden eine Merkhilfe einfallen zu lassen, die dann für Sie verfügbar ist, wenn Sie Zeit zum Einprägen haben.
Später können Sie die spontanen »Eselsbrücken« dazu verwenden, sich an die neuen Namen zu erinnern, zu entscheiden, welche Ihnen nutzen könnten, und diese fest im Gedächtnis zu verankern. In machen Fällen brauchen Sie nur die ersten Merkhilfen, um sich eine Zeitlang Namen zu merken, die Sie nach der Party oder Sitzung getrost wieder vergessen können. In anderen Fällen müssen Ihnen die Namen allerdings länger präsent sein. Auf Grundlage der Merkhilfen können Sie Bilder und Verknüpfungen, die Namen und Gesichter in Ihrer geistigen Datei abspeichern, dauerhaft im Gedächtnis verankern.
Verwenden Sie als Merkhilfen alle Assoziationen und Bilder, die sich einstellen. Wie immer sind die Bilder der Schlüssel. Das Ziel besteht darin, eine Person jeweils mit ihrem Namen zu verknüpfen, und je sichtbarer dieser Zusammenhang ausfällt, desto besser ist es.
Am wirkungsvollsten ist es, schrittweise eine Verbindung herzustellen. Wenn Sie das erste Mal einen Namen hören, brauchen Sie sich nur auf zwei Wörter und das Aussehen der Person zu konzentrieren. Man stellt sich am besten vor, daß es sich in Wirklichkeit um eine andere Person handelt!

Wenn Sie den Vornamen hören, sollten Sie sich sofort jemanden mit demselben Namen überlegen. Manchmal läßt sich dies auch mit dem Nachnamen machen, sofern er Ihnen bereits vertraut ist, doch sollten Sie stets eine »Ersatzperson« für den Vornamen haben. Dies könnte ein Freund sein, eine Berühmtheit, eine erfundene Figur – sogar ein Mitglied Ihrer eigenen Familie.

Ein oder zwei Sekunden lang sollten Sie sich vorstellen, mit diesen »Ersatzleuten« zu sprechen; überlegen Sie, warum sie hier sind, was sie in diesen Teil des Zimmers geführt hat, warum sie diese Kleider tragen …

Während Sie die wirkliche Person vor Ihnen ansehen, sollten Sie auf Ähnlichkeiten und Unterschiede zwischen ihr und ihrem Namensvetter achten. Treffen Sie jemanden namens Robin, so könnten Sie Robin Hood als Ersatzmann wählen – achten Sie also auf das Grün in seiner Kleidung. Stellen Sie sich ein paar Fragen. Wäre dieses Hemd eine gute Tarnung? Wären diese Schuhe für Sherwood Forest geeignet?

Vielleicht entdecken Sie deutliche Zusammenhänge oder, wenn nicht, zumindest Hinweise auf Wege zu diesem Ziel. Eine neue Bekanntschaft namens David könnten Sie durch den *biblischen* David samt Schleuder und Steinen ersetzen. Sieht also irgend etwas an diesem David wie eine Waffe aus? Vielleicht könnte man sein Halskettchen dazu verwenden, um Kieselsteine zu schleudern, oder ließe sich der Draht des Brillengestells zu einer Schleuder verbiegen?

Sie begegnen einer Frau namens Antje und denken sofort an Frau Antje aus der Werbung für holländische Produkte. Die runden Ohrringe könnten Käseräder sein, und das Grün ihrer Bluse hat dieselbe Farbe wie frische Gurken! Natürlich muß sie vor dem nächsten Fernsehspot erst ihre schwarzen Haare blond färben lassen …

Sobald Sie mehr über eine reale Person erfahren, können Sie

dem Bild neue Details abgewinnen. David stellt sich als Arzt heraus – recht praktisch, wenn er seine Gegner mit der Steinschleuder niedergestreckt hat! Antje ist in Wirklichkeit Geschäftsfrau. Stellen Sie sich das Durcheinander an Obst und Gemüse in ihrem Laden vor, aber auch die guten Käsebrötchen, die sie zur Kaffeepause mitbringt …

Je mehr Informationen Sie erhalten, desto detaillierter und genauer gestaltet sich Ihr Bild. Grundlage ist stets ein Name; die zusätzlichen Details betonen ihn, nutzen ihn aber zugleich als Aufhänger.

Das Schöne an dieser Methode ist, daß Sie sich Dinge einprägen können, sobald die Zeit es zuläßt. Im Gespräch werden die ersten Verbindungen geknüpft, aber wenn Sie sich diesen Namen längerfristig merken sollten, lassen sich später noch genügend neue Anhaltspunkte ergänzen, um ihn auf Dauer zu behalten.

Es ist sinnvoll, für Nachnamen möglichst immer dieselbe Methode zu verwenden. Wenn Sie Glück haben, legt der Name selbst bereits Bilder und Ideen nahe.

Im Hinblick auf die Erinnerung gibt es sechs »Haupttypen« von Nachnamen.

Berühmte Namen

Falls Sie Johannes Kohl oder Johanna Honecker treffen, Fred Grönemeyer oder Susanne Knef, bietet sich ein eindeutiges »Ersatzbild«. Wenn Sie nur den Nachnamen kennen – Herr Schwarzenegger, Frau Süßmuth –, funktioniert die Methode genau wie bei den Vornamen. Zapfen Sie den Vorrat an Ideen an, der im Namen selbst enthalten ist, und knüpfen Sie Zusammenhänge zwischen dem richtigen Namen und dem Ersatz.

Stellen Sie sich die Muskelpakete von Herrn Schwarzenegger vor. Warum sprengt es nicht das Hemd? Trägt er darunter ein Muscle-Shirt? Mit den Sandalen läßt sich kein Kampf gewinnen ...

Die Brosche von Frau Süßmuth sieht ein wenig wie ein Mikrophon aus; vielleicht wird sie also gleich die Sitzung des Bundestages eröffnen. Dürfen Sie dann ihre Handtasche halten? Sie segelt gerne. Vermutlich bringt Sie demnächst eine Gesetzesinitiative zur steuerlichen Abzugsfähigkeit von Jachten ein ...

Wenn Sie dagegen auch den Vornamen kennen, kommt es darauf an, die beiden Bilder miteinander zu verknüpfen. Eine einfache Methode besteht darin, für den ersten Namen eine »Ersatzperson« zu schaffen und dann zu beobachten, wie sie die Tätigkeit ausübt, die man mit dem zweiten, berühmten Namen in Verbindung bringt. Je bizarrer die Verknüpfung ausfällt, desto besser!

Als Beispiel folgen fünf »Partygäste« mit Vorschlägen für mögliche Ersatzleute und Verknüpfungen.

Reinhold Goethe
Elisabeth Schöller
Arnold Wehner
Gaby Hellwig
Dieter Klinsmann

Reinhold Goethe
Der Vorname Reinhold könnte auf den Bergsteiger Reinhold Messner verweisen. Wie immer sollten Sie nach einem Zusammenhang mit dem Aussehen *dieser* Person suchen. Vielleicht hat er ja eisgraues Haar oder trägt einen Vollbart und einen dicken Winteranorak. Die besten Verknüpfungen betreffen stets die Gesichtszüge und die Kleidung; das Aussehen

am Tag des Kennenlernens wird Ihnen helfen, sich die ersten Merkhilfen einzuprägen, die Ihnen später Zeit geben, eine engere Verbindung zu seinem dauerhaften Aussehen herzustellen.

Der berühmte Nachname Goethe suggeriert eine ganz bestimmte Tätigkeit: dichten. Stellen Sie sich vor, was Sie empfinden würden, wenn er im weiteren Verlauf des Gesprächs plötzlich in Reimen spräche! Vielleicht würde er auch das Tagebuch seiner »Asiatischen Reise« hervorziehen, das seine Erfahrungen im Himalaja versammelt: Wie er ohne Sauerstoffgerät alle Achttausender bezwang …

Ein kombiniertes Bild wie dieses erinnert Sie an beide Bestandteile des Namens. Wenn Sie sich den Namen Reinhold Goethes längerfristig merken müssen, würde es sich lohnen, zusätzliche Details zu ergänzen, sobald Sie mehr über ihn herausgefunden haben: seinen Beruf, seine Hobbys … Die Bedeutung der ersten »Aufhänger« liegt darin, daß Sie den Namen sofort auswendig wissen und gleichzeitig genügend Zeit erhalten, um ihn später im Gedächtnis zu verankern.

Elisabeth Schöller

Ein guter Ersatz für Elisabeth wäre Königin Elisabeth von England. Beziehen Sie auch hier so viele emotionale Reaktionen wie möglich mit ein. Sie erinnern sich schließlich sehr gut daran, wie Sie auf Parties verlegen oder in Sitzungen erfreut waren; es ist also nur vernünftig, emotionale Reaktionen einzusetzen, wenn Sie sich an Namen erinnern wollen.

Was würden Sie empfinden, wenn Sie der Königin vorgestellt würden? Welche Indizien gibt es, daß es sich bei dieser Person tatsächlich um die Königin handelt? Vielleicht gehörten ihre goldenen Ohrringe einmal zu einer alten Krone. Bei dieser Dame handelt es sich um eine Zahnärztin; stellen Sie sich also vor, wie sie Patienten auf einen hydraulisch verstellbaren

Thron setzt und sich weigert, etwas anderes als *Gold*füllungen einzusetzen!

Der Nachname Schöller klingt durch die gleichnamige Firma vertraut, die Eis und Lebkuchen produziert. Um ihn mit dem Bild für den Vornamen zu verknüpfen, könnten Sie sich etwa die Reaktion von Königin Elisabeth vorstellen, wenn ihr auf einem offiziellen Bankett nur Eis mit Lebkuchen serviert wird. In ihrer goldenen Zahnarztpraxis wirft sie den Patienten vor, daß sie zu viele Lebkuchen essen oder Kindern als Belohnung für saubere Zähne ausgerechnet Eis geben. Setzen Sie diese Methode so früh wie möglich ein. Reden Sie Elisabeth während des Gesprächs mehrmals mit dem Vornamen an, und wenn sie sich verabschiedet, wiederholen Sie leise ihren vollen Namen. Die gedachten visuellen Anhaltspunkte sind ein wichtiger Schritt auf dem Weg, den Namen zu *gebrauchen* und ihn allmählich instinktiv zu wissen; darüber hinaus bieten sie ein praktisches Sicherheitsnetz für die Fälle, in denen Ihr Gedächtnis aussetzt.

Arnold Wehner

Arnold könnte zu Arnold *Schwarzenegger* werden. Vergleichen Sie dessen berühmtes Aussehen mit *diesem* Arnold hier, und suchen Sie erneut nach Unterschieden und Ähnlichkeiten. Er ist Lehrer? In seiner Klasse muckt bestimmt niemand auf! Vermutlich stemmt er in den Pausen Gewichte. Diesen Schnurrbart hat er sich bestimmt für seine neue Filmrolle wachsen lassen …

Der Name Wehner suggeriert einen schiefen Mund, Pfeife und bärbeißiges Auftreten. Stellen Sie sich Arnold Wehner vor, der seine Schüler über den Sportplatz hetzt, Pfeife raucht und die wartenden Fotografen anbellt. Kombinieren Sie so viele Elemente wie möglich aus den drei Quellen: dem »Ersatz« für den Vornamen, den Handlungen, die der Nachname nahelegt, und den richtigen Details von Arnold Wehner – von seinem Aussehen ebenso wie von seinem Charakter und seiner Tätigkeit. Rufen Sie sich den Namen anhand der von Ihnen gezeichneten Bilder einige Male in Erinnerung, und er läßt sich auf Dauer in Ihrem Gedächtnis verankern.

Gaby Hellwig

Der »Ersatz«, den Sie für Gaby wählen, kann eine gute Freundin oder eine Verwandte mit demselben Namen sein. Würden Sie sich freuen, sie auf dieser Party zu treffen? Was sind die Ähnlichkeiten und Unterschiede zwischen jener Gaby und dieser? Die Gaby, die Sie kennen, ist vielleicht Malerin. Sehen Sie sich die Kleider dieser Gaby an, und stellen Sie sich vor, überall noch feuchte Farbe zu erkennen. Vielleicht ist dieses Muttermal in Wirklichkeit ein schwarzer Farbklecks …

Maria Hellwig ist eine bekannte volkstümliche Sängerin. Was würde *diese* Frau Hellwig singen? Würde sie gar zu jodeln anfangen? Welches ihrer Kleidungsstücke sieht entfernt einem Dirndl ähnlich? Die weiße Bluse vielleicht? Womöglich singt sie ein Potpourri der beliebtesten Stimmungslieder und malt zu jedem ein stimmungsvolles Bild!

Je mehr Elemente und Verknüpfungen Sie ergänzen, desto überfrachteter und wirrer sehen die Bilder vielleicht aus. Doch sie alle haben eine ganz bestimmte Funktion zu erfüllen: Indem Sie die Aufhänger verwenden, die beschriebenen Methoden einsetzen und schließlich den Namen nennen, bestätigen Sie für sich die zentralen Elemente des Bildes und verwandeln es in ein wirkungsvolles Instrument.

Dieter Klinsmann

Dieser Name suggeriert gleich zwei sportliche Assoziationen. »Dieter« könnte zum Langstreckenläufer Dieter Baumann werden, und »Klinsmann« wird zum Fußballstar *Jürgen*

Klinsmann. Sobald Sie wissen, daß Dieter Klinsmann Töpfer ist, haben Sie alle notwendigen Elemente für ein einprägsames Bild zusammen.

Verknüpfen Sie ihn gedanklich mit Dieter Baumann, indem Sie sich vorstellen, daß er bis auf die Boxer-Shorts und das Unterhemd ausgezogen ist und (aus)dauernd durch das Zimmer rennt. Wie würden die anderen Partygäste reagieren? Gibt es an seinem Äußeren bereits Hinweise auf einen großen Läufer? Vielleicht sind diese Schuhe zu schwer, aber sein kahler Kopf ist mit Sicherheit stromlinienförmig!

Bei seinem Lauf tritt er gegen alles, was ihm in den Weg kommt: Stühle, Tische – sogar Gäste. Sehen Sie ihn an, und überlegen Sie, auf welcher Position er in einer Fußballmannschaft spielen könnte. Wegen seiner Brille sicher nicht als Torwart, aber als Linkshänder könnte er einen guten Linksaußen abgeben …

Durch die Wucht seines Laufs und seiner Tritte sind wertvolle Verzierungen zu Bruch gegangen, doch er hebt sie vom Teppich auf und fügt sie auf seiner Töpferscheibe rasch wieder zusammen. Außerdem töpfert er Modelle zweier berühmter Sportler …

Auf einer Party haben Sie vielleicht nur Zeit für die grundlegendsten Verknüpfungen – Sie stellen sich das Sporttrikot vor oder hören Jürgen Klinsmanns schwäbischen Akzent –, doch selbst dies reicht oft schon aus, um Ihrem Gedächtnis die notwendigen Merkhilfen zu geben. Weitere Einzelheiten lassen sich später ergänzen – aber nur, wenn Sie zuvor den entscheidenden Schritt unternommen haben, einen abstrakten Namen in ein einprägsames und bewegliches Bild zu verwandeln. Stellen Sie sich vor, Sie kommen ein Jahr später auf die gleiche Party oder in die gleiche Sitzung und treffen drei dieser Leute wieder.

Der erste, den Sie sehen, trägt einen Vollbart und hat eisgraues Haar. Sie denken an einen Bergsteiger, erinnern sich, daß er mit Vornamen *Reinhold* heißt, und merken, wie sich langsam ein umfassenderes Bild einstellt.

Er zieht sein Buch »Asiatische Reise« heraus – eine dichterische Verarbeitung seiner Erfahrungen im Himalaja. In seiner poetischen Sprache beschwört er ausschließlich seine Bergtouren. Das ist *Reinhold Goethe.* Die Sekunden, die Sie auf der Party vor einem Jahr auf das Herstellen von Zusammenhängen verwendet haben – und dazu ein paar Minuten am selben Abend auf das Einüben der Methode –, haben sich bezahlt gemacht.

Neben ihm steht eine Frau, die Sie ebenfalls kennen. Sie erinnern sich, wie Sie ihr Gesicht mit dem Bild auf einer Pfundnote verglichen haben. Diese Dame heißt Elisabeth, wie die englische Königin.

Auch hier stellt sich allmählich ein detaillierteres Bild ein. Eine Goldfüllung ... ein thronartiger Zahnarztstuhl. Sie muß Zahnärztin sein – aber warum verteilt sie in Ihrer Phantasie Eis? Natürlich – das ist Elisabeth *Schöller.*

Die dritte bekannte Person, der Sie begegnen, ist kahl, und Sie erinnern sich an den Gedanken an die Stromlinienform für das Rennen. Vage denken Sie an seine Schuhe; es entsteht das Bild, wie er sich bis auf das Trikot auszieht, und bald haben Sie alle wichtigen Punkte im Gedächtnis.

Zunächst einmal war er Langstreckenläufer – *Dieter* (Baumann) – und dann ein Fußballer – (Jürgen) *Klinsmann.* Sie denken sogar daran, sich nach seiner Töpferei zu erkundigen ...

Vertraute Namen

Viele der Nachnamen, die Sie hören, tragen auch Freunde, Kollegen oder Verwandte. Sie lassen sich genauso bearbeiten wie berühmte Namen, solange die Bilder, die sie suggerieren, stark und eindeutig sind.

Wenn Sie auf einen vertrauten Namen stoßen, bestimmen Sie – auf Grundlage des Berufs oder Hobbys der bereits bekannten Person – ein Thema, das ihn repräsentiert. Stellt man Ihnen beispielsweise einen Herrn Jung vor, denken Sie sofort an einen Freund namens Jung und konzentrieren sich auf dessen Hobby. Da er ein talentierter Gitarrist ist, wird das Gitarrenspiel zum »Thema«, das nur darauf wartet, in das Bild für Ihren neuen Bekannten integriert zu werden.

Bei vertrauten Namen geht es im Grunde darum, sich bereits bestehender Assoziationen zu bedienen. Wenn Sie an jemanden mit demselben Namen denken, sollten Sie den ungewöhnlichsten und prägnantesten Aspekt von dessen Charakter hervorheben.

Sie werden einer Frau Pauli vorgestellt und denken sofort an einen Kollegen mit diesem Namen. Vielleicht hat Ihr Kollege einen Bürojob und interessiert sich sehr für Sport, aber keiner dieser Punkte wäre stark genug für ein einprägsames Bild.

Womöglich aber lebt der Pauli, den Sie kennen, in einer alten Windmühle, fährt einen seltenen Oldtimer oder hat das lauteste Lachen, das Sie je gehört haben! *So* sehen die Bilder und Ideen aus, durch die Sie besondere und einprägsame Szenen schaffen können.

Berufe und Titel

Früher muß es einmal sehr einfach gewesen sein, sich Namen zu merken. In Ihrem Dorf wurde der Mann, dessen Familie seit Generationen das Brot gebacken hatte, Bäcker genannt. Derjenige, der ihn mit der wichtigsten Zutat versorgte, hieß Müller, und die Familie, die das Holz bearbeitete, waren die Zimmermanns. Es gab einen offensichtlichen Zusammenhang zwischen dem Beruf und dem Namen einer Person, deren Auftreten, Werkzeug und Werkstatt überdies alle notwendigen Hinweise boten.

Die Zeiten ändern sich, aber immer noch haben viele Menschen eine Berufsbezeichnung – Metzger, Koch, Schneider – oder einen Titel – Fürst, Bischof, König – als Nachnamen. Sie tragen vielleicht nicht mehr die angemessene Kleidung oder die entsprechenden Attribute – bis zu dem Augenblick, da Sie Ihre Phantasie spielen lassen.

Es folgen drei Beispiele, wie man jemanden mit der Bedeutung seines Nachnamens in Zusammenhang bringt.

Bäcker
Überlegen Sie in den ersten Sekunden nach dem Hören dieses Namens, wie Sie reagieren würden, wenn Ihr neuer Bekannter Ihnen einen frisch gebackenen Laib Brot überreichte! Schon ein kurzer Gedanke dieser Art kann genügen, Sie an den Namen zu erinnern, wenn Sie ihn später richtig lernen.

Sobald Sie mehr Zeit haben, suchen Sie nach Indizien für das Backen im Aussehen Ihres Gegenübers – mehlweißes Haar … eine flache Nase, wie mit dem Nudelholz ausgerollter Teig … ein Brillengestell aus Draht, das sich als Ausstechform verwenden ließe …

Schlagen Sie Brücken zu seinem Vornamen. Wenn er Helmut heißt, könnten Sie ihn durch Helmut Kohl ersetzen und sich ein Bild ausdenken, das auf dem Kanzler und dem Bundestag basiert. Auch Helmut Bäcker leckt sich ab und zu die Lippen ... seine Statur ähnelt dem massigen Körper Kohls ... er trägt einen Ohrring: ein kleines Kreuz, das Sie an das C der CDU erinnert.

Jetzt können Sie das Bild mit dem Thema »Backen« verknüpfen.

Vielleicht ist der Ohrring in Wirklichkeit aus hartem Teig! Stellen Sie sich einen Fassadenkletterer vor, der das Vollkorn-C auf der CDU-Parteizentrale wegfuttert. Vielleicht versucht Helmut Kohl eine Abstimmung zu gewinnen, indem er an die Abgeordneten frische Brötchen verteilt ...

Vermengen Sie alle Bilder und Ideen. Je mehr Merkhilfen Sie haben, desto besser; sie werden um so prägnanter, je stärker sie ineinandergreifen. Später können Sie präziser vorgehen und sich die Bilder genau einprägen, die Sie in Zukunft wissen müssen. Einstweilen wird der Vorrat an Bildern mehr als genügen, um Sie sicher durch die Sitzung zu bringen.

Bischof

Wenn Sie Frau Bischof vorgestellt werden, stellen Sie sich unmittelbar darauf eine Bischofsmütze vor, die von der Decke fällt und genau auf ihrem Kopf landet. Begutachten Sie ihre Frisur: Würde die Mitra gut sitzen, oder fiele sie zu Boden? Sehen Sie ihr ins Gesicht, hören Sie auf ihre Stimme, und überlegen Sie, ob der Name zu ihr paßt. Vielleicht ist ihr Rücken krumm und erinnert Sie an den bischöflichen *Krummstab*! Wenn sie klein wirkt, kniet sie vielleicht ... Beginnen Sie mit einer einfachen Verknüpfung, und fügen Sie dann möglichst immer mehr Details hinzu.

Böttcher

Es ist der Mühe wert, sich einige der ungewöhnlicheren Berufsbezeichnungen in Erinnerung zu rufen. So deckte der *Schindler* das Dach mit Schindeln, der *Hufschmied* beschlug die Pferde, und der *Böttcher* (auch Küfer oder Faßbinder genannt) fertigte Fässer.

Stellen Sie sich vor, wie Herr Böttcher aus seinem Faß zu Ihnen redet oder wie gebogene Holzbretter von seiner Brille, seiner langen Nase und seinem abgebrochenen Zahn herunterhängen. Verknüpfen Sie Besonderheiten seiner äußeren Erscheinung mit allgemeineren Elementen der Herstellung von Fässern, und Sie werden sich durch diese »Collage« eher an ihn erinnern, wenn Sie ihm das nächste Mal begegnen.

Ortsnamen

Dieser Abschnitt enthält ebenfalls einen großen Prozentsatz der Namen, und zwar jene, die mit Dörfern, Städten und Ländern verknüpft sind. Wie die Berufsbezeichnungen auch verwirren sie uns heute eher, als an die Namensträger zu erinnern – bis die Phantasie wieder ins Spiel kommt und neue Zusammenhänge hergestellt werden.

Wie immer besteht der entscheidende Schritt darin, eine abstrakte Idee durch ein Bild zu ersetzen. Viele Ortsnamen sind für Sie bereits mit starken Assoziationen besetzt, so daß sich automatisch der Gedanke an ein bestimmtes Gebiet, Gebäude oder an eine Person einstellt.

Andere Ortsnamen müssen erst eine spezifische Bedeutung erhalten. Wenn Sie nicht dort leben oder zumindest häufig zu Besuch waren, dürfte der Nachname »Hamburger« den Hafen, Schiffe und vielleicht die Reeperbahn suggerieren. Dies könnte zur Basis für Ihre Bilder werden – Frau Hamburger hängt im Containerhafen an einem Kran oder steht in Minirock und Netzstrümpfen auf der Reeperbahn –, aber es wäre auch eine *spezifische* Erinnerung an diese Stadt notwendig.

Konzentrieren Sie sich auf einen Aspekt, der nach einem Hamburger (von McDonalds) aussieht. Trägt sie nur einen auffälligen Lippenstift, oder sind tatsächlich Reste von Ketchup auf ihrem Mund? Stammen die grünen Augen von den Salatblättern im Hamburger? Kommt ihre undeutliche Aussprache daher, daß sie ein weiches Brötchen im Mund hat? In Verbindung mit den allgemeinen Bildern werden diese spezifischen Anhaltspunkte genau das Wort bestätigen, an das Sie sich erinnern müssen – und so alle Zweifel ausräumen.

Ein Ortsname kann eine hervorragende Gedächtnisstütze sein – sofern Sie sein Potential voll ausschöpfen.

Gegenstände und Tiere

Namen, die gleichzeitig *Dinge* bezeichnen, sind mit am einfachsten zu behalten. Die Bilder sind bereits vorhanden; Sie müssen nur noch für Eindeutigkeit und Klarheit sorgen sowie das Bildmaterial mit den übrigen Informationen verknüpfen: Vorname, Gesicht, Hintergrund. Wie bei den Ortsnamen müssen die Gegenstände deutlich gemacht werden, damit Sie Herrn Stein nie als »Herr Kiesel« und Frau Fuchs nie als »Frau Wolf« anreden!

Stellen Sie sich vor, Sie befinden sich auf einem Geschäftsempfang und begegnen dort Rita Stierle. Den Vornamen könnten Sie sich durch Rita *Süßmuth* merken und sich vorstellen, welche Reaktionen deren plötzliches Erscheinen hervorrufen und was Sie ihr sagen würden. Vielleicht klingt die Stimme der Dame deutlich anders als die von Frau Süßmuth; umgekehrt sieht Rita Stierle vielleicht ganz *süß* aus und beweist großen *Mut*, sich mit diesem Namen einen Namen in der Geschäftswelt machen zu wollen.

Betrachten Sie ihre Nase, und stellen Sie sich einen Ring darin vor. Was würde passieren, wenn diese Frau auf einmal schrumpfte, schnaubte, mit den Füßen auf dem Boden scharrte, durch den Raum jagte und die anderen Gäste auf die Hörner nähme? Prüfen Sie, ob Sie in Augenhöhe des kleines Stiers etwas Rotes anhaben ...

Das Schnauben und die wilde Jagd sind recht allgemeine Ideen, aber Ihre Sorge wegen der roten Kleidung definiert das Tier eindeutig.

Auch hier sind die Bilder miteinander verwoben. In nur einer Szene verknüpfen Sie Assoziationen zu ihrem Vornamen, Elemente ihres Aussehens, Eindrücke von ihrer Stimme und ihrem Charakter sowie Bilder zur Definition des Nachnamens. Sie können noch während der Unterhaltung das Bild so weit ausbauen, daß Sie den Rest später hinzufügen. Selbst die grundlegendsten Regeln meiner Memotechnik sorgen entscheidend für den notwendigen Zeitgewinn.

Alle anderen!

Wenn ein Name keine offensichtlichen Assoziationen oder Bedeutungen trägt, müssen sein Aussehen und Klang so lange bearbeitet werden, bis er dies tut.

Verwenden Sie dazu alle in Teil 2 beschriebenen Techniken – alle Möglichkeiten, die Wörter mit Leben zu erfüllen und bereits vorhandene Merkhilfen einzusetzen. Erfinden Sie Wortspiele; greifen Sie einzelne Silben heraus, um neue Wörter zu schaffen; stellen Sie sich vor, was ein Name bedeuten könnte, und malen Sie sich dann phantasievolle Bilder aus. Sobald diese Bilder entstehen, können sie mit der Person vor Ihnen in

Zusammenhang gebracht werden – mit ihrem Vornamen, ihrem Aussehen und ihrem Charakter.

Es folgen sieben Nachnamen sowie Vorschläge, wie man ihnen Form und Farbe gibt und sie zum Leben erweckt.

Gwinner, Netzer, Schumann, Mangold, Reichert, Holst, Kahler

Namen, die man sich merken sollte, hört man eher, als daß man sie liest; konzentrieren Sie sich also auf ihren Klang. Manchmal werden Sie die Schreibweise und Konstruktion verändern müssen, doch der Klang und die Aussprache bieten Ihnen stets viel mehr Spielraum.

Betonen Sie die wichtigsten Elemente des Namens, und benutzen Sie diese dann, um die Bilder und Themen zu assoziieren. Das Schöne an Namen ist, daß bereits der Gedanke an eine zentrale Silbe dazu beitragen kann, daß sich alles wie von selbst fügt.

Vorschläge

Gwinner

Manchmal eröffnen sich neue Bedeutungen, wenn man ein Wort laut ausspricht. **Gwinner** wird durch Einfügen eines E zu einem **Gewinner**.

Stellen Sie sich Herrn Gwinner in Siegerpose vor: Er steht ganz oben auf dem Treppchen, hält einen Goldpokal in der Hand und bekommt als Ehrung zusätzlich noch eine Medaille umgehängt. So steht er da und jubelt ins Publikum.

Sie könnten dieses Bild mit dem richtigen Herrn Gwinner verknüpfen, indem Sie spekulieren, welchen Sport oder welches Spiel er vielleicht ganz gut beherrscht und in welcher

Sportart er niemals gewinnen könnte. Womöglich besitzt der imaginäre Goldpokal denselben Glanz wie die Goldbrille oder die Goldkrone, die für Sie sichtbar sind.

Sobald die Bilder und Zusammenhänge hergestellt sind, lassen sie sich mit jeder weiteren nützlichen Information verbinden und durch die Verflechtung mit neuen Einzelheiten und Aufhängern zu einer einprägsamen Szene ausgestalten.

Wenn Sie diesen Mann wiedersehen, wird das Gold Sie an die Attribute des Sieges erinnern, was dann wiederum zu seinem Namen führt: **Gwinner**.

Netzer

Sie können sich der Namen und der Sprache auch dadurch bemächtigen, daß Sie neue Wörter erfinden. Solange Ihre Erfindung eine gewisse Logik besitzt, wird sich die Erinnerung daran wieder einstellen.

Vielleicht ist ein **Netzer** jemand, der Netze herstellt. Wenn Sie Frau Netzer die Hand schütteln, denken Sie daran, was geschähe, wenn ihre Finger mit weißen, klebrigen Fäden zusammengehalten würden. Stellen Sie sich vor, wie sie ihr Handwerk demonstriert, ein Netz knüpft und damit den ganzen Raum einspinnt! Wenn Sie genauer hinsehen, sind die Spitzen ihrer dünnen Haare miteinander verwoben – es hat sich sogar eine Fliege darin verfangen …

Schumann

Ein solcher Name zeigt, wie wichtig es ist, sich auf den *Klang* zu konzentrieren. Wenn Sie die Schreibweise ignorieren, kann Frau Schumann zu Frau Schu*h*mann werden – eine als Mann verkleidete Schuhverkäuferin, die Sie überzeugen möchte, daß Ihre Schuhe heute nicht mehr getragen werden. Wenn sie sich während des Gesprächs entschuldigt, geht sie bestimmt ins Lager, um ein Paar in einer anderen Größe zu holen!

Sobald ein einprägsames Thema gefunden ist, lassen sich leicht auch alle anderen Informationen damit verknüpfen. Je prägnanter ein Bild ausfällt, desto schneller behalten Sie es in Erinnerung und desto einfacher können Sie es dauerhaft dort verankern.

Mangold

Hier bieten sich zwei Möglichkeiten an. Die eine besteht darin, sich das spinatähnliche Gemüse vorzustellen und mit Herrn Mangold in Verbindung zu bringen. Entweder trägt er ein Mangoldblatt als Krawatte, oder er hat in letzter Zeit so viel gegessen, daß es ihm – buchstäblich – schon zum Hals heraushängt.

Wer das Gemüse nicht kennt, kann sich anders behelfen. Mangold hört sich genauso an wie »Mann-Gold« – das Gold des Mannes. So könnten Sie sich vorstellen, wie Herr Mangold mitten im Gespräch plötzlich Gold zu waschen beginnt oder sich und alle anderen Männer im Raum nach Gold durchsucht.

Sobald Gold zum Thema geworden ist, lassen sich auch alle weiteren Verbindungen herstellen. Zunächst würden Sie auf jeden Fall nach richtigem Gold an ihm suchen – in seiner Brille, seinen Kleidern, seinen Zähnen – und anschließend die Phantasie spielen lassen. Vielleicht ist sein Haar goldfarben; seine Nase könnte krumm sein wie die eines Goldadlers.

Behalten Sie jeden Zusammenhang in Erinnerung, lassen Sie im Gespräch das Bild entstehen, und verwenden Sie anschließend Zeit darauf, es sich fest einzuprägen.

Reichert

Wenn Sie ein Wort hören, sollten Sie versuchen, sich dessen Aussehen vorzustellen. Wenn Sie das Wort im Geiste sehen, verschaffen Sie sich zusätzliche Möglichkeiten. Wenn der Klang eines Wortes keine Assoziationen oder Phantasien in Ihnen auslöst, können Sie sich statt dessen die Schreibweise und Zusammensetzung eines Wortes betrachten.

In diesem Fall bildet die erste Silbe bereits ein vollständiges Wort: **Reich**. Vielleicht ist die Kombination **Reich e(h)rt** nicht nur der Name, sondern zugleich das Motto Ihres Gesprächspartners. Stellen Sie sich vor, wie Herr Reichert gegenüber der gesamten Gesellschaft seinen Wahlspruch verteidigt und behauptet, nur Reichtum ehre einen Menschen. Sehen Sie ihn genauer an: Womöglich trägt er eine goldene Armbanduhr, eine wertvolle Krawattennadel, einen teuren Anzug oder ein anderes Attribut seines Reichtums demonstrativ zur Schau – und fühlt sich dadurch geehrt!

Wenn Sie den Namen einige Male benutzen, sich ins Gedächtnis rufen und die Bilder vergegenwärtigen, haben Sie eine gute Chance, sich beim nächsten Zusammentreffen an Herrn Reicherts Namen zu erinnern.

Holst

Es lohnt sich, bei einer neuen Bekanntschaft ein paar Sekunden darauf zu verwenden, die einfachste Möglichkeit herauszufinden, sich den Namen des Gesprächspartners zu merken.

Eine gute Möglichkeit, sich an Frau Holst zu erinnern, ist der Gedanke an die zweite Person Singular des Verbs »holen«. Stellen Sie sich vor, Frau Holst duzt alle Gesprächspartner und bittet sie, ihr dies und jenes zu holen. »Holst du mir ein Glas Sekt? Holst du mir den Mantel?« Welche Indizien gibt es, daß Frau Holst sich tatsächlich gerne bedienen läßt? Hat sie den Kellner gerufen? Läßt sie sich die Karte bringen? Lassen die Manieren sonst zu wünschen übrig?

Kahler

Falls nötig, läßt sich ein Name unter dem Aspekt der Schreibweise und des Klangs betrachten. Ein Name wie Kahler bietet dabei zwei Möglichkeiten. Entweder nimmt man die Steigerungsform von »kahl«, was sich bei Frauen anbietet, oder man interpretiert den Namen als kurze Beschreibung: »kahl er«. Stellen Sie sich Herrn Kahler mit Glatze vor. Der Schädel ist sogar mit Öl eingeschmiert, damit die Kahlheit richtig zur Geltung kommt. Sein Vorbild ist anscheinend Yul Brynner ... Achten Sie jetzt auf Besonderheiten, die das Kahle betonen: Hat er Haare auf den Händen, am Kinn, auf den Zähnen? Hat seine Frau vielleicht kein gutes Haar an ihm gelassen? Hat er im Beruf Haare lassen müssen?

Wenn Sie das allgemeine Thema mit speziellen Merkhilfen bereichern, schließen Sie dadurch Verwechslungen aus. Es läßt sich ein umfassenderes Bild zeichnen, in das auch der Vorname, der Beruf und die Hobbys Eingang finden, doch immer steht die entscheidende Silbe – kahl – im Mittelpunkt. Wenn Sie Herrn Kahler wieder begegnen, erinnern Sie sich an den eingeölten Schädel, die fehlenden Haare auf den Händen, am Kinn und auf den Zähnen sowie an die Haare, die er gelassen hat, und sagen ohne Zögern: »Schön, Sie zu sehen, Herr Kahler!«

Namen scheinen zu den Dingen zu gehören, die man sich am schwierigsten merken kann, aber durch meine Memotechniken wird es ein Kinderspiel. Namen stecken voller Bedeutungen, Assoziationen, Orte und Dinge – und selbst wenn sie zunächst sperrig erscheinen, kann man sie rasch in den Griff bekommen.

Im folgenden sind alle entscheidenden Schritte zum Erlernen eines Namens noch einmal zusammengefaßt.

1: *Hören* Sie den Namen.
   Arthur Schneider

2: In den nächsten Sekunden konzentrieren Sie sich auf die ersten Assoziationen, die Ihnen in den Sinn kommen. Denken Sie beim Vornamen an eine andere Person mit demselben Namen; nutzen Sie beim Nachnamen alle Merkhilfen, die bereits vorhanden sind – Orte, Personen, Gegenstände, Berufe –, oder manipulieren Sie den Namen so lange, bis sich Bilder einstellen.
   Arthur: Vielleicht König Artus in voller Rüstung an seiner Tafelrunde sitzend.
   Schneider: Ein Schneider.

3: Stellen Sie bereits während des Gesprächs so viele Verbindungen wie möglich zwischen Ihren Bildern und der Person selbst her. Achten Sie besonders auf das Gesicht, und gebrauchen Sie Ihre Phantasie, um Zusammenhänge zu entdecken. Was deutet am Aussehen dieses Menschen darauf hin, daß er Metzger oder Herold ist, auf einem Kastell oder in Friesland lebt ...?
   Arthur: Stellen Sie sich vor, wie er die Ecken eines nahegelegenen Tisches absägt, bis er vollkommen rund ist. Das Metall seines Brillengestells könnte einem alten Waffenrock entnommen sein. Er hat kurze Arme, weshalb er eine Spezialanfertigung benötigt hätte. Wenn er eine Krone trüge, würden auf beiden Seiten Haarbüschel hervorschauen.
   Schneider: Wenn er König *und* Schneider zugleich gewesen wäre, hätte er seine eigenen Königskleider schneidern können. Was er wohl unter seiner Rüstung trägt? Dieser ab-

gebrochene Zahn könnte davon herrühren, daß er zu viele Nadeln in seinem Mund gehalten hat. Stellen Sie sich vor, wie er das Gespräch unterbricht, um eine komplette Rüstung zu schneidern, die er anschließend auf dem runden Tisch ausbreitet.

4: Wenn Sie den Namen einer Person mit ihrem Gesicht, ihrer Kleidung und ihrer Persönlichkeit – selbst mit ihrer Position im Raum – in Verbindung gebracht haben, sollten Sie sich auf weitere Einzelheiten konzentrieren. Jede neue Information – wie etwa Berufe, Hobbys oder Sportarten – kann zu einem eigenen Bild geformt und mit dem Rest verknüpft werden. Wenn Sie alle Bilder kombinieren, wird Ihnen eine einzige Szene alles verraten, was Sie wissen müssen.

Arthur Schneider ist Bankier. Er muß die Rüstung extrem sorgfältig nähen, um zu verhindern, daß die Münzen und Scheine herausfallen. Stellen Sie sich vor, wie er das Visier seines Helms herunterklappt und die gefürchteten Worte freilegt: »Schalter geschlossen!«
Sein Lieblingshobby ist Angeln. Wenn er am Fluß seine Rüstung anbehielte, bliebe er trocken und warm und könnte seine Angelrute an das Metall schrauben. Stellen Sie sich vor, wie er beim Aufstehen laut rasselt und damit alle Fische vertreibt. Im Gespräch fällt Ihnen auf, daß seine Haare so wellig sind wie das Wasser ...

5: Später, vielleicht auf dem Heimweg von einer Sitzung oder am Tag nach der Party, denken Sie noch einmal alle Bilder durch, die Sie sich überlegt haben, um sich die neuen Namen in Erinnerung zu rufen. Überlegen Sie, welche Namen Sie künftig wissen sollten, und verwenden Sie anschließend ein paar Minuten darauf, sich die Bilder gut einzuprägen. Meine

Memotechniken haben Ihnen die notwendige Zeit verschafft, um sie richtig zu behalten.

Wenn Sie einen Namen einmal kennen und er für Sie in Form von einprägsamen Bildern und Szenen existiert, kann er zum Bestandteil eines umfassenderen Systems der Erinnerung werden. Wie bei den Bundespräsidenten in Teil 1 läßt sich eine lange Liste von Namen – Angehörige einer Firma etwa, oder Mitglieder einer Kommission – in eine Geschichte umwandeln.

Falls Sie jedem Namen noch eine Zahl zuordnen wollen, können Sie die Bilder mit den visuellen Darstellungen der Zahlen aus Teil 3 verknüpfen. In einer großen Firma, Schule oder Organisation ließen sich Angehörige einer bestimmten Abteilung – wie in Teil 1 beschrieben – in unterschiedlichen Räumen auf einer »Gedächtnisroute« versammeln.

Sobald Sie einen Namen kennen, sind die Möglichkeiten unbegrenzt. Die meisten Menschen, die einen Namen genannt bekommen, vergessen ihn innerhalb von Sekunden wieder. Doch mit ein wenig Übung läßt sich mein System dazu verwenden, sich einzelne Namen so lange wie nötig zu merken, sie mit neuen Informationen zu verbinden und in geordneten Reihen und Mustern mit anderen Namen zu verknüpfen. Das Gedächtnis muß nicht lückenhaft bleiben, im Gegenteil: es kann der effektivste und leistungsfähigste Namensspeicher werden, den man sich vorstellen kann.

Zahlen und Wörter

Wer die verschiedenen Methoden und Systeme miteinander kombiniert, kann sich alles merken. Nehmen Sie zum Beispiel die folgende Information, bei der es sich um Auszüge aus einem imaginären Richtlinienkatalog handelt. Das Dokument, dem sie entnommen wurden, enthält neue Regeln und Bestimmungen für Lehrer. Die Liste ist, wie sooft, in Paragraphen und Abschnitte unterteilt, und jedes einzelne Element besitzt einen »Code« – eine Zahl und einen Buchstaben. Die folgenden zehn Elemente enthalten alle Richtlinien, die für Sie relevant sind.

Sie haben das gesamte Dokument durchgelesen, diese Abschnitte als die wichtigsten herausgefiltert und alle zehn mit je einem Begriff überschrieben. Wenn Sie über die Richtlinien befragt würden oder Eltern darüber aufklären müßten, würden diese Begriffe Sie an die wichtigen Bereiche erinnern. Um sich darauf beziehen zu können, müßten Sie die »Codes« kennen: »… wie in Paragraph 3c … wenn Sie sich die Richtlinie 5d ansehen …«

Richtlinien für die Schule

Hauptbereiche:

Abschnitt 1b:	Sport	Abschnitt 4a:	Schulessen
Abschnitt 1c:	Kunst	Abschnitt 4b:	Informatik
Abschnitt 3c:	Finanzen	Abschnitt 5d:	Prüfungen
Abschnitt 3d:	Religion	Abschnitt 6g:	Sprachen
Abschnitt 3e:	Ausflüge	Abschnitt 6l:	Schulgebäude

Schüler und Studenten müssen Informationen – Fakten und deren Bezüge innerhalb eines umfangreicheren Textes – oft auf eine ähnliche Weise lernen. Anwärter für den Polizeidienst müssen wichtige Paragraphen des Strafrechts kennen, und Anwälte müssen häufig bestimmte Aktenzeichen parat haben. Solche Kombinationen aus Zahlen und Buchstaben machen die Sache nicht schwieriger, sondern bieten klare Möglichkeiten für einprägsame Bilder.

Wenn Sie Ihr eigenes Zahlensystem geschaffen haben, stellen die Zahlen hier kein Problem dar. Jede Zahl läßt sich in ein Bild verwandeln, das ihr Substanz, Farbe und Leben verleiht. Anstatt einfach irgendwelche Bilder zu wählen, um die Buchstaben zu repräsentieren – »Apfel« für »a«, »Boot« für »b« –, kommt es darauf an, Verwechslungen mit Ihren Bildern für die Zahlen zu vermeiden. Bei dieser Liste wäre es noch nicht so wichtig, da alle Codes hier aus einer einzigen Zahl und einem einzigen Buchstaben bestehen, aber in anderen Listen gibt es Codes wie »23f« oder »214b«, und man könnte leicht meinen, ein Bild mit einem Boot stünde für die Zahl 7 anstatt für den Buchstaben »b«. Wenn Ihr Bild einen Apfel enthielte, stünde dieser dann für »a« oder für »8«?

Eine einfache Möglichkeit, dieses Problem zu umgehen, ist die Verwendung von Bildern, die im Zahlensystem überhaupt nicht vorkommen: *Tiere*. Vögel tauchen in Abschnitt 2 und Fische in Abschnitt 7 auf, aber *Land*tiere sind noch beliebig verfügbar.

Verwandeln Sie das erste Element in jeder Ziffern-Buchstaben-Kombination entweder in einen Gegenstand, eine Handlung oder eine Beschreibung aus dem Zahlensystem, und machen Sie das zweite zu einem Tier mit dem entsprechenden Anfangsbuchstaben. 8d würde aufgespalten in 8 – **Nahrung**, **Essen** oder **heiß** – und d – vielleicht **Dogge**, **Dingo** oder **Damhirsch**. Ihr Bild könnte einen *gegrillten Damhirsch*, das *Verspeisen* eines *Dingos* oder vielleicht sogar ein *Hot dog* zeigen!

Sobald ein einprägsames Bild erstellt ist, läßt es sich mit den Informationen aus dem entsprechenden Abschnitt verknüpfen. Dadurch, daß alle Szenen an einen passenden Ort verlegt werden – in diesem Fall an eine Schule –, können sie alle mit dem ursprünglichen Text in Zusammenhang gebracht werden.

Vorschläge

Verwenden Sie die bekanntesten Tiere, und stellen Sie die naheliegendsten Zusammenhänge her. Dadurch kann das Gedächtnis in beide Richtungen funktionieren. Wenn Sie an ein Sachgebiet wie Sport oder Verpflegung denken, erinnern Sie sich an das entsprechende Bild. Und wenn Sie einen Code sehen – **1b, 4a** –, stellt sich automatisch das dazugehörige Bild und dadurch wiederum der Code ein.

1b: Sport

Am besten wählt man zuerst das Tier. Bei **b** könnte man sich für einen **Bullen** entscheiden, was besonders nützlich ist, da er eine ganze Reihe von Bildern eröffnet. Ein einprägsames Bild ließe sich schaffen, indem man **1** in **rot** verwandelt.

Was würde passieren, wenn Sie einen Bullen knallrot anmalen? Er würde wahnsinnig – aber er würde *sich selbst* jagen! Sehen Sie zu, wie er im Kreis rennt – und überlegen Sie, wie Sie das mit »Sport« verknüpfen.

Der Bulle jagt sich selbst, weshalb der Stierkämpfer nicht mehr gebraucht wird. Die Zuschauer kommen trotzdem noch zusammen, doch ohne Blutvergießen verläuft die ganze Sache schon sportlicher. Der Matador wechselt den Beruf und wird statt dessen Fußballer.

Der letzte Schritt besteht darin, die Szene innerhalb der Schule anzusiedeln. Stellen Sie sich vor, wie die Menge in die Sporthalle strömt und der rote Bulle vor der Aufführung eine Flasche »Red Bull« zu saufen bekommt!

Das zentrale Bild ist ein **roter** – **1** – **Bulle** – **b** –, das Ergebnis Sport! **1b = Sport**.

1c: Kunst

Das naheliegendste Tier ist hier das kunstvolle **Chamäleon**.

Stellen Sie sich vor, wie Sie im Zeichensaal der Schule Ihrer Klasse die Aufgabe stellen, das bunte Schulchamäleon abzumalen. Dummerweise mißverstehen die Schüler diese Anweisung und beginnen statt dessen damit, das Chamäleon *anzu*malen; sie bespritzen das arme Tier mit Tinte, so daß es verschreckt davonläuft ...

Die Kinder **bemalen** – 1 – das **Chamäleon** – c – im Fach Kunsterziehung. **1c = Kunst**.

3c: Finanzen

Da Sie die Buchstaben in bekannte Tiere verwandeln, können Sie ein und dieselbe Art auch mehrmals benutzen. Die Zahl ist stets eine andere, so daß die erfundene Szene immer einmalig sein wird.

In diesem Abschnitt könnte 3 zu **duftend** werden. Stellen Sie sich vor, Sie sitzen vor dem Schultresor und überprüfen die Finanzen, da kaum noch Geld übrig ist. Es stellt sich heraus, daß der Großteil für das Schulchamäleon ausgegeben wurde, dem man die teuersten Parfüms gekauft hat. Sie haben kein Geld, aber ein **wohlriechendes** – 3 – **Chamäleon** – c! Diese Szene spielt sich im Zusammenhang mit Geld ab; **3c = Finanzen**.

3d: Religion

Lassen Sie diese Szene in der Schulkapelle spielen, und führen Sie die Schul**dogge** in die Handlung ein. Eine Andacht in der Kapelle wird massiv gestört, als einer der Lehrer sich entschließt, mit dem Hund spazierenzugehen! Draußen regnet es, und so entschließt er sich, nicht durch die Pfützen zu trotten, sondern mit dem Hund den Mittelgang der Kapelle auf und ab zu laufen.

Die Szene ist einprägsam und klar. Er **spaziert** – 3 – mit der **Dogge** – d – in der Kapelle. **3d = Religion**.

3e: Ausflüge

Ein **Elefant** ist angemietet worden, um alle Schüler auf einen Ausflug in die nähere Umgebung mitzunehmen. Er steht im Foyer und wartet auf den Aufbruch – bis jemand Schuhe findet, die groß genug für ihn sind …

Wenn Sie **Schuhe** – 3 – für den **Elefanten** – e – gefunden haben, können Sie Ihren Ausflug machen. **3e = Ausflüge**.

4a: Verpflegung

Sie sitzen in der Schulkantine und warten auf das Mittagessen, da bewegt sich etwas auf dem Stuhl hin und her! Sie blicken nach unten und sehen, daß alles von **Ameisen** wimmelt. Stellen Sie sich vor, wie es aussehen – und klingen – würde, wenn alle Kinder schreiend aus dem Zimmer rennen.

Sie **sitzen** – 4 – auf den **Ameisen** – a –, während Sie auf das Essen warten. **4a = Verpflegung**.

4b: Informatik

Für **b** greifen Sie wiederum auf das Bild eines **Bullen** zurück, der diesmal aber aus **Metall** ist.

Im Computerraum werden einem stählernen Roboterbullen Tricks beigebracht. Durch das Eintippen von Befehlen in einen Computer kann man den Metallbullen dazu bringen, sich auf den Rücken zu drehen oder auf den Kopf zu stellen. Stellen Sie sich das quietschende Geräusch der Metallverbindungen vor, wenn der Bulle auf dem Boden hin und her rollt.

Denken Sie die Szene durch, um sie fest im Gedächtnis zu verankern. Im Informatikraum gab ein **metallener** – 4 – **Bulle** – b – eine Vorstellung. **4b = Informatik**.

5d: Prüfungen

In einem der Klassenzimmer findet eine großangelegte Prüfung statt. Die Arbeit der Kinder wird überprüft, während der

Lehrer die Einzelheiten notiert. Heute wird die **Doggen-pflege** getestet. Jedes Kind bekommt eine Dogge zugewiesen und hat zehn Minuten Zeit, um das Tier zu baden und perfekt zu striegeln!

In der **Prüfung reinigen – 5 –** die Kinder **Doggen – d! 5d = Prüfungen.**

6g: Sprachen

Um die Bedeutung der Sprache schlechthin zu demonstrieren, bringt die Französischlehrerin einen **Gorilla** in den Unterricht mit. Sie zieht einen Vergleich: Während der Mensch zum Sprechen befähigt ist, kann selbst ein enger Verwandter wie der Gorilla nur musizieren. Sie gibt dem Tier eine Trommel, auf die der Affe erst begeistert einschlägt, bevor er auf ihr spielt. Er kann Musik machen, aber er kann nicht sprechen.

In der Sprachstunde stand ein **musikalischer – 6 – Gorilla – g –** im Zentrum der Aufmerksamkeit. **6g = Sprachen.**

6l: Gebäude

Warum nehmen Sie für das l nicht den König des Tierreichs: den **Löwen**. Stellen Sie sich vor, Sie testen die Stabilität aller Schulgebäude, indem Sie zehn Löwen dagegen anbrüllen lassen.

Sie führen die Löwen von Gebäude zu Gebäude, bilden eine Gruppe und geben mit Ihrem Stock das Zeichen zum Einsatz. Die Tiere brüllen alle gleichzeitig los, während Sie als Dirigent agieren, der die Löwen beisammenhält und die Lautstärke regelt. Die Wände vibrieren, als das mächtige Brüllen anschwillt.

In allen Schulgebäuden **dirigieren – 6 –** Sie die **Löwen – l. 6l = Gebäude.**

Sie brauchen sich nur diese einfachen Szenen vorzustellen, schon beherrschen Sie die gesamte Liste. Entsprechende Fragen können Sie jederzeit beantworten.

»Behandeln die Richtlinien auch die Informatik?«

Sie stellen sich den Informatikraum vor und sehen einen **Metallbullen**, der von einem Computer gesteuert wird. **Metall** ist **4** ... **Bulle** ist **b**; Sie können die Frage gelassen beantworten.

»Ja. Der entsprechende Abschnitt findet sich unter **4b** ...«

Das System funktioniert auch umgekehrt: Bei einem Vorstellungsgespräch wird von Ihnen erwartet, daß Sie die relevanten Richtlinien im einzelnen kennen.

Stellen Sie sich vor, wie Sie gefragt werden: »Was halten Sie von Abschnitt **3d**?«

Das **d** ist eindeutig eine **Dogge** – aber die **3**? Eine der zentralen Handlungen in Abschnitt 3 des Zahlensystems ist **Laufen**; können Sie sich an ein Bild erinnern, in dem eine Dogge läuft? Die Kapelle! Ein Lehrer stört die Andacht, weil er mit der Schuldogge im Mittelgang auf und ab spaziert.

Die Richtlinie **3d** behandelt die **Religion**, und so können Sie im Vorstellungsgespräch Ihre Meinung zum Religionsunterricht an Schulen darlegen.

Wie beim Lernen von Namen, sind diese Memotechniken vor allem deshalb hilfreich, weil sie den Lernprozeß durch Anhaltspunkte und Merkhilfen beschleunigen. Wenn Sie eine Reihe von Punkten für ein Vorstellungsgespräch oder eine Prüfung durchgehen, rufen Sie die Informationen einfach aus dem Gedächtnis ab, anstatt immer wieder auf der Liste nachzusehen. Sobald Sie diese abgespeicherten Informationen auch *verwenden*, können Sie sie in ruhigen Momenten rekapitulieren – beim Gehen, in Warteschlangen – und einen Zustand »instinktiven« Wissens erreichen.

Die freie Rede

Eine solche Auflistung von Richtlinien könnte etwa die Grundlage eines Gesprächs oder Vortrags bilden. Anstatt mit Zetteln herumzufummeln, betreten Sie die Bühne voller Vertrauen auf die Stärke Ihres Gedächtnisses. Fragen lassen sich mit eindeutigen Hinweisen beantworten, und Sie können sich darauf verlassen, daß alle wichtigen Punkte abgedeckt sind. Jede Art öffentlicher Rede läßt sich unter Zuhilfenahme meiner Memotechniken verbessern. Frei sprechen zu können bietet immense Vorteile.

1. Blickkontakt

Anstatt nach unten auf Ihre Notizen zu sehen, halten Sie Blickkontakt mit den Zuhörern und tragen so dazu bei, ihre Aufmerksamkeit zu fesseln und ihr Interesse aufrechtzuerhalten.

2. Verständlichkeit

Wenn Sie eine Rede *ablesen*, passiert es allzuleicht, daß Sie die Wörter nachsprechen, ohne sich zu überlegen, was sie eigentlich bedeuten. Halten Sie den Vortrag aber frei und aus dem Gedächtnis, so benutzen Sie visuelle »Auslöser«, die Sie an alle wichtigen Punkte erinnern; Sie denken ständig an die Aussage und Bedeutung der jeweiligen Passage Ihrer Rede.

3. Natürlichkeit

Es ist viel einfacher, einer Rede zu folgen, die natürlich und lebendig klingt. Wenn Sie frei sprechen, erinnern Sie sich an die Abschnitte und zentralen Punkte Ihrer Rede und sprechen *darüber*, anstatt eine genau festgelegte Wortfolge auf einem Blatt Papier abzulesen.

4. Ergänzungen

Da Ihre Rede weniger starr ist, können Sie Ideen in letzter Minute abwandeln oder während des Vortrags noch Ergänzungen vornehmen. Sie nehmen Anregungen aus dem Publikum leichter auf und wandeln Ihre Rede entsprechend ab, anstatt an einem schriftlich fixierten Vortrag zu kleben, der in diesem Moment bereits veraltet ist!

5. Zeitgefühl

Das System zum Lernen von Reden umfaßt auch die in Teil 1 beschriebenen »Routen«.
Wenn Sie einen vertrauten Weg gehen, wissen Sie recht genau, wie lange es noch dauert, bis Sie am Ziel sind. Sie wissen, wann die Hälfte erreicht ist, und Sie können sich jederzeit ausmalen, wie lange Sie noch zu gehen haben.
Basiert Ihr Vortrag auf einer bestimmten Route, so läßt sich ebenfalls leicht einschätzen, wie weit Sie schon sind und wie weit Sie es noch haben. Sie können sich sehr rasch die Hauptpunkte in Erinnerung rufen, die noch anzusprechen sind, und dann nach Bedarf Ihr Vortragstempo beschleunigen oder verlangsamen.

6. Selbstvertrauen

Für die meisten Menschen ist jede Art des öffentlichen Redens eine nervenaufreibende Erfahrung. Sie spielen mit ihren Blättern herum und suchen nach Notizen, wobei sie von Zeit zu Zeit nervös in das Publikum sehen.

Wenn Sie aber frei sprechen, können Sie sich darauf verlassen, daß Sie alle Informationen im Kopf haben, denn *diese* Notizen können Sie nicht verlieren.

Sie halten ständig Blickkontakt mit Ihrem Publikum und sind zuversichtlich, daß Sie nicht nur durch das beeindrucken, *was* Sie sagen, sondern auch durch Ihren gekonnten und wirkungsvollen Vortrag.

Der erste Schritt besteht in der Abfassung Ihrer Rede. Anstatt sie Wort für Wort aufzusetzen, sollten Sie eine Liste mit allen wichtigen Punkten aufstellen, sie in die beste Reihenfolge bringen und neue Wörter hinzufügen, wenn Ihnen weitere Ideen kommen.

Da Sie sich nur Notizen machen, ist es ein leichtes, die Reihenfolge zu ändern oder ganze Passagen zu streichen, während Sie Ihre Gedanken zu einer schlüssigen Rede formen.

Benutzen Sie diese Hauptpunkte als Rahmen. Wenn das Gerüst der Rede steht, sollten Sie Quellenangaben, Zahlen, Zitate und Witze ergänzen. Jede Art von Information läßt sich zu jedem Zeitpunkt in den Vortrag einbauen.

Als nächsten Schritt unterteilen Sie den Vortrag in Abschnitte. Zehn Abschnitte sind ideal, aber es können auch mehr oder weniger sein. Jeder Abschnitt sollte einem »Punkt« oder »Thema« entsprechen; markieren Sie auf Ihrem Plan, wo ein Abschnitt aufhört und der nächste anfängt.

Geben Sie jedem Abschnitt eine Überschrift. Wählen Sie Worte, die Sie an all das erinnern, was Sie zu einem bestimmten Thema sagen wollen. Wenn es Zwischentitel gibt, schreiben Sie diese darunter.

Komplettieren Sie den schriftlichen Plan anschließend durch die »Fakten« – Zahlen, Daten, Quellenangaben etc. – in den entsprechenden Abschnitten, und geben Sie dem Vortrag einen Titel.

Wenn Sie diese Schritte alle ausgeführt haben, sollte Ihr Plan etwa so aussehen:

Effizienz am Arbeitsplatz
Stelle mich vor
Finanzielle Daten
-   5 000,00 DM **Papierkosten**
-   9 000,00 DM **Telefonkosten**
- 17 000,00 DM durch **Krankheit** verschwendet

Ziele
- **Reduzierung** der **Ausgaben** um 20 000,00 DM
- **Zieldatum**: 28. November 1996

Schulung

Anreize
- **Mögliche Gehaltserhöhung** um 3000,00 DM

Praktische Maßnahmen
- **Neues Telefonsystem**
- **Zentrallager** für **Papier**
- **Recycling**

Übrige Firma
Weitere Pläne
Fragen?

Dies ist das Gerüst eines imaginären Vortrags über Effizienz, den ein Berater in einer bestimmten Abteilung halten könnte. Die Rede gliedert sich in neun große Bereiche, die zum Teil Zwischentitel und spezielle Informationen wie Zahlen und Daten enthalten. Wenn ein ähnlicher Vortrag in einer anderen Abteilung oder Firma gehalten würde, könnte man den Plan im Prinzip beibehalten und bräuchte nur die Zahlen entsprechend zu verändern.

Um sich den Plan einzuprägen, sollten Sie eine Ihrer »Gedächtnisrouten« verwenden. Die neun Abschnitte dieses Vortrags passen bequem in die zehn Räume der Route, weshalb Sie den zusätzlichen Raum sogar dem Titel zuordnen könnten. Wenn der Vortrag länger wäre, würden Sie ihn einfach auf zwei oder mehr Routen verteilen.

Jeder der Abschnitte besitzt seinen eigenen Raum bzw. seine Felder. Stellen Sie sich als Beispiel vor, Sie benutzen die in Teil 1 beschriebene Route durch das Haus.

»Effizienz am Arbeitsplatz«: Gartenweg

Das erste »Element« des Plans, der Titel, wird auch dem ersten Raum des Wegs zugeordnet: dem Weg durch den Garten zum Haus. Malen Sie sich ein Bild aus, das die Wörter zum Leben erweckt.

Stellen Sie mitten auf den Weg einen Schreibtisch, und legen Sie einen Teppich darunter. Jetzt haben Sie sich einen Arbeitsplatz eingerichtet, doch wie ließe er sich noch effizienter gestalten? Sie sparen bereits Strom für die Beleuchtung, indem Sie draußen sitzen, aber Sie verschwenden immer noch Zeit und Energie mit dem Aufheben der Papiere, die der Wind herumwirbelt. Wenn Sie dagegen die Pflastersteine des Weges als Briefbeschwerer benutzen, bleiben sie liegen.

Nehmen Sie weitere Veränderungen vor, bis Ihr Arbeitsplatz für alle erkennbar ein Musterbeispiel für Effizienz ist.

Stelle mich vor: Eingang

Da es hier vor allem um *Sie* geht, sollten Sie den Eingangsbereich zu Ihrem Bereich machen. Hängen Sie ein großes Poster von Ihnen an die Tür, und schreiben Sie einige Daten von sich an den Türrahmen.

Dort ist auch ein spezielles Schließfach eingebaut, in dem all Ihre wichtigen Dokumente aufbewahrt sind.

Finanzielle Daten: Diele

In der Diele liegt der längste Teppich im ganzen Haus. Stellen Sie sich vor, er hätte das Design eines Kassenzettels, auf den eine lange Liste von Preisen gedruckt ist.

Der Kassenzettelteppich ist klar in drei Bereiche untergliedert. Der erste ist von Papierschnipseln übersät, die von der Zugluft im Eingangsbereich herumgewirbelt werden. Sie scheinen aus einem in der Nähe liegenden Staubsauger zu stammen.

Konzentrieren Sie sich auf den **Staubsauger – 5.** Die Bilder in diesem ersten Bereich erinnern Sie daran, daß **Papier** »5« gekostet hat. Alle Zahlen bewegen sich hier im Tausender-Bereich; der Preis beläuft sich somit auf **5000** Mark.

Im zweiten Bereich steht ein altmodisches Telefon. Wenn Sie den Hörer aufnehmen, sind Sie direkt mit dem »**Fräulein vom Amt**« – **9** – verbunden. Diese einfache Kombination von Bildern erinnert Sie daran, daß Telefongespräche der Firma **9000** Mark gekostet haben.

Auf dem letzten der drei Abschnitte des Teppichs sammeln sich Pfützen, und ein knallrotes Spielzeugboot tanzt auf dem Wasser. Bei näherem Hinsehen erkennen Sie, daß die Spielzeugmenschen an Bord schrecklich seekrank sind. Das Schaukeln des Boots macht langsam sogar *Ihnen* zu schaffen!

Das Thema hier ist **Krankheit**, und das **rote – 1 – Boot – 7 –** verrät Ihnen, daß sie die Firma **17 000** Mark gekostet hat.

Bevor Sie weitergehen, sollten Sie ein paar Sekunden auf diese Szene zurückblicken. Das zentrale Bild ist klar: ein langer Kassenzettel voller Preise, der wie ein Teppich daliegt. In diesem Abschnitt des Vortrags geht es um **finanzielle Daten**; die übrige Information – die genauen Details der Kosten – sind in den drei Abschnitten des Teppichs enthalten.

Ziele: Küche

Die Küche ist voller Ziele – Zielscheiben! Sie stehen auf dem Herd, klemmen am Kühlschrank und heften an den Wänden. Sie beschließen, ein paar Schießübungen zu machen, und suchen sich zwei Ziele aus – eines in der linken Seite des Zimmers und eines in der rechten.

Sie **werfen** – **2** – einen **Ball** – **0** – auf die linke Zielscheibe und treffen ins Schwarze. Die Scheibe explodiert und beschert der Küche einen Geldregen. Wie die Bilder nahelegen, sind es **20 000** Mark!

Beim Inspizieren des Ziels auf der rechten Seite erkennen Sie, daß sich hinter dem Schwarzen eine kleine Tür verbirgt. Sie werfen mit einer Pfanne danach, und die Tür geht auf ...

Das Seltsame ist, daß sie dabei keinen Laut von sich gibt. Vielleicht ist die Tür gut geölt. Aber andererseits – vielleicht stimmt etwas mit *Ihnen* nicht. Sie sorgen sich allmählich um Ihr Gehör ...

Die zentralen Punkte dieser Szene geben Ihnen die Zahlen eines Datums. Sie **warfen** – **2** – eine **Pfanne** – **8** – gegen die **Türe** – **11** – und **sorgten sich** – **9** – deshalb um Ihr **Gehör** – **6**. Das »Zieldatum« ist der 28. 11. 1996, der 28. November 1996. Bevor Sie weitergehen, schreiben Sie dieses Datum auf die Zielscheibe.

Schulung: Wirtschaftsraum

Wie erwartet, steht dieser Bereich der Route voller Waschmaschinen und Trockner, doch fallen die Geräte hier etwas aus der Reihe, da sie alle gleichzeitig eine Funktion im Schulungsraum erfüllen. Eine Waschmaschine dient gleichzeitig als Flip-Chart, und aus dem Trockner ragt die Linse eines Tageslicht-Projektors. Ein großes Schild über der Tür verkündet: **Schulung**.

Anreize: Eßzimmer

Hier sitzen ein paar Leute beim Abendessen. Es besteht jeweils aus einer einzigen Karotte, die vor den Hungrigen auf einem Stecken schwankt. Sie rücken näher heran, als eine Stimme sie ermuntert und mit einer ganzen Reihe von Anreizen ködert – anscheinend vor allem mit der Aussicht auf neue *Schuhe*. Die Speisenden blicken sehnsuchtsvoll auf die **Schuhe – 3 –**, die ihnen entgegengehalten werden. Der eigentliche **Anreiz**, den man sich merken muß, sind die **3000** Mark.

Praktische Maßnahmen: Wohnzimmer

Auch dieses Zimmer muß in Unterbereiche aufgeteilt werden. Legen Sie zunächst das Leitthema fest, indem Sie an den Wänden und an der Decke Lineale, Meterstäbe und andere praktische Meßinstrumente befestigen. Dann messen Sie die Grundfläche des Zimmers und konzentrieren sich zuletzt auf die Möbel.

Die Garnitur besteht hier aus einem Sessel und einem Zweisitzersofa. Als Sie in den Sessel sinken, spüren Sie etwas Hartes – und stellen fest, daß ein winziges Telefon, das neueste auf dem Markt, hinter das Kissen gerutscht ist.

Auf der einen Sitzfläche des Sofas liegt – genau in der Mitte – ein exakt ausgerichteter Papierstoß, von dem jedes Blatt mit »Zentrallager« überschrieben ist.

Auf dem anderen Platz liegen mehrere Packen beschriebener Blätter, die zum Altpapier gegeben werden. Auf dem obersten Blatt steht deshalb jeweils »Recycling«.

Die drei Plätze der Sitzgarnitur verraten Ihnen die Einzelheiten der »praktischen Maßnahmen«: **Neue Telefone** … **Zentrallager** für **Papier** … **Recycling**!

Übrige Firma: Treppenhaus

Vom oberen Treppenabsatz haben Sie die beste Übersicht und können alle Aktivitäten im übrigen Gebäude überblicken. Auf der einen Seite arbeitet gerade eine Gebäudereinigungs*firma*, auf der anderen Seite reicht der Blick bis zum *Firma*ment. Von Ihrem Platz aus haben Sie einen hervorragenden Überblick.

Weitere Pläne: Badezimmer

Das Badezimmer ist heruntergekommen und altmodisch, aber jemand hat eine Reihe von neuen Plänen an die Wand geheftet. Wenn man sie befolgt, wird ein ganz neues Badezimmer gebaut. Sie sehen sich die Pläne genauer an und befürworten, was Sie sehen. Dieser Raum hat eine große Zukunft …

Fragen? Speicher

Dieser letzte Raum ist der dunkelste im ganzen Haus. Während Sie sich an der Wand entlangtasten, gehen Ihnen allerlei *Fragen* durch den Kopf: Wo ist der Lichtschalter? Ist der Boden sicher? Wo ist der Weg zum Ausgang? Der Speicher ist wie eine dunkle Zelle; man könnte sich vorstellen, wie hier ein Gefangener verhört wird …

Wie bei jeder Memo-Geschichte sollten Sie die wichtigsten Punkte noch einmal durchgehen und die zentralen Ideen hervorheben. Gehen Sie von Raum zu Raum; jeder neue Bereich erinnert Sie an einen weiteren Punkt des Vortrags, und jede zusätzliche Information läßt sich dort finden. Üben Sie Ihre Rede ein paarmal aus dem Gedächtnis, und Sie können zuversichtlich einem perfekten Vortrag entgegensehen, wenn der Augenblick kommt, da Sie tatsächlich aufstehen und sprechen.

Der erste Bereich, der Weg vor dem Haus, erinnert Sie an den Titel des Vortrags. Sie stellen einen Schreibtisch auf ... versuchen die Effizienz zu erhöhen ... »Die **Effizienz am Arbeitsplatz**« ist das Thema Ihres Vortrags.

Nach den einleitenden Worten sollten Sie einen Moment innehalten und sich in den zweiten Bereich begeben. Wo Sie auch hinschauen, stoßen Sie auf Bilder von sich, und im Türstock ist ein Schließfach mit all Ihren wichtigen Dokumenten eingelassen. Nach diesem Hinweis stellen Sie sich Ihrem Publikum vor.

Ihre nächsten gedanklichen Schritte führen Sie in die Diele. Ohne auch nur eine Sekunde den Blickkontakt mit Ihrem Publikum aufzugeben, gelingt Ihnen ein fließender Übergang zum nächsten Thema.

Der Teppich ist gleichzeitig ein bedruckter *Kassenzettel*; das Thema hier sind die **Finanzen**. Wenn Sie über die aktuelle finanzielle Situation der Firma sprechen, unterstützen Sie Ihren Vortrag mit Zahlen.

Der erste Abschnitt des Teppichs ist mit Papierschnipseln übersät, die aus einem *Staubsauger*beutel geblasen wurden: **5. Papier** ist der zentrale Punkt; in diesem Jahr sind dafür **5000** Mark aufgewendet worden.

Im nächsten Abschnitt sehen Sie ein **Telefon**, und als Sie die Stimme des »*Fräuleins vom Amt*« – **9** – hören, fällt Ihnen ein, daß die Telefonrechnung sich bereits auf **9000** Mark beläuft. Der Blick auf den letzten Abschnitt des Teppichs zeigt Ihnen ein *rotes Boot*: **1, 7**. Die Menschen an Bord wirken ziemlich

krank, weshalb Sie Ihrem Publikum erklären, daß in diesem Jahr **17 000** Mark durch Krankheit verlorengegangen sind.

Die meisten Zuhörer nutzen die Pausen in einem Vortrag dazu, mit etwas herumzuspielen und sich nicht mehr zu konzentrieren, aber heute haben sie keine Chance. Sie begeben sich übergangslos in die Küche und damit zu Ihrem nächsten Thema: Ziele.

Während Sie beschreiben, wie notwendig es ist, Ziele zu definieren, zu verfolgen und zu erreichen, spüren Sie die Notwendigkeit von Zahlen. Wie jemand, der am Computer eine Taste drückt, »aktivieren« Sie das linke Ziel. Sie **werfen** – **2** – einen **Ball** – **0** –, eine Geldbombe mit **20 000** Mark explodiert, und Sie erklären Ihrem Publikum, daß die Betriebsausgaben um diesen Betrag verringert werden müssen.

Wenn Sie das andere Ziel aktivieren, werfen Sie mit einer Pfanne, beobachten das Öffnen der Tür und sorgen sich um Ihr Gehör. Daraus erschließen sich fünf Zahlen – **2, 8, 11, 9** und **6** –, und Sie verkünden als Zieldatum: den 28. November 1996.

Der Hauswirtschaftsraum ist voller Schulungsmaterialien; das nächste Thema lautet somit *Schulung*.

Während Sie seine Bedeutung erklären und mögliche Ideen skizzieren, sehen Sie auf die Uhr. Sie sind beinahe zur Hälfte durch, müssen somit das Tempo überprüfen und eventuell korrigieren. Wenn Sie deutlich überziehen, könnten Sie sich dazu entschließen, die restlichen Punkte nur noch kurz zu erwähnen oder manche ganz wegzulassen – aber der feste Aufbau der Route sorgt dafür, daß Sie niemals die Orientierung verlieren.

Die Personen im Eßzimmer erhalten *Anreize*. Wenn Sie über dieses Thema sprechen, denken Sie an die Schuhe – **3** – und berichten dem Publikum von den Anreizen beim Gehalt in Höhe von **3000** Mark.

Das Wohnzimmer steckt voller »*praktischer Maßnahmen*«. Die Gegenstände auf der Sitzgarnitur erinnern Sie an die drei zentralen Punkte hier: ein **neues Telefonsystem**, ein **Zentrallager für Papier** und ein Plan für das **Recycling**.

Auf dem Treppenabsatz haben Sie einen wunderbaren Blick auf die Reinigungs*firma* sowie auf das *Firma*ment, und Sie sprechen darüber, wie sich *diese* Abteilung im Vergleich zu den Plänen anderswo darstellt.

Die an die Wände des Badezimmers gehefteten Diagramme erinnern Sie daran, *weitere Pläne* zur Sprache zu bringen und Ihrem Publikum alle Vorschläge und Ideen zu unterbreiten.

Wenn Sie schließlich in der Dunkelheit des Speichers herumtasten und sich die Fragen durch den Kopf gehen lassen, bitten Sie zum Schluß Ihres Vortrags um Fragen aus dem Publikum. Die *eigentliche* Frage der Zuhörer lautet natürlich: »Wie hat sie das geschafft?«

Sie haben Ihren gesamten Vortrag ohne Notizen und ohne eine Unterbrechung des Blickkontakts gehalten und mit Selbstvertrauen und Stil gesprochen, eine strukturierte, logische Rede gehalten, Fakten und Zahlen eingebaut – und sind sogar rechtzeitig zum Ende gekommen! Mit diesen Memotechniken können wir alle zu guten Rednern werden.

Lernen Sie Ihre Rolle

Wenn Sie eine Rolle in einem Theaterstück lernen müssen, läßt sich dieser Prozeß durch geeignete Memotechniken beschleunigen und vereinfachen.

Dies ist ein gutes Beispiel dafür, wie wichtig das richtige *Vorgehen* ist. Wenn Sie sich die Zeit nehmen, das zu lernende Material in Ruhe durchzulesen und zu überlegen, wie Sie es sich wieder in Erinnerung rufen können, lassen sich die besten Memotechniken herausfinden.

In einem Theaterstück gibt es zwei wichtige Dinge, die Sie lernen müssen: *Ihren* Text und die Stichwörter davor. Wenn Sie dazu passende Bilder finden und sie paarweise kombinieren, lassen sich alle ausgedachten Szenen zu einer Geschichte verknüpfen – und damit können Sie das Theaterstück unter Ihre Regie bringen.

Manchmal sagen Sie nur ein paar Worte; an anderen Stellen müssen Sie sich dagegen an lange Passagen erinnern. Doch so lang ein Auftritt auch sein mag, Sie sollten stets ein paar zentrale Bilder wählen, die ihn zusammenfassen – entweder Bilder aus dem Text selbst oder aber aus Ihrer eigenen Phantasie. Notieren Sie zu jedem Einsatz die entsprechenden Bilder und stellen Sie diese neben weitere, die den vorhergehenden Passus mit Ihrem Stichwort bilanzieren.

Lautet Ihr Text etwa »Komm heute nacht zurück. Ich koche uns ein Essen, und dann können wir reden«, so wären die zentralen Bilder vielleicht **Nacht** – unter Umständen der Mond oder die Sterne – und **Essen** – komplett mit Geruchs- und Geschmacksrichtungen. Das Kunststück besteht darin, Wörter und Ideen auszusuchen, die zum übrigen Text weiterleiten und in die richtige Richtung führen.

Diese Techniken sollen den Lernprozeß beschleunigen und Sie dadurch in die Lage versetzen, sich den Text ins Gedächtnis zu rufen, ihn ohne Manuskript zu sprechen und rasch auswendig zu lernen. Irgendwann vergessen Sie, wie Sie ihn gelernt haben, und können die Bilder weglassen. Ihre Bedeutung liegt darin, den Weg zum Wissen zu ebnen.

Wenn Sie sich Bilder für Ihren eigenen Text ausgedacht haben, sollten Sie sich auf die Zeile zuvor konzentrieren. Betrachten Sie die letzten paar Wörter, die Ihnen signalisieren, daß jetzt Ihr Einsatz kommt. Vielleicht sagt die Figur: »Es ist bereits vier Uhr; ich muß gehen.« Die Schlüsselwörter wären hier **Uhr** und **gehen**. Stellen Sie sich eine Kuckucksuhr vor, aus der ein Kuckuck hervorkommt, um bei Grün über die Ampel zu gehen!

Der entscheidende Schritt besteht nun darin, die beiden Bilder miteinander zu verknüpfen. Tun Sie dies sorgfältig, dann erhalten Sie bei Ihrem Stichwort stets den Impuls für den richtigen Text.

Stellen Sie sich vor, wie die Ampel von der Uhr wegbricht und in den Nachthimmel geschleudert wird. Sie prallt gegen den *Mond* und läßt ein Stück Käse auf die Erde fallen, wodurch Sie sich die Mühe sparen können, ein *Essen* zu kochen! Die Zeile mit dem Stichwort ist jetzt klar erkennbar und verweist bereits auf die nächsten Worte.

Gehen Sie zum *nächsten* Stichwort, und tun Sie dasselbe. Betonen Sie mehr Bilder, und verknüpfen Sie diese anschließend mit dem letzten Punkt Ihrer imaginären Geschichte.

Vielleicht lautet die nächste Zeile, auf die Sie achten müssen: »Suchen Sie ein Telefon, und rufen Sie mich an!« In *Ihrer* Geschichte könnten sie sich wiederum vorstellen, beim Abendessen das Handy des Kochs im Auflauf zu finden! So würden Bilder aus Ihrer nächsten Zeile damit verknüpft … und so weiter. Aufeinanderfolgende Zeilen werden in Bilder verwandelt und zu einer Geschichte verknüpft.

Während Sie auf Ihre nächste Zeile warten, denken Sie an die Geschichte und prägen sich die Schlüsselwörter ein, auf die Sie achten müssen. Sie werden Ihr Stichwort erkennen, wenn Sie es hören, und die Verknüpfungen dienen dabei als Ihre ganz persönliche Merkhilfe. Wenn es Zeilen gibt, die Ihnen ständig Probleme machen, sollten Sie diese genau unter die Lupe nehmen und wie die Zitate in Teil 2 lernen, das heißt, die Wörter so lange manipulieren, bis Ihr Gedächtnis sie behält.

Je besser Sie das Theaterstück auswendig können, desto unwichtiger wird die Phantasiegeschichte. Die Zeilen kommen wie von selbst, und die Memotechnik hat ihren Zweck erfüllt.

Lernen Sie das Morsealphabet

Auf eine ähnliche Weise läßt sich ein Zeichensystem wie das Morsealphabet erlernen. Es handelt sich um ein vollständiges Alphabet, das ausschließlich aus Punkten und Strichen besteht. Beim ersten Hinsehen wirkt es wie eine dieser Informationen, die Sie nie lernen werden.

Morsealphabet

A: . _	N: _ .
B: _ . . .	O: _ _ _
C: _ . _ .	P: . _ _ .
D: _ . .	Q: _ _ . _
E: .	R: . _ .
F: . . _ .	S: . . .
G: _ _ .	T: _
H:	U: . . _
I: . .	V: . . . _
J: . _ _ _	W: . _ _
K: _ . _	X: _ . . _
L: . _ . .	Y: _ . _ _
M: _ _	Z: _ _ . .

Es mag vielleicht unmöglich *aussehen*, dabei läßt sich das Morsealphabet in ein paar Minuten lernen! Länger dauert es allerdings, die Codes instinktiv zu wissen und in der Lage zu sein, in beide Richtungen zu »übersetzen«, aber wenn Sie sich das Alphabet richtig einprägen, können Sie es sofort verwenden.

Am Anfang wird es langsam gehen. Sie müssen sich erst die »Eselsbrücken« genau überlegen, Bilder entwerfen und alle Striche und Punkte herausarbeiten. Doch bald schon legen Sie an Tempo zu, wenn Sie mehr Zutrauen in Ihr instinktives Wissen dieses komplizierten Alphabets bekommen.

Das Morsealphabet läßt sich leicht erlernen; es gliedert sich in zwei klar unterscheidbare Abschnitte. Im ersten geht es darum, die Codewörter zu lernen.

Jeder Buchstabe des Alphabets hat ein offizielles Codewort. Sie werden feststellen, daß Sie viele davon bereits kennen. Die durchwegs einprägsamen Wörter werden zur klaren und genauen Übermittlung von Funkrufen eingesetzt.

Eine gute Möglichkeit, sie im Gedächtnis zu behalten, besteht darin, sie in einer eigenen Geschichte zu verknüpfen. Es folgen alle sechsundzwanzig Codewörter und jeweils ein Vorschlag für die Handlungskette.

A: **Alpha**. Ihre Geschichte könnte mit Alf beginnen! Seine letzte Sendung im Fernsehen ist gerade zu Ende.

B: **Bravo**. »Bravo!« rufen die Zuschauer, denen das Programm gefallen hat.

C: **Charlie**. Sie werden auf die nächste Sendung aufmerksam gemacht. Es ist eine Dokumentation über Prinz Charles.

D: **Delta**. Man sieht Prinz Charles beim Pokern in einem Flugzeug der Luftfahrtgesellschaft »Delta Airlines«.

E: **Echo**. Charles hat ein extrem schlechtes Blatt bekommen und schreit verzweifelt auf, was in der Kabine widerhallt ...

F: **Foxtrott**. Als das Flugzeug landet, wartet das Pferd des Prinzen bereits auf dem Rollfeld. Anstatt sofort davonzusprengen, führt es erst eine Dressurnummer auf: Es tanzt einen Foxtrott.

G: **Golf**. Der Weg führt über einen Golfplatz, und der Prinz steigt ab, um schnell eine Runde zu spielen.

H: **Hotel**. Als er die Runde beendet hat, ist es bereits dunkel; er beschließt, die Nacht im Golfhotel zu verbringen.

I: **India**. Das ganze Hotel ist vom Thema »Indien« inspiriert. Es hängen nur indische Bilder an der Wand … im Restaurant gibt es ausschließlich Reisgerichte … das gesamte Gebäude ist dem Taj Mahal nachempfunden …

J: **Juliet**. Der Prinz soll unterhalten werden. Gerade fängt das Theaterstück an, und Julia wartet schon ungeduldig auf dem Balkon …

K: **Kilo**. Dummerweise hat die Schauspielerin, die Julia verkörpert, ein paar Kilo Übergewicht, und der Balkon kracht auf den Boden.

L: **Lima**. Man erklärt Prinz Charles, die nächste Shakespeare-Aufführung finde in Lima (Peru) statt. Er beschließt, sich aufzumachen …

M: **Mike**. Er schnappt sich sein Walkie-talkie und spricht über *Mik*rophon mit seinem Privatpiloten.

N: **November**. Der Pilot erklärt ihm, daß ein Flug nach Peru bis November dauern würde; er gibt eine eindrucksvolle Schilderung der Gefahren auf dieser Reise.

O: **Oscar**. Seine Vorstellung ist sogar so gut, daß er dafür einen Oscar bekommt!

P: **Papa**. In seiner Rede bei der Preisverleihung grüßt er seinen Vater: »Papa!«

Q: **Quebec**. Er ruft seine ganze Familie auf die Bühne. Es sind so viele, daß die Reihe bis nach Quebec in Kanada reicht …

R: **Romeo**. Romeo bricht durch die Menge. Es sieht so aus, als könnte der Prinz doch noch Glück haben …

S: **Sierra**. Etwas unpassend springt Romeo in einen Ford

Sierra und rast davon. Plötzlich kommt er mit quietschenden Reifen zum Stehen. Er hat irgendwo Musik gehört.

T: **Tango**. Eine Straßenkapelle spielt melodische Rhythmen, zu denen einen große Menschenmenge Tango tanzt. Es stellt sich als Tanzwettbewerb heraus.

U: **Uniform**. Sie erhalten nur Einlaß, wenn Sie eine Uniform tragen. Manche Männer sind als Polizisten verkleidet, andere als Seeleute oder Schülerlotsen.

V: **Victor**. Schließlich wird der Gewinner des Wettbewerbs ermittelt. Er reißt die Arme hoch und wird anschließend nach seinem Namen gefragt: Victor, lateinisch für Sieger.

W: **Whisky**. Als Preis gibt es eine große Flasche Whisky. Er trinkt sie in einem Zug und bricht sofort danach zusammen.

X: **X-Ray**. Der Mann muß unverzüglich ins Krankenhaus. Man fährt ihn in ein x-beliebiges, wo einige Röntgenaufnahmen (x-rays) gemacht werden.

Y: **Yankee**. Als er wieder zu Bewußtsein kommt, wirkt er ziemlich verstört. Er singt in den höchsten Tönen »Yankee Doodle Dandy« und hält sich für einen Amerikaner.

Z: **Zulu**. Die Ärzte geben auf und erklären, sie könnten nichts mehr für ihn tun. Seine letzte Hoffnung ist ein Geisterheiler der Zulu …

Da es sich um eine alphabetische Liste handelt, gibt es einen Hinweis auf jedes neue Wort. Nachdem das Flugzeug von Prinz Charles gelandet ist, muß das nächste Wort mit F beginnen – Foxtrott. Was tut er dann? Der erste Buchstabe muß ein G sein – er spielt Golf.

Gehen Sie die Liste mehrmals in Gedanken durch. Schon in ein paar Minuten werden Sie alle sechsundzwanzig Codewörter auswendig wissen.

Diese Codewörter sind schon an sich nützlich, aber darüber hinaus werden sie zu Merkhilfen für das Erlernen des Morsealphabets.

Das System ist einfach. Jede Kombination aus Punkten und Strichen ist in ein Wort zu verwandeln, das mit dem entsprechenden Codewort verknüpft wird. Wenn Sie also den Morsecode für »I« wissen wollen, erinnern Sie sich zunächst an das Codewort »India« und danach an ein damit verbundenes Schlüsselwort. Dieses Schlüsselwort wird dann wiederum in Punkte und Striche zerlegt. Um auf die sechsundzwanzig neuen Wörter zu kommen, verwandeln Sie einen **Punkt** in einen Buchstaben der ersten Hälfte des Alphabets (A–M) und einen **Strich** in einen Buchstaben der zweiten Hälfte (N–Z). Wenn Sie die Buchstaben mit Bedacht wählen, können Sie auf durchaus passende Wörter kommen.

Vorschläge

A: . _ Es (Codewort: Alpha)
Dieser Code demonstriert das System sehr anschaulich. Der Punkt wird zu einem Buchstaben aus der *ersten* Hälfte des Alphabets – E, der Strich zu einem aus der zweiten – S.
Es ist aus zwei Gründen passend. »Alpha« ist das Wort für »eins« im griechischen Alphabet – ein einziges Ding, »es«. Und die Fernsehfigur A.L.F. – außerirdische Lebensform – ist ein nicht-menschliches, nicht zu beschreibendes »Es«!

B: _ . . . Rief (Codewort: Bravo)
Diesmal vier Symbole und damit vier weitere Buchstaben – einer aus der zweiten Hälfte des Alphabets und drei aus der ersten.
Das Codewort »Bravo« erhält erst eine Bedeutung, wenn man

319

es auch ruft. Erzählen Sie einem Freund von Ihrem tollen Schauspieltalent – wie nach der Veranstaltung jeder »Bravo« *rief*!

C: _ . _ . Pink (Codewort: Charlie)
Vielleicht ist der »Charlie«, an den Sie denken, die Comicfigur Charlie Brown von den Peanuts. Er hat irgendwann genug von Lucy & Co. und will sich neue Freunde suchen. Als erstes freundet er sich mit dem rosaroten Panther an: *Pink* Panther. Beide werden durch ihre Farbe definiert, und das verbindet …

D: _ . . Nil (Codewort: Delta)
Stellen Sie sich einen Jumbo-Jet von Delta Airlines vor, der zu seinem »Heimatflughafen« dirigiert wird und versehentlich auf dem *Nil*delta wassert!

E: . E (Codewort: Echo)
Da dieser Buchstabe nur aus einem Punkt besteht, haben Sie keine große Auswahl! Machen Sie ein »E« daraus, und Sie können sich vorstellen, wie in der Ferne ein Echo verhallt, von dem zuletzt nur noch das »E« zu hören ist: »Echo … Echo … Ech … Ec … E«.

F: . . _ . Club (Codewort: Foxtrott)
Der Foxtrott ist ein Gesellschaftstanz, den man auch in vornehmeren Kreisen tanzt, beispielsweise in einem *Club*.

G: _ _ . Zug (Codewort: Golf)
Beim Golfspiel verpassen Sie immer Ihren Einsatz und müssen darauf hingewiesen werden: »Sie sind am *Zug*!« Oder Sie fahren einen VW-Golf und stehen ab und zu vor der Alternative, ob Sie den Wagen oder die Bahn nehmen sollen: »*Golf* oder *Zug*?«

H: . . . . Fach (Codewort: Hotel)

Wer eine leitende Position in einem Hotel einnehmen möchte, muß zuvor eine Ausbildung im Hotel*fach* absolviert haben.

I: . . Ab (Codewort: India)

Sie sind ein Nachzügler des Zeitgeistes und gerade voll auf dem Indien-Trip. Nachdem Sie sich gründlich informiert und spirituell eingestimmt haben, heißt es: *Ab* nach Indien!

J: . _ _ _ Lust (Codewort: Juliet)

Erinnern Sie sich an die Handlung in Shakespeares Tragödie: Romeo und Juliet lieben sich, doch ihre Familien sind verfeindet. Was verspürt Juliet? *Lust*!

K: _ . _ Tau (Codewort: Kilo)

Überlegen Sie, was das Wort Kilo bedeutet: *tau*send. Ein Kilometer sind also tausend Meter. Und nun stellen Sie sich die Reaktion vor, wenn jemand in ein Geschäft für Seilerwaren geht und ein Kilo *Tau* verlangt ...

L: . _ . . Komm (Codewort: Lima)

Das Codewort hier, Lima, ist die Hauptstadt von Peru. Vielleicht hat der peruanische Fremdenverkehrsverband gerade eine Kampagne gestartet, um Touristen ins Land zu locken. Motto: *Komm* nach *Lima*!

M: _ _ TV (Codewort: Mike)

Sie wollen sich einen richtig gemütlichen Fernsehabend machen und sehen ins Programm: Es kommt »Supernase« *Mike* Krüger mit einer neuen Show. Das Programmheft verkündet: »*Mike* wieder im *TV*«.

N: _ . SA (Codewort: November)

Ein bißchen Geschichte: Die sog. »Reichskristallnacht«, in der in Deutschland viele Synagogen sowie andere jüdische Einrichtungen und Wohnungen zerstört wurden, fand im November 1938 statt. Und wer steckte hinter dieser Aktion? Die *SA*.

O: _ _ _ Ton (Codewort: Oscar)

Bei der Oscar-Preisverleihung werden jetzt auch Tontechniker ausgezeichnet: »Den *Oscar* für den besten *Ton* erhält …«

P: . _ _ . Mond (Codewort: Papa)

Wenn Papa wieder schimpft, könnten die Kinder ihn auf den *Mond* schießen …

Q: _ _ . _ Solo (Codewort: Quebec)

Aus Quebec hört man immer wieder von einer starken Autonomiebewegung, die sich von Kanada abspalten will; sie wollen einfach *solo* sein!

R: . _ . Jul (Codewort: Romeo)

Stellen Sie sich eine dramatische Inszenierung von »Romeo and Juliet« vor. Als Romeo die vermeintlich tote Julia entdeckt, bringt er nur noch drei Buchstaben heraus: »Jul …«

S: . . . Hab (Codewort: Sierra)

Sie fahren als stolzer Besitzer eines nagelneuen Ford Sierra so glücklich in den Urlaub, daß Sie unweigerlich zu singen anfangen: »*Hab'* mein Wage' vollgelade …«

T: _ T (T-bone-Steak/T-Träger) (Codewort: Tango)

Wie beim »E« haben Sie auch hier mit einem Zeichen kaum eine Wahl. Stellen Sie sich vor, Sie tanzen einen Tango an einem der gefährlichsten Orte, die es gibt: in schwindelerregender Höhe auf einem *T-Träger*! Danach haben Sie sich wahrlich ein gutes *T-bone-Steak* verdient ...

U: . . _ GIs (Codewort: Uniform)
In deutschen Städten, in denen nach dem Krieg amerikanische Soldaten stationiert waren, hat man viele *GIs* in *Uniform* gesehen.

V: . . . _ Kain (Codewort: Victor)
Victor heißt Sieger; das Bild von Churchill, der Zeige- und Mittelfinger zum V für Sieg spreizt, ging damals um die Welt. Und jetzt denken Sie an den ersten Kampf in unserer Menschheitsgeschichte zurück, in dem *Kain* gegen seinen Bruder Abel *Sieger* blieb ...

W: . _ _ Hot (Codewort: Whisky)
Hot Whisky ist ein wunderbares Getränk: Man nehme ein Drittel Whisky, zwei Drittel kochendes Wasser, einen Teelöffel Zucker, eine Zitronenscheibe, drei Nelken – und genieße ...

X: _ . . _ Zahn (Codewort: X-Ray)
Auch hier hilft es, sich erst die Bedeutung des Codeworts zu merken: X-Ray bedeutet Röntgen. Erinnern Sie sich also, wie Ihr Zahnarzt Ihnen »auf den *Zahn* gefühlt« und diesen geröntgt hat!

Y: _ . _ _ West (Codewort: Yankee)
Amerika, die Heimat der Yankees, ist im politischen Sinne der Inbegriff des *West*ens, wo man außerdem *West* raucht ...

Z: _ _ . . Trab (Codewort: Zulu)

Stellen Sie sich Zulus auf der Jagd vor: ein ganzer Stamm verfolgt im *Trab* ein Rudel Zebras.

Wenn Sie die Vorschläge durchgelesen, sich die neuen Wörter bildlich vor Augen geführt und die Verknüpfungen eingeprägt haben, sind Sie in der Lage, das Morsealphabet zu benutzen.

Um einen Buchstaben in seine codierte Form zu verwandeln, rufen Sie sich zunächst das Codewort in Erinnerung. Das Codewort für H ist beispielsweise **Hotel**.

Benutzen Sie anschließend diese Merkhilfe, um auf das Schlüsselwort zu kommen. Wer in einem Hotel arbeiten will, muß eine Ausbildung im Hotel**fach** absolviert haben …

Konzentrieren Sie sich auf dieses Schlüsselwort. Verwandeln Sie die Buchstaben, die aus der ersten Hälfte des Alphabets stammen, in einen **Punkt**, die anderen in einen **Strich**. In diesem Fall stammen alle vier Buchstaben aus der ersten Hälfte; das Wort »Fach« repräsentiert also vier Punkte. Der Morsecode für H ist: . . .

Stellen Sie sich als weiteres Beispiel vor, Sie wollten den Buchstaben X in Ihrer Botschaft verwenden. Das Codewort für X ist X-Ray (dt. = Röntgen), was Sie an das Schlüsselwort **Zahn** erinnert, das Sie als letzten Schritt in Punkte und Striche zurückverwandeln.

Z ist aus der zweiten Hälfte des Alphabets, A aus der ersten, H wiederum aus der ersten und schließlich N aus der zweiten. Der Morsecode für X ist: _ . . _

Sobald Sie den Code aus dem Gedächtnis benutzen, gewinnen Sie rasch an Tempo und Sicherheit. Bald haben Sie so viel Übung darin, die Buchstaben in Zeichen zu verwandeln, daß Sie den Code auch umgekehrt benutzen können: Sie sehen die Punkte und Striche und erinnern sich an die Schlüsselwörter.

Irgendwann werden Sie die Schlüsselwörter ganz vergessen – und den Code so instinktiv wissen wie das vertraute Alphabet. Sie könnten den Morsecode auch ohne Memotechniken lernen, müßten ihn dann aber stundenlang eintönig wiederholen, bevor er auch nur ansatzweise benutzbar wäre. Das Ausdenken farbiger Bilder und Szenen sorgt für Interesse und gibt Ihnen die nötige Hilfestellung, um rasch damit vertraut zu werden. Außerdem macht schon der Weg zum Ziel Spaß!

Termine

Die Methoden zum Lernen des Morsealphabets demonstrieren, wie wichtig gute Planung ist. Durch ein strukturiertes Vorgehen wird das Material in eine logische und einprägsame Form gebracht, und wie beim Zahlensystem muß man die eigentliche Arbeit nur einmal tun. Wenn Sie Zeit investieren, um sich die Code- und Schlüsselwörter zu merken, schaffen Sie sich eine Hilfe, die Sie jederzeit einsetzen können, sobald sich die Gelegenheit dazu bietet.

Je häufiger Sie die Memotechniken verwenden, desto strukturierter gehen Sie vor. So können Sie sich am Wochenanfang gedanklich eine Liste wichtiger Termine und Aufgaben zusammenstellen und diese Liste dann im Lauf der Woche *nutzen*.

Notieren Sie auf einem Blatt Papier zunächst die Termine und Aufgaben für die kommende Woche. Bearbeiten Sie als erstes die Termine und verwandeln Sie jeden in eine Reihe von Zahlen.

Jeder Termin wird zu fünf Zahlen; vier für die Uhrzeit – meinetwegen 16.30 oder 09.15 – und eine für den Wochentag: 1 für Sonntag, 2 für Montag und so weiter. Diesmal brauchen Sie sich um das Datum – Tag, Monat, Jahr – keine Gedanken zu machen, da die vor Ihnen liegende Woche nur sieben Tage hat.

Verwandeln Sie jede Zahlenkombination in eine anschauliche Szene. Das in Teil 3 erklärte Zahlensystem liefert Ihnen das dazu notwendige Material. Wählen Sie Bilder, die Ihnen helfen, einen Zusammenhang mit dem *Grund* für den Termin herzustellen.

Verwenden Sie ein paar Minuten darauf, die Bilder mit den Terminen selbst zu verknüpfen. Vielleicht haben Sie am Dienstag, dem 3. Tag, um 14.50 Uhr einen Termin bei Ihrem Steuerberater. Die Ziffern – **1, 4, 5, 0** und **3** – könnten zu »**schreibe** auf den **Tisch** und **spüle** die **Schüssel** mit den **Blumen**« werden.

Stellen Sie sich vor, wie Sie im Büro des Steuerberaters sitzen und diese Handlungen ausführen. Vielleicht schreiben Sie aus Versehen auf den Tisch und erklären sich dafür bereit, ein wenig zu putzen …

Jeder Termin der Woche wird zu einem in sich geschlossenen Bild. Wenn Sie alle mit Leben erfüllt haben, gilt es in einem letzten Schritt, sie zu verbinden.

Am einfachsten schaffen Sie dies mit Hilfe einer Gedächtnisroute. Wenn Ihre Liste mehr als zehn Termine enthält, wechseln Sie einfach auf eine andere Route. Sie könnten sich zu diesem Zweck zwei Routen überlegen, die Sie jede Woche benutzen und am Wochenende immer wieder löschen.

Konzentrieren Sie sich nacheinander auf alle Termine, und verankern Sie die entsprechenden Bilder an einer bestimmten Stelle der Route. Wenn Sie fertig sind, ist Ihre gesamte Arbeitswoche übersichtlich durchgeplant und fest in Ihrem Gedächtnis verankert. Um sich an Ihren nächsten Termin zu erinnern, spazieren Sie einfach an den nächsten geistigen Ort und ziehen alle Einzelheiten heraus.

Es folgt eine Liste mit sieben Terminen für die kommende

Woche. Eine genaue Beschreibung der in den Vorschlägen benutzten Route findet sich in Teil 1.

Termine

10.45, Montag:	**Treffen** mit **Kundenberater** der **Bank**
12.30, Montag:	**Mittagessen** mit **Thomas**
17.05, Dienstag:	**Squash**
14.15, Mittwoch:	**Udo** vom **Flughafen abholen**
21.30, Mittwoch:	**Ratsversammlung**
09.15, Donnerstag:	**Vortrag** vor der **Abteilung**
11.20, Freitag:	**Planungssitzung**

Vorschläge

10.45, Montag: Treffen mit Kundenberater der Bank
Die fünf Ziffern in diesem Beispiel sind: **1, 0, 4, 5, 2** – die ersten vier für die Uhrzeit und die fünfte für den Tag (Montag). Gehen Sie auf das erste Feld der Route – den Gartenweg vor dem Haus. Dort steht ein violetter Billardtisch, aber bevor Sie und Ihr Kundenberater eine Runde spielen können, müssen Sie erst den Vogelkot entfernen …
Ihr Kundenberater gewinnt, und so schulden Sie ihm sogar *noch* mehr Geld. Er gewinnt auch das nächste Spiel, und bald sind Sie so arm, daß Sie ihm den Billardtisch überlassen müssen, um Ihre Schulden zu begleichen.
Der **Kundenberater** ist dazu da, Sie an den Grund für diesen Termin zu erinnern, und die Szene selbst enthält alle notwendigen Details. Achten Sie erneut auf den **violetten** – **1** – **Billard-** – **0** – **Tisch** – **4**, und denken Sie an das **Entfernen** – **5** – des **Vogel**kots – **2**.
Sie müssen Ihren Kundenberater um 10.45 treffen, und zwar am Montag, dem zweiten Tag der Woche.

12.30, Montag: *Mittagessen mit Thomas*

In diesem Beispiel sind die Zahlen **1, 2, 3, 0** und **2**. Der Ort ist der Eingang.

Dieser Platz ist zu einem Versteck für Vogelbeobachter geworden. Stellen Sie sich vor, Sie sitzen dort mit Thomas, essen zu Mittag und beobachten den im Wintergarten aufgestellten Vogelkäfig. Sie sind gerade beim Essen, als etwas Seltsames passiert.

Ein **bunter – 1 – Vogel – 2 – wandert – 3 –** in den **leeren – 0 – Vogelkäfig – 2.**

Sie sprechen mit Thomas über dieses wunderbare Geschöpf, während Sie zu Ende essen.

Wenn Sie Thomas noch nie getroffen haben oder es Ihnen schwerfällt, ihn sich vorzustellen, könnten Sie in die Szene auch einen Tomahawk einbauen, der Sie an den Namen erinnert. Achten Sie stets auf Verwechslungsmöglichkeiten, und fügen Sie zusätzliche Bilder ein, um die Ideen voneinander abzuheben.

Wenn Sie zu diesem Abschnitt der Route zurückkehren, denken Sie daran, daß Sie am Montag um 12.30 Uhr mit Thomas zum Essen verabredet sind.

17.05, Dienstag: *Squash*

Für diese Szene begeben Sie sich in die Diele, zum dritten Abschnitt der Route. Wie zu erwarten war, ist sie in einen langen, schmalen Squash-Court verwandelt worden. Sie müssen aufpassen, daß Sie mit dem Ball keine Gegenstände auf dem Bord treffen – und niemandem weh tun, der gerade vorbeiläuft!

Das Spiel wird immer wieder unterbrochen, wenn jemand die Diele passieren muß. In einer besonders langen Pause entschließen Sie sich dazu, ein Buch hervorzuholen und sich die Zeit mit Lesen zu vertreiben. Das Buch ist ein Roman über das Meer – vielleicht *Moby Dick*. Beim Lesen jonglieren Sie

geistesabwesend mit ein paar frisch geputzten Schuhen aus dem Dielenschrank.
Sie **lesen** – **1** – über das **Meer** – **7** – und **jonglieren** – **0** – mit den **sauberen** – **5** – **Schuhen** – **3**.

14.15, Mittwoch: Udo vom Flughafen abholen

Der nächste Abschnitt auf der Route ist die Küche. Jemand hat dort einen Jumbo-Jet zerlegt: Hunderte von Teilen liegen auf Zeitungen verstreut herum, und Teile des Motors werden in der Spüle gewaschen!

Wer immer der Mechaniker sein mag; er hat jedenfalls auf dem ganzen Küchentisch Notizen hinterlassen, und ein paar Wörter finden sich sogar auf dem Stuhl, den Sie erst am Morgen geputzt haben. »O du ...«, fluchen Sie, kommen aber nicht weiter, da Sie den Mechaniker ja gar nicht kennen. Drehen Sie das »O du« aber um, kommt »Ud o« heraus ...

Die Flugzeugteile erinnern Sie an den Flughafen, und der Fluch »O du« nennt – verschlüsselt – den Namen der Person, die Sie dort abholen sollen. Die übrige Information wird eindeutig erkennbar: jemand **schrieb** – **1** – auf den **Tisch** – **4** – und **schrieb** – **1** – sogar auf den frisch **geputzten** – **5** – **Stuhl** – **4**! Ihre Fahrt zum Flughafen ist um 14.15 Uhr am vierten Tag, einem Mittwoch.

21.30, Mittwoch: Ratssitzung

Ihre nächsten geistigen Schritte führen Sie in den Wirtschaftsraum. Dort ist für die Ratssitzung, die gerade begonnen hat, ein großer runder Tisch aufgestellt worden. Der Vorsitzende muß ziemlich laut schreien, damit man ihn bei dem Lärm der Waschmaschine überhaupt hört ...

Als Sie an der Reihe sind, entschließen Sie sich zu einem besonderen Schritt, um die Aufmerksamkeit aller zu gewinnen.

Sie **werfen** – **2** – ein paar **bunte** – **1** – **Blumen** – **3** – auf den **runden** – **0** – **Tisch** – **4**.

Wenn Sie zu diesem Abschnitt der Route zurückkehren, ist die Information eindeutig. Die nächste Ratssitzung beginnt um 21.30 Uhr am Mittwoch.

09.15, Donnerstag: Vortrag vor der Abteilung

Gehen Sie durch das Eßzimmer. Alle Ihre Arbeitskollegen sitzen bereits um den Tisch und warten darauf, daß Sie Ihren Vortrag halten. Auf der einen Seite wurde eine weiße Tafel aufgestellt. Bevor Sie zu sprechen beginnen, sammeln Sie zunächst Ihre Gedanken.

Auf einmal bemerken Sie, daß einer Ihrer Arbeitskollegen ein Fußballtrikot trägt! Diese Kleidung ist für die Arbeit nicht unbedingt angemessen. Er erklärt Ihnen, daß seine anderen Kleider von der firmeneigenen Reinigung ruiniert worden sind. Zur Entschuldigung überreicht er Ihnen eine entsprechende Notiz von der Firma. Die Ausrede klingt ziemlich billig, und Sie bestellen den Chef der Reinigung selbst ein, um herauszufinden, was hier vorgeht …

Die Geschichte begann, als Sie ein **Fußball-** – **0** – **Trikot** – **9** – entdeckten, und sie endet damit, daß Sie einen **Brief** – **1** – von der **Reinigung** – **5** – überreicht bekamen, woraufhin Sie den Chef der **Reinigung** – **5** – selbst einbestellten. Die fünf Ziffern hier sind **0, 9, 1, 5** und **5**; Ihr nächster Vortrag vor der Abteilung ist um 09.15 Uhr am fünften Tag, dem Donnerstag.

11.20, Freitag: Planungssitzung

Der letzte Abschnitt der Route, der Sie folgen müssen, ist der siebte Raum: das Wohnzimmer. Hier findet eine weitere Sitzung statt. Um sie von den anderen abzuheben, stellen Sie sich vor, daß die Wände mit komplizierten Plänen und Projektionen tapeziert sind. Alle flüstern und stecken die Köpfe zusammen, während sie Pläne für die Zukunft aushecken.

Bevor Sie das Wort an die Versammelten richten, lesen Sie Ihre eigenen Pläne durch. Sobald Sie das Gefühl haben, sie gut zu kennen, werfen Sie sie in eine hohle Pauke, die neben dem Sofa liegt. Es sieht so aus, als hätten die Pläne mit lauter Musik zu tun …

Wenn Sie zu diesem Raum zurückkehren, erinnern Sie sich einfach an das, was Sie taten, als Sie zuletzt hier waren. Sie **lesen** – 1 – Ihre **Pläne** – 1 – und **werfen** – 2 – sie anschließend in eine **hohle** – 0 – **Pauke** – 6. Die Planungssitzung ist um 11.20 Uhr am Freitag.

Verwenden Sie zuletzt ein paar Augenblicke darauf, die Route nochmals durchzugehen. All Ihre Pläne für die Woche stehen Ihnen jetzt zur Verfügung. Sie können herausfinden, was Sie unmittelbar vor oder nach einem Termin tun müssen, und, falls notwendig, die Szenen durch weitere Details ergänzen.

Vielleicht nimmt an der Planungssitzung am Freitag ein besonderer Gast teil. Verwandeln Sie seinen oder ihren Namen einfach in ein Bild, und ergänzen Sie es bei den anderen Plänen und Hilfsmitteln.

Wenn Sie an einen wichtigen Punkt denken, den Sie in der Ratssitzung am Mittwoch zur Sprache bringen wollen, verwandeln Sie ihn einfach in ein Bild und verknüpfen ihn mit der Szene im Wirtschaftsraum.

Überlegen Sie, wie nützlich es wäre, alle Einzelheiten der Woche auf Anhieb verfügbar zu haben. Sie könnten neue Termine vereinbaren, ohne im Kalender nachsehen zu müssen, und Ihre Zeit effizienter einsetzen. Vor allem aber würden Sie nie mehr vergessen, zur rechten Zeit am rechten Ort zu sein!

Das perfekte Gedächtnis

Anhand dieser Memotechniken lassen sich nicht nur Termine, sondern auch die ganz banalen Dinge des Alltags merken.

Um sich Aufträge und Besorgungen, Ideen und Gedanken – all die Dinge, die beinahe so schnell wieder aus dem Gedächtnis verschwinden, wie sie aufgetaucht sind – zu merken, wählen Sie am besten einen bestimmten Ort, um sie zu *verankern*. Denken Sie an eine Stelle, an der Sie mehrmals am Tag vorbeikommen. Dies kann Ihre Haustür sein, ein Stuhl vor Ihrem Büro oder ein Schrank in Ihrem Geschäft. Machen Sie daraus ein geistiges »Lager« – einen Ort, an dem Sie Gedanken, Aufträge und Informationen aufbewahren. Alles, woran Sie sich erinnern müssen, kann dort zurückgelassen werden, und bei Bedarf finden Sie es dort wieder.

Wenn Ihnen etwas einfällt, woran Sie denken müssen – *bring dieses Buch in die Bibliothek zurück, versorge die Pflanzen, besuche Frau Schmidt –*, entwerfen Sie ein Bild, das dafür steht. Gestalten Sie es so einfach wie möglich: das Buch aus der Bibliothek ... Ihre gut gewässerten Pflanzen ... sogar Frau Schmidt selbst.

Als nächsten Schritt verankern Sie es am entsprechenden Ort. Verwenden Sie ein paar Minuten darauf, sich die einprägsamste Möglichkeit zu überlegen, das Bild an dem von Ihnen gewählten Ort zu fixieren.

Vielleicht ist dieser »Ort« eine Tür. Das Buch aus der Bibliothek könnte in Augenhöhe an den hölzernen Rahmen genagelt sein, damit Sie im Vorbeigehen den Titel lesen können. Ihre Pflanze rankt sich vielleicht um den Querbalken des Türstocks. Stellen Sie sich vor, daß ein kleines Rinnsal von den Wurzeln permanent auf die Person darunter tröpfelt ...

Wenn Ihr »Ort« ein Schrank ist, könnten Sie Frau Schmidt hineinführen ... und einsperren! Stellen Sie sich vor, wie sie dort zwischen all Ihren anderen einprägsamen Bildern im Dunkeln sitzt: eine große Dose Katzenfutter, die an den Regalboden geleimt ist, um diesen waagrecht zu halten – *füttere die Katze*, ein nagelneuer Fußball, der an einer Schnur herunterbaumelt – *fahr Christian zu seinem Fußballspiel*, eine leicht faulig riechende Mülltüte – *stell den Müll raus* …

Immer wenn Sie an dem realen Ort vorbeikommen – der Tür, dem Schrank, dem Feld –, sollten Sie sich ganz bewußt an die Bilder erinnern, die Sie dort »abgelegt« haben. Damit lösen Sie zugleich ein häufiges Problem: »Ich wußte überhaupt nicht mehr, daß ich an etwas denken muß …!« Wenn Sie bei jedem Vorbeikommen auf Merkhilfen achten, vergessen Sie nie die Dinge, die Sie tun wollten. Konzentrieren Sie sich einfach auf ein Bild, und die Vorstellungen dahinter stellen sich automatisch wieder ein.

Überprüfen Sie nicht nur Ihr geistiges »Lager«, wenn Sie an dem realen Ort vorbeikommen, sondern versuchen Sie, es sich zur Gewohnheit zu machen, im Geiste jeden Tag ein paarmal dorthin zurückzukehren. Je häufiger Sie zurückkommen, desto selbstverständlicher wird dieser Vorgang.

Wenn sich ein Bild erübrigt hat, entfernen Sie es einfach – fegen Sie es vom Regalbrett … schneiden Sie die Schnur ab … ziehen Sie alle Nägel heraus. Die meisten Merkhilfen müssen höchstens ein paar Tage präsent sein, und Ihr Gedächtnis wird sich rasch daran gewöhnen, die Bilder nur so lange wie nötig zu behalten.

Anstatt sich das Gehirn zu zermartern und verzweifelt zu versuchen, sich an das zu erinnern, was Sie eigentlich tun *sollten*, werden Sie immer in ein vertrautes geistiges Terrain zurückkehren und nach den Merkhilfen suchen können, die Sie dort zurückgelassen haben.

Geben Sie Ihrem Gedächtnis soviel Unterstützung wie möglich, und es wird Sie nie im Stich lassen.

Übung macht den Meister

Das Gedächtnis ist wie ein Muskel: Je mehr Sie ihn benutzen, desto besser funktioniert er. Vergessen Sie all die Legenden darüber, daß das Erinnerungsvermögen mit dem Alter nachläßt. Hören Sie nicht auf, Ihr Gedächtnis zu benutzen, zu trainieren und richtig in Schwung zu bringen; so wird Ihr Erinnerungsvermögen Sie nie im Stich lassen.

Wenn Ihnen ein Wort oder eine Information »auf der Zunge liegt«, sollten Sie so lange darüber nachdenken, bis die Erinnerung wiederkommt. Wählen Sie den positiven Ansatz; gehen Sie davon aus, daß Ihr Gedächtnis *funktioniert*, und seien Sie dann auch entsprechend stolz darauf.

Versuchen Sie, sich an Ihre Träume zu erinnern. Versuchen Sie, immer mehr Lücken zu füllen, wenn sich tagsüber bestimmte Traumbilder wieder einstellen, und verwenden Sie alle Assoziationen, die Ihnen in den Sinn kommen.

Wissenschaftler behaupten, daß wir alle träumen, wenn wir in den Tiefschlaf gleiten, aber wie oft erinnern Sie sich an die Abenteuer in Ihrem Traum? Ich erinnere mich genau an meine Träume, bis weit in den Tag hinein, aber vielleicht liegt dies ja nur daran, daß ich es mir einfach *zutraue* …

Je vertrauter Sie damit werden, sich an Ihre Träume zu erinnern, desto mehr Geschick entwickeln Sie darin, äußerst phantasievolle Geschichten zu erfinden. Träume beweisen, daß sich unser Geist Bilder ausdenken kann, die unverrückbar und real erscheinen, und sie vermitteln eine Ahnung von unserem Potential, faszinierende Figuren, wunderbare Szenen und einprägsame Geschichten zu erschaffen.

Bei meinen Memotechniken geht es in erster Linie darum, dieses Potential in hellwachem Zustand zu nutzen und selbst dem langweiligsten Material neue Dimensionen zu verleihen. Es geht um die Erkenntnis, daß unsere Erinnerungen unsere wertvollsten Ressourcen sind und daß wir sie dazu bringen können, alles zu tun, was wir wollen, und alles zu speichern, was wir brauchen.

Benutzen Sie Ihr Gedächtnis, wann immer Sie können. Denken Sie stets an die Möglichkeiten, von seinen Fähigkeiten zu profitieren. Je öfter Sie eine bestimmte Methode einsetzen, desto selbstverständlicher wird sie – und das gibt Ihnen Selbstvertrauen.

Die hier vorgestellten Memotechniken lassen sich auf alles anwenden. Auf der Grundlage dieser Prinzipien können Sie sich jede Art von Information zu eigen machen und darauf vertrauen, sie so lange wie nötig zu behalten. Anstatt jedem zu erzählen, was für ein schlechtes Gedächtnis Sie haben, sollten Sie sich darüber freuen, wie leistungsfähig es ist.

Ein gutes Gedächtnis hilft Ihnen, Prüfungen zu bestehen, gibt Ihnen eine solide Basis, auf der Sie aufbauen können, und verschafft Ihnen die Zeit und die Freiheit, um kreativ zu sein.

Ein gutes Gedächtnis unterstützt Ihre sozialen Fähigkeiten – sich an Namen zu erinnern, Gästelisten zu beherrschen, Reden zu halten.

Ein gutes Gedächtnis hilft im Geschäft, hält Sie an, Ihre Zeit zu strukturieren, und erleichtert es, Vorträge und Reden mit Effizienz und Stil zu halten.

Ein gutes Gedächtnis hilft Ihnen jeden Tag – bei Einkaufslisten, Adressen, Geburtstagen und Terminen.

Meine Memotechnik verhilft *jedem* zu einem guten Gedächtnis.